青少年发展与教育心理学

张清 刘蕾 主编

图书在版编目(CIP)数据

青少年发展与教育心理学/张清,刘蕾主编. —北京:北京大学出版社,2017.8
(21世纪教师教育系列教材)
ISBN 978-7-301-28605-0

Ⅰ.①青… Ⅱ.①张…②刘… Ⅲ.①青少年心理学—师资培训—教材 ②教育心理学—师资培训—教材 Ⅳ.①B844.2②G44

中国版本图书馆CIP数据核字(2017)第206587号

书　　　名	青少年发展与教育心理学 QINGSHAONIAN FAZHAN YU JIAOYU XINLIXUE
著作责任者	张　清　刘　蕾　主编
丛 书 主 持	李淑方
责 任 编 辑	李淑方
标 准 书 号	ISBN 978-7-301-28605-0
出 版 发 行	北京大学出版社
地　　　址	北京市海淀区成府路205号　100871
网　　　址	http://www.pup.cn　新浪微博:@北京大学出版社
微信公众号	通识书苑(微信号:sartspku)　科学元典(微信号:kexueyuandian)
电 子 邮 箱	编辑部 jyzx@pup.cn　总编室 zpup@pup.cn
电　　　话	邮购部 010-62752015　发行部 010-62750672　编辑部 010-62767857
印 刷 者	三河市北燕印装有限公司
经 销 者	新华书店 787毫米×1092毫米　16开本　15.75印张　350千字 2017年8月第1版　2025年6月第5次印刷
定　　　价	45.00元

未经许可,不得以任何方式复制或抄袭本书之部分或全部内容。
版权所有,侵权必究
举报电话:010-62752024　电子邮箱:fd@pup.cn
图书如有印装质量问题,请与出版部联系,电话:010-62756370

编 委 会

主　编： 张　清　刘　蕾

副主编： 滕树元　闻明晶　陈立春　杨凤云
　　　　　陈文琦　徐　杰　韩　彬　武　彦

主　审： 林永柏

前　言

我国的教师教育正处于改革和发展时期,理解与掌握青少年心理发展特点与规律,依据青少年心理发展特点与规律开展教育教学是保证教育教学成功的重要条件。未来的教师不仅要善于面向学生传授科学文化知识,还要善于教会学生如何学习;不仅要善于引导学生掌握前人创造的文化成果,还要善于引导学生创造新的文化成果;不仅善于进行传统的思想品德教育,还要善于引导学生正确地面对人生,学会生活。社会对教师教育人才的心理学素养的要求提高了,高等师范院校开展教师教育课程与教材的建设与改革工作更显得非常重要。

为了适应师范院校教师教育课程改革的需要,近十年来,师范院校对教师教育课程结构进行了多次调整,有些学校把早期的公共心理学课程调整为"心理学原理""发展与教育心理学"两门课程,北华大学也对教师教育课程进行了这样的改革。2011年,应《教育部关于大力推进教师教育课程改革的意见》的要求,北华大学把教师教育公共课程发展与教育心理学更改为青少年发展与教育心理学,在教学内容、教学方法、教育实践环节等方面都提出了新的要求。结合高校教学改革的需要,本课程整合了青少年心理发展与教育心理学的内容,注重学生解决问题能力的培养。在青少年心理发展规律、教育教学规律在实践中的应用方面进行了充分的探索。经过多轮教学实践和集体研讨,本教材的教学内容体系已日益完善。教材充分反映学术前沿、科技进步、经济建设和教育心理学研究的最新成果,把体现多学科间的交叉知识反映到教学内容中来。总的来看,我们的教材内容已日渐完善,体系完整、逻辑清晰、内容新颖,适合教师教育专业学生学习,既可以满足教师教育专业本科生的教学需要,也可以作为教师教育培训或继续教育的专业教材。

本教材的主要特点,是在内容、编写方式方面有所创新。内容注重理论联系实践,语言通俗易懂,简洁明了,案例经典,有代表性。为了突出心理学知识在教育教学中的应用性,在每章节中以专栏的形式向学生呈现了教学案例、阅读材料等。教材注重师范生教育教学能力的培养与基础教育改革之间的关系,引导师范生关注基础教育第一线的教改、教学以及师范生未来职业生涯中可能面临的各种困难与挑战。

本教材由北华大学教育科学学院心理学系发展与教育心理学课程组教师参与编写。全书共八章内容,分别由以下教师完成:第一章由张清编写;第二章由陈文琦编写;第三章、第五章由闻明晶编写;第五章第四节由韩彬编写;第四章由张清、武彦编写;第六章由陈立春编写;第七章由杨凤云编写;第八章第一节由滕树元编写,第二节由徐杰编写。全书由张清策划统稿并反复修改,刘蕾提供前期指导,滕树元校对,陈文琦提供部分参考文献,林永柏审阅。总之,本教材是北华大学教育科学学院心理学专业教研室全体教师多年经验的积累及智慧的总结。

  本教材在编写过程中,借鉴了国内一些较为先进的内容和研究成果,同时得到了北华大学领导和教育科学学院领导和有关出版部门的大力支持,在此,我们一并表示衷心的感谢。

  由于编写水平有限,书中可能还存在不足之处,敬请读者批评指正,以便将来进一步完善。

主　编
2017 年 8 月

目　录

第一章　青少年发展与教育心理学概述 1
　第一节　青少年发展与教育心理学的一般问题 2
　　一、青少年与青春期 2
　　二、个体发展与心理发展 3
　　三、青少年心理发展的一般特征 3
　　四、心理发展的关键期 4
　　五、教育与青少年心理发展的关系 5
　第二节　青少年发展与教育心理学的研究内容及意义 6
　　一、研究对象 6
　　二、研究内容及意义 6
　　三、青少年发展与教育心理学的起源与发展 7
　第三节　青少年发展与教育心理学的研究方法 9
　　一、研究的基本原则 9
　　二、研究类型的选择 10
　　三、主要研究方法 11

第二章　青少年心理发展的基本理论 17
　　一、精神分析的心理发展观 18
　　二、行为主义的心理发展观 21
　　三、维果茨基的心理发展观 25
　　四、皮亚杰的心理发展观 26
　　五、朱智贤的心理发展观 28

第三章　小学生心理发展与教育 32
　第一节　小学生的年龄阶段和一般特征 32

一、学习成为主导活动 ………………………………………………………… 32
　　　二、掌握书面言语并向抽象逻辑思维过渡 …………………………………… 33
　　　三、小学生开始有意识地参加集体活动 ……………………………………… 34
　第二节　小学生的学习 …………………………………………………………… 34
　　　一、小学生学习动机的特点 …………………………………………………… 34
　　　二、小学生学习兴趣的特点 …………………………………………………… 35
　　　三、小学生学习态度的特点 …………………………………………………… 36
　　　四、小学生学习能力的特点 …………………………………………………… 37
　第三节　小学生认知发展与教育 ………………………………………………… 39
　　　一、小学生感知、记忆、想象的发展特点 ……………………………………… 39
　　　二、小学生注意、言语的发展特点 …………………………………………… 41
　　　三、小学生思维的发展特点 …………………………………………………… 42
　　　四、促进小学生认知的发展 …………………………………………………… 53
　第四节　小学生个性及社会性发展与教育 ……………………………………… 54
　　　一、小学生自我意识的发展 …………………………………………………… 54
　　　二、小学生社会认知的发展 …………………………………………………… 56
　　　三、小学生社会交往的发展 …………………………………………………… 57
　　　四、促进小学生个性与社会性的发展 ………………………………………… 59
　第五节　小学生品德发展与教育 ………………………………………………… 63
　　　一、小学生品德发展的基本特点 ……………………………………………… 63
　　　二、小学生品德心理特征的发展 ……………………………………………… 64
　　　三、促进小学生的品德发展 …………………………………………………… 71

第四章　初中生心理发展与教育 ……………………………………………………… 75
　第一节　初中生面临的心理危机 ………………………………………………… 76
　　　一、初中生年龄阶段 …………………………………………………………… 76
　　　二、初中生心理的一般特点 …………………………………………………… 76
　　　三、初中生的心理特征以生理方面的变化为基础 …………………………… 78
　　　四、性成熟带来性意识的发展 ………………………………………………… 79
　　　五、初中生生理成长与教育 …………………………………………………… 80
　第二节　初中生认知发展与教育 ………………………………………………… 83
　　　一、初中生注意、感知觉、记忆发展的一般特点 ……………………………… 83
　　　二、初中生思维发展的特点 …………………………………………………… 85
　　　三、初中生的认知教育 ………………………………………………………… 87

第三节　初中生个性及社会性的发展与教育 ················· 88
　　　一、初中生个性特点 ································· 88
　　　二、初中生人际交往上的新特点 ······················· 93
　　　三、初中生个性及社会性的教育与引导 ················· 96
　　第三节　初中生品德发展与教育 ························· 99
　　　一、初中生品德发展的总体趋势 ······················ 100
　　　二、初中生道德判断的特点与教育 ···················· 101
　　　三、初中生道德信念的特点与教育 ···················· 101
　　　四、初中生道德情感的特点与教育 ···················· 101
　　　五、初中生道德意志的特点与教育 ···················· 102
　　　六、初中生道德行为的特点与教育 ···················· 102

第五章　高中生心理发展与教育 ··························· 104
　　第一节　高中生认知发展与教育 ························· 104
　　　一、高中生的年龄阶段 ······························ 104
　　　二、高中生的一般特征 ······························ 105
　　　三、高中生抽象逻辑思维发展的特点 ·················· 105
　　　四、高中生形式逻辑思维的发展特点 ·················· 106
　　　五、高中生辩证逻辑思维的发展特点 ·················· 107
　　　六、促进高中生智力的发展 ·························· 108
　　第二节　高中生个性和社会性发展与教育 ················· 109
　　　一、高中生自我意识的高度发展 ······················ 109
　　　二、高中生价值观的确立 ···························· 111
　　　三、高中生的自治需求 ······························ 112
　　　四、高中生社会认知的发展 ·························· 113
　　　五、促进高中生个性和社会性的发展 ·················· 114
　　第三节　高中生品德发展与教育 ························· 117
　　　一、高中生品德发展的基本特征 ······················ 117
　　　二、高中生品德形成的心理过程 ······················ 121
　　　三、学生品德不良的矫正 ···························· 126

第六章　学习心理及教学应用 ····························· 132
　　第一节　学习概述 ····································· 133
　　　一、什么是学习 ···································· 133
　　　二、学习的类型 ···································· 135

第二节 几种主要的学习理论 ………………………………………… 136
  一、行为主义学派的学习理论 ………………………………………… 136
  二、认知学派的学习理论 ……………………………………………… 140
  三、人本主义的学习理论 ……………………………………………… 146
  四、建构主义的学习理论 ……………………………………………… 149
第三节 学习动机的激发与教学 ………………………………………… 152
  一、学习动机概述 ……………………………………………………… 152
  二、学习动机理论 ……………………………………………………… 153
  三、学习动机的激发与教学 …………………………………………… 157
第四节 学习策略与教学 ………………………………………………… 160
  一、什么是学习策略 …………………………………………………… 161
  二、学习策略的类型 …………………………………………………… 162
  三、学习策略的教学 …………………………………………………… 165
第五节 学习迁移 ………………………………………………………… 167
  一、学习迁移概述 ……………………………………………………… 167
  二、学习迁移的理论 …………………………………………………… 169
  三、学习迁移的影响因素 ……………………………………………… 175
  四、促进学习迁移的教学原则与教学策略 …………………………… 177

第七章 教学心理及应用 …………………………………………………… 180
 第一节 教学设计 ………………………………………………………… 180
  一、教学设计的含义及作用 …………………………………………… 181
  二、教学目标的分析与设计 …………………………………………… 181
  三、教学内容的组织与设计 …………………………………………… 188
  四、教学方法和教学媒体的分析与设计 ……………………………… 193
 第二节 教学策略 ………………………………………………………… 196
  一、教学策略的含义及特点 …………………………………………… 196
  二、教学准备的策略 …………………………………………………… 197
  三、教学实施的策略 …………………………………………………… 200
 第三节 教学对象分析 …………………………………………………… 207
  一、对学习者学习态度的分析 ………………………………………… 207
  二、对学习者起始能力的分析 ………………………………………… 208
  三、对学习者背景知识的分析 ………………………………………… 208

第八章 课堂管理心理 ……………………………………………………… 210

第一节　课堂管理 ………………………………………………………… 211
　　一、课堂管理概述 ……………………………………………………… 211
　　二、处理严重问题行为 ………………………………………………… 213
　　三、课堂气氛对学生学习的影响 ……………………………………… 214
第二节　教师心理 ………………………………………………………… 217
　　一、教师的角色 ………………………………………………………… 217
　　二、教师的专业品质 …………………………………………………… 222
　　三、教师与学生之间的相互影响 ……………………………………… 224
　　四、教师的评定 ………………………………………………………… 226
　　五、教师的成长和培养 ………………………………………………… 227
主要参考文献 ……………………………………………………………… 237

第一章 青少年发展与教育心理学概述

学习目标

掌握青少年发展与教育心理学的研究对象、研究内容及其产生发展现状、历史展望;了解发展与教育心理学的研究方法;培养学生对青少年发展与教育心理学的研究兴趣。

> **案例导读**
>
> **教育的奇迹——海伦·凯勒和安妮·莎莉文的故事**
>
> 海伦·凯勒(1880—1968),也许许多人都熟悉这个名字。作家马克·吐温曾说:"19世纪有两个值得关注的人,一个是拿破仑,另一个就是海伦·凯勒。"的确,海伦·凯勒被认为是美国历史上最伟大的女性之一,也曾被《时代周刊》评为"20世纪美国十大偶像之一"。她为什么如此出名?如此备受人们的尊敬和佩服?熟悉她的人都知道,海伦·凯勒幼时身患重病。出生才19个月就丧失了视、听、言的能力,成为一个又盲又聋又哑的孩子,从此被囚禁在无声无息的黑暗深渊,生活在一个没有声音、没有光明、没有交流的世界里。然而,就是这样一个幼儿,后来不仅学会了读书,学会了说话,而且以优异的成绩毕业于哈佛大学拉德克利夫学院,成为一名通晓五种语言、知识渊博的学者,成为创造了非凡业绩的慈善家、演讲家和教育家。海伦·凯勒的成长与成功震撼了世界,而这一奇迹的出现与她的老师——安妮·莎莉文(1866—1936)的教育与引导密不可分。正如凯勒感慨的:"我生命中所有美好的东西都同时属于她,不管是我的才能,还是我的希望与快乐,都来自她爱的点化。"海伦·凯勒在接受安妮·莎莉文的教育之前,是一个心智未开、任性无知、被宠坏了的孩子。她野性十足,脾气暴躁,破坏、攻击心理极强,极端任性。一次,凯勒发现妹妹舒服地睡在她最喜欢的洋娃娃——南茜——的摇篮里,便勃然大怒,冲过去就要把摇篮推翻,要不是母亲及时赶来,妹妹就可能被摔死了。还有,吃饭时,她会围着餐桌转来转去,把手伸到每个人的盘

子里,胡乱抓东西吃,还不时地抓住正在传递的碟子,拿出她想要的食物。对她这种令人难以容忍的用餐方式,家人早已习惯。1887年3月,安妮·莎莉文来到海伦·凯勒家。在莎莉文的教育下,她那"乌有之国的幽灵"开始变化了。虽然她不能正常地感受光线声音,虽然她得通过触摸来感知这个世界,来学习与人交流,得把手放在人的嘴唇和喉咙上以掌握很多特殊震动,并明白它们的含义,如一个男孩的笑声,一个男人惊讶的"哎呀",疼痛的呻吟、惊叫、耳语、刺耳声、哭泣、哽咽和喘息……而这一学习进程却充满了快乐。"莎莉文小姐非凡的才能、敏锐的感觉和博大的爱心使我童年时那段受教育的经历成为难以忘怀的美好回忆。她善于抓住一切机会,用最好的方法传授知识,使我的学习充满了乐趣,接受起来那么容易。""那些让孩子们厌烦的事,如语法、算术题,以及较为精确地解释问题,我做起来都充满了乐趣,并在多年以后成了我最美好的回忆。"

安妮·莎莉文那极大的爱心、耐心与毅力,那从尊重孩子的天性、引导孩子的兴趣出发的教育,激发了海伦的学习热情,使海伦一直处于对知识的渴求状态中。莎莉文成功地将海伦从一个无知甚至野蛮的小女孩逐渐培养成一个知书达理、才华横溢、富有爱心的非凡女性。每一个孩子身上都能挖掘出人性的美好和优良的品质,每一个孩子都有着丰富的智慧和创造的能力。莎莉文能在海伦这样一位又盲又聋又哑的儿童身上实现教育奇迹,我们又有什么理由不能让孩子们在快乐中成长、求知、成才呢?学习"青少发展与教育心理学",能帮助你更充分地理解儿童,更懂得如何去培育他们的创造精神和实践能力,引导他们保有终身学习的愿望,而培养儿童的同时也增长、丰富着我们的智慧。

(资料来源:彭小虎.儿童发展与教育心理学[M].上海:上海交通大学出版社,2009:2.)

第一节　青少年发展与教育心理学的一般问题

一、青少年与青春期

"青少年"在英文中是"adolescence",即"成长"或"趋于成熟"的意思,也有的翻译成"成长为成年人"(grow up into adult-hood),这个词就是指介于童年期与成年期之间的成长阶段,是人生发展的过渡期,是指11～20岁年龄阶段或11～22岁年龄阶段。青少年期间,个体生理上、心理上的发展逐渐成熟,并要完成一定的社会化任务,认知、情感和社会性逐渐发展。青少年期是一个发生巨大变化的时期。青少年期可分为三个阶段:青少年早期(11～14岁),大致相当于初中阶段,即少年期;青少年中期(15～18岁),大致相当于高中阶段,即青年初期;青少年晚期(19～22岁),大致相当于大学阶段,即青年中期。

青春期(puberty)是一个生物学术语,是伴随着快速的生理成熟的一段时期,也就是说这一词汇包括荷尔蒙和身体的变化等内容。青春期与青少年期有所不同。对于几乎每一个人来说,青春期都比青少年期先结束。青春期时常被认为是青少年期开始的最重要标志。青春期发育的时间阶段存在性别差异,女生的青春期大约是在11～14岁,男生的青春期大约是在12～15岁。青春期主要发生在少年早期,因此,人们往往会把青春期与青少年时期混淆。

二、个体发展与心理发展

个体发展是个体从受精卵开始到出生、成熟,直至衰老的生命全过程中连续的和系统的变化,包括生理、认知、人格与社会情感等方面的变化。人的身心在生命进程中表现出量和质两方面的变化,且与年龄有密切的关系,既表现出连续性又表现出阶段性,形成年龄特征。儿童和青少年的发展包括生理发展与心理发展。生理的发展包括大脑的发育,身高、体重的变化,生理机能的变化等;心理发展包括认知(感觉、知觉、记忆、想象、思维、语言、注意等)、情感、社会性、个性倾向性、人格等方面的发展,心理发展是在生理发展的基础上发展起来的。

三、青少年心理发展的一般特征

(一) 连续性和阶段性

青少年心理发展是一个不断地由量变到质变的过程。这个过程既具有连续性又具有阶段性的特征。

首先,青少年心理发展是一个连续、渐进的过程。心理发展的连续性体现为,每一种心理现象的发展都以先前的发展水平为基础,都是对先前心理活动的继承与发展。个体的发展不是一个绝对的无联系的或突变的过程,而是一种量的积累,当量变积累到一定程度的时候,会发生质的变化。青少年每一个发展阶段都在有意无意地为下一发展阶段做准备,每一发展阶段都是青少年先前成长发育与经验的结晶。

其次,心理变化遵循一定的发展顺序,要依次经过不同的时期,同时每一时期又有相对固定的特性,这就是心理发展的阶段性。青少年心理发展的阶段性是与年龄相联系的。心理发展的年龄特征是指个体心理发展在各年龄阶段所表现出来的一般的、典型的、本质的特征。心理年龄特征是个体在一定年龄阶段心理发展水平的衡量标尺，它是从许多同龄人心理发展的事实中，通过比较分析概括总结而被确认的。不同年龄阶段的儿童青少年，在心理发展的各方面会表现出不同的特征。

（二）具有一定的方向性和不可逆性

一般情况下，青少年心理发展具有一定的方向性和不可逆性，其先后顺序既不能逾越，也不能逆向发展。比如青少年身体各大系统成熟的顺序是：神经系统、运动系统、生殖系统；大脑各区成熟的顺序是：枕叶、颞叶、顶叶、额叶；脑细胞发育的顺序是：轴突、树突、轴突的髓鞘化等。青少年无论是生理发展还是心理发展，一般都遵循着一定的方向和顺序，而且是不可逆的。这种方向性和不可逆性在某种程度上体现出基因在环境影响下不断地把遗传程序显现出来的过程。但也有研究表明，个体心理发展有时会出现固着或倒退现象。

（三）普遍性和差异性

心理发展具有一些共同的规律，具有普遍性，青少年心理发展也是如此。同时，个体发展在发展进程、内容、水平等方面又具有差异性。心理发展的普遍性体现在心理发展的规律性方面。发展心理学一直在试图揭示心理发展的一般规律，比如儿童的身体动作是如何发展的？认知是如何发展的？情绪情感发展的基本规律是什么？人格是怎么形成的？这些普遍的规律体现在各种社会文化背景下的青少年共同发展的过程中。而与此同时，青少年发展领域也关注不同成长环境下的青少年的独特特征。如有的青少年在小学高年级会出现青春期逆反行为，但有些青少年可能一直都没有逆反行为；再比如在青少年的智力发展领域，有的青少年少年早慧，有的则大器晚成；有的青少年在言语方面有优势，有的儿童则擅长操作等。

（四）不平衡性

个体要从出生到成熟并不总是按相同的速度直线发展，而是体现了多元化的特点，表现为心理发展的不平衡性的特点。具体表现为：不同系统在发展速度、起始时间、达到成熟水平方面不同；同一机能系统特征在发展的不同年龄阶段有不同的发展速度。从总的发展趋势来看，3岁前儿童出现了第一个加速发展的时期，然后是儿童期的平稳发展，青春期又出现第二个加速期，之后又是平稳发展，到老年开始下降。

四、心理发展的关键期

关键期的概念源于奥地利动物习性学家劳伦兹（K. Z. Lorenz）在研究小动物习性时发现的"印刻现象"。劳伦兹发现，小鹅、小鸭等会把在出生后第一眼看到的对象（包括动物、人)当作自己的母亲,并对其产生偏好和跟随行为。但是,如果刚出生时就把它们与母亲等分开,这些小动物就不会出现跟随行为。小动物的其他行为也有类似情况。这说明动物某些行为的形成有一个关键时机,错过了这个时机,有关行为就再也不能形成。劳伦兹将这种现象叫作"印刻"(Imprinting),印刻发生的时期就叫作关键期。

心理学家所讲的关键期,是指人或动物的某些行为与能力的发展有一定的时间阶段,如果在此时期给予适当的良性刺激,会促使其行为与能力得到更好的发展。目前能证明关键期存在的研究主要有四个方面:恒河猴的社会性发展、鸟类的印刻现象、人类语言的习得、哺乳动物的双眼视觉。美国心理学家哈洛等人将刚出生的恒河猴关在不锈钢房间里,房间光线充足,温度适宜,空气畅通,食物与水及时提供,但这些都由遥控器完成,猴子完全被隔离。6个月后,猴子被放出来后,表现出了极大的不适应,它们害怕其他的猴子,胆小退缩,咬自己,对同伴表现出极大的攻击性。这一结果表明出生后6个月可能是恒河猴社会性发展的关键期。

美国心理学家布鲁纳在总结前人及自己研究成果的基础上提出一个重要假设——5岁前是智力发展最迅速的时期。如果把17岁所达到的普通水平看作100%,那么从出生到4岁就获得50%的智力,其余30%是4~8岁获得的,另外20%是8~17岁获得的。此外也有研究证明,发展不同能力的关键期也不同:口语发展在2~5岁,书面言语在4~5岁,数概念在5~5.5岁,词汇能力在5~6岁,动作技能掌握的关键年龄在10岁以前。

对人类心理发展的关键期,目前存在一些争论。有的研究者认为,如果缺失关键期,会导致认知、语言、社会交往等方面的能力低下。但是,近年来许多学者的研究表明,关键期虽然非常重要,但是某些行为即使错过关键期,只要经过一定的再学习,仍然是可以形成的。因此,所谓关键期实际上是学习的最敏感、最容易的时期。确切地说,关键期也可以称为敏感期。

五、教育与青少年心理发展的关系

教育与学生心理发展之间存在着比较复杂的相互依存关系。这主要表现为:

第一,教育对青少年的心理发展起着主动的作用。教育作为一种决定性的条件制约着心理发展的过程和方向。科学的教育促进青少年的心理发展,没有适当的教育措施就无法指导学生的心理健康发展。但需要注意的是,教育只是影响心理发展的主要条件,其作用并不是唯一的、无条件的。因为除了教育之外,对青少年的心理发展产生重要影响的还有遗传、家庭教育、社会环境等因素。

第二,教育必须以学生心理发展的水平和特点为依据,遵循教学的准备性原则,即根据学生原有的准备状态进行新的教学。在我国的教育学中又称为"量力性原则"或

"可接受性原则"。准备状态,是指学生从事新的学习时,他原有的知识水平和原有的心理发展水平对新的学习的适合性。其内含有两层意思:学生的准备应保证他们在学习中可能获得成功;学生的准备应保证他们学习时所消耗的时间和精力"经济而合理"。

任何教育、教学都要考虑学生的学习准备水平,即要考虑学生原有知识的原有心理发展水平,教材、教法的选择必须考虑儿童的年龄心理特点。

第二节　青少年发展与教育心理学的研究内容及意义

一、研究对象

青少年发展与教育心理学是以青少年作为研究对象,研究青少年的心理发展特点与规律,研究青少年的学习过程与条件,关注青少年课堂学习与教学问题,是青少年发展心理学与教育心理学相结合的产物。青少年发展心理学是发展心理学中专门研究青少年时期身心发展特点与规律的科学,属于儿童心理学的一部分,是心理学的基础学科之一。

教育心理学主要探讨学校教育情境中学生的学习过程与学习条件,注重解决教育实践领域中的心理学问题,属于心理学的应用学科之一。

因此,青少年发展与教育心理学既具有基础学科的色彩,也有应用学科的特性,是研究青少年时期的心理发展特点与规律以及在学校情境中学生的学习过程与学习条件的学科。

二、研究内容及意义

(一)学生心理发展特点和规律是基础内容

要想教育学生,首先必须了解学生,了解学生的心理发展特点与规律。学生是教学活动的对象,是学习活动的主体,一切教育教学活动的最根本目的就在于促进学生的和谐发展。因此,学生的心理发展既是学习与教学活动的起点,也是学习与教学活动的目的,从而使得有关儿童心理发展特点与规律的研究成为发展与教育心理学的首要内容。

(二)学生学习过程与学习条件的揭示是重点内容

由于教师的教学必须通过学生的学习活动才能起到促进学生发展的目的,因此,有关学生学习的过程与条件等内容自然成为发展与教育心理学的重点。为此,我们首先必须揭示教育系统中学生学习的性质、特点与类型。因为,只有弄清学生学习的性质、特点及类型,才能进一步去深入探讨学生学习的规律。发展与教育心理学应该揭示学生学习的规律,即学习的发生、变化及发展的必然性。教师与学生只有了解了这种学习的必然性,才能采取有效措施以促进学习和教学,才能优化教学系统、提高教学成效。所谓学习规律,主要体现在两个方面:一方面,是以学习的发生、变化及发展的过程或阶段表现出来的。学生在学习中,由不知到知,由不会到会,由不信到信,所有这些变化都是不同学习过程的体现。研究学习规律,首先要揭示学习的这种过程。另一方面,过程的进展及结果总是依赖于一定的条件的,学习是在一定条件的作用下发生、又在一定条件作用下变化的。所以,学习规律的研究,除了要揭示表示学习进展的过程以外,还要揭示直接影响过程进展的条件。

(三)研究目的是将发展特点与学习规律应用于教学实践

对学生发展特点与学习规律的研究,最终是为了提高教学质量,促进学生的发展。这就要求发展与教育心理学不仅要研究儿童的心理发展特点与学生的各种学习规律,同时也要研究这些发展特点与学习规律在教学实践中的应用问题,以利于它们转化成为教学技术。同时,这些特点与规律只有被教师所理解和接受,才能在教育实践中真正发挥作用。

总之,青少年发展与教育心理学既要研究学生发展的特点与学习的规律,也要研究如何指导学生进行有效学习;既要探讨不同类型学习的过程和条件,也要研究教师的教学行为,探讨教学设计及教学评价等,为有效教学提供科学依据。为此,青少年发展与教育心理学的首要任务就在于揭示学生掌握知识、形成技能、获得策略、发展能力、形成品德的心理规律,揭示学生的学习活动和心理发展与教育条件和教育情境的依存关系,从而使教育工作建立在心理科学的基础上,提高教育的科学性和效益,促进教育事业的发展。同时,青少年发展与教育心理学对教师有效的独立学习和自我培养也可以提供必要的帮助。每位教育工作者,都必须具有一定的心理学基础知识和必要的心理学观点,善于从心理学的角度去看待和分析教育过程,并学会从心理学的角度去分析和认识学生的心理特点和心理发展状况,在心理科学的指导下,在独立学习和自我培养中,不断丰富和完善自己。

三、青少年发展与教育心理学的起源与发展

(一)青少年发展与教育心理学在国外的起源与发展

发展与教育心理学的产生是在心理学独立之后。1879年,德国心理学家冯特在莱比锡大学建立了世界上第一个心理学实验室,标志着科学心理学的产生。1882年,德国生理学家和实验心理学家普莱尔对自己的孩子从出生到3岁进行了系统的观察,最后将观察结果整理成一本书——《儿童心理学》,被认为是第一部科学的儿童心理学著作。

1904年,美国心理学家霍尔出版了《青少年:它的心理学及其与生理学、人类学、社会学、性、犯罪、宗教和教育的关系》(简称《青少年心理学》),将儿童心理研究的年龄扩大到青少年。他还创办了《教育研究》杂志,发表发展心理学和教育心理学方面的研究成果,成为发展与教育心理学的先驱之一。

瑞士心理学家皮亚杰从生物学的视角出发,通过对自己的孩子进行观察和实验,系统地研究了儿童认知的发生和各个年龄阶段的发展变化,阐述了从认识的起源到科学理论的发展过程,对儿童心理发展的研究作出了巨大的贡献。

美国精神分析学家埃里克森通过临床观察以及对大量病例的研究,提出了心理发展阶段理论,认为个性受生物、心理和社会三方面因素的影响,在自我和社会环境的相互作用中形成,其发展经历几个既连续又不同的阶段,每个阶段都有其特定的发展任务。对儿童心理发展与社会、青春期同一性危机等进行了系统的研究。

美国教育心理学家桑代克致力于人类学习和动物学习领域的研究,用量化的方法研究和解决有关学习问题,创立了一套完整的学习理论,使学习成为教育心理学的中心领域。1903年出版了《教育心理学》,1913—1914年,他又将此书扩展为三卷即《人类的本性》《学习心理学》《工作疲劳以及修改的差异》。在研究方法上,他摆脱了单纯内省和思辨的方法,采用自然科学的方法进行研究,科学的教育心理学从此开端。

1868年,俄罗斯教育家乌申斯基出版《人是教育的对象》,对当时心理学的发展成果进行了系统的总结。1877年,俄国教育家与心理学家卡普杰列发表《教育心理学》,这是俄国较早以教育心理学命名的书。

(二)青少年发展与教育心理学在中国的发展

虽然中国的发展心理学和教育心理学是由西方传入的,但在西方心理学传入中国之前,中国早就有了心理学、教育心理学的思想。早在春秋战国时期,孔子、孟子、荀子的著作中,就有不少教育心理学的观点。孔子对教师心理、差异心理、人生发展方面都有论述。他在《论语》中说:"君子博学于文,约之以礼,亦可以弗畔矣夫",主张学习要博约结合。"子绝四:毋意,毋必,毋固,毋我"。主张学习不要主观臆测、武断专横、固执己见和自以为是。"温故而知新,可以为师矣。""吾十有五,而志于学,三十而立,四十而不惑,五十而知天命,六十而耳顺,七十而从心所欲,不逾矩。"这是孔子的生命全程发展观,初步阐述了人的心理发展趋势。他的划分虽然比较简单,但体现了人类心理发展的一般原理,并在2500多年里一直影响着中国对人生发展阶段划分的认识。关于先天禀赋与后天学习在心理发展上的作用,孟子提出了"性善论",荀子提出了"性恶论",韩愈提出"性与情的三品说"。孟子继承孔子思想,在教育心理方面也有论述。孟子说:"君子深造之以道,欲其自得之也。自得之,则居之安;居之安,则资之深;资之深,则取之左右逢其原,故君子欲其自得之也",这是孟子重视学习的主动性和积极性的思想。孔门弟子所著《学记》的教育心理学思想，主要包括德育心理思想、学习心理思想和教师心理思想。荀子的《劝学篇》是中国古代关于学习心理的一篇重要文献。

20世纪中国出现第一本有关教育心理学的著作，是1908年由日本小原又一著、房东岳译的《教育实用心理学》；20年代之初，廖世承编写了中国第一本《教育心理学》教科书；1926年，陆志韦翻译出版了桑代克的《教育心理学概论》；1933年陈德荣翻译出版了盖茨的《教育心理学》。1925年，陈鹤琴出版了中国第一本儿童心理学专著《儿童心理之研究》。中华人民共和国成立之后，我国学者自己编著教育心理学教科书的还有潘菽、陈选善、肖孝嵘和艾伟等。

20世纪60年代初，结合中国实际，发展与教育心理学的研究范围包括人的心理发展、学习心理、智育心理、学科心理、学生的个别差异心理等方面。1963年，潘菽出版了《教育心理学》讨论稿；1962年，朱智贤出版了《儿童心理学》；从1983年到1988年，朱智贤教授主持了国家重点项目"中国儿童心理发展特点与教育"课题，组织上百名专家学者进行了七八年的研究，在理论探索和实验研究方面取得了可喜的成果。

21世纪后，受教育部设立的初等教育专业课程设置的影响，中国心理学工作者开始编写和翻译出版大量发展与教育心理学教材。随着教育改革的发展和深入，青少年发展与教育心理学课程建设和教材建设也在不断加强，在吸收国外先进研究成果的基础上，结合中国的教育改革的实践，本学科将会有更大的发展空间。

第三节　青少年发展与教育心理学的研究方法

研究是对现象的事实、本性、机制和规律的探索与考究。通过研究，我们可以获得四种类型的知识：描述、预测、改进和解释。如描述青少年思维发展的突出特征，预测后一时期他们的思维发展趋势；通过对青少年发展与教育心理学思维发展特征的了解，选择和设计相应的教学，解释为什么这样做能获得更好的教学效果等。那么，研究应该怎样进行呢？

一、研究的基本原则

（一）客观性原则

客观性原则就是按照客观的标准，遵循实事求是的原则，对数据事实和个案事实进行具体分析，就是要避免一切可能的主观偏见，实事求是地研究现象、描述事实、做出解释。

（二）系统性原则

系统是由若干相互联系、相互作用的部分组成的具有一定结构和机能的整体。在心理学研究中注意系统性原则,就是把个体的心理作为一个开放的、动态的、整体的系统来加以考察。例如培养儿童,不仅包括智力的开发,而且包括良好的个性、情绪、意志、行为习惯等的培养。研究时需要把青少年的某一心理现象放入各种心理现象的整体中考虑,这样对该心理现象的理解才会更全面。

(三)实践性原则

一方面,青少年的心理活动常常在实践活动中体现和发展;另一方面,理论要与实践结合,我们需要在青少年的实践活动与教育实践中去发现问题。因此,对青少年的心理发展与教育的研究需要坚持实践性原则。

此外,我们还须注意一般与个别结合的原则。青少年的心理发展与教育既具有一般规律性,同时又具有个别差异性和特殊性,因而研究中也需注意既考虑儿童心理发展的一般事实与规律,又要考虑儿童心理发展与教育的特殊规律和个别差异。

二、研究类型的选择

依据不同的标准,可将研究分为不同的类型。

(一)纵向研究和横断研究

从研究时间的延续性来看,可分为纵向研究和横断研究。

纵向研究是在比较长的时间内,对一个青少年或一种教育方法进行持续、系统的考察。它的优点是可以比较系统、详尽地了解青少年的心理发展的连续性和量变质变的规律,也能更有说服力地证明某一教育方法的有效性程度。因其考察时间长,因而纵向研究一般要耗费更多的时间和精力,同时,研究易受被试或外界环境变化的影响。横断研究是在同一时间内对某个(某几个)年龄段的青少年的心理现象进行考察,或者同时对某几种教育方法进行比较。它的优点是能在较短的时间内找出某一年龄或不同年龄青少年的心理发展特点,通过比较能得出某一种或几种教育方法的有效性状况。但由于时间短,难以看到青少年心理发展的连续性和关键点,也难以确证教育方法的真实效果。

(二)定性研究和定量研究

从对资料的分析来看,可分为定性研究和定量研究。定性研究一般是基于描述性分析,是一种较灵活的、归纳的、共识性的研究;定量研究侧重数量化的统计分析,是一种结构性的、演绎的、寻求预测和解释性的研究。两者不是必然的分离,实际研究中,常常将两者结合运用。例如,要考察儿童个性品质与创造力之间的关系,既可以通过问卷法、测量法、实验法等收集数据进行统计分析、考察相关度,又可以通过观察法、开放式访谈或深度访谈等进行观察和描述,对收集的资料进行质的分析。

(三) 描述研究、相关研究和实验研究

从研究的具体操作程序及揭示问题的性质上看,可将不同的研究分为三类:描述研究、相关研究和实验研究。

描述研究是对行为或现象的观察和记录。任何科学都始于描述。日常生活中,我们都在观察和描述人们,常作出他们为什么那样做的结论。专业的青少年发展与教育心理学家也是这样,只不过更为客观和系统。心理学家用以描述行为的主要方法有个案研究、调查和自然观察。描述行为是预测行为的第一步。无论个案研究、调查还是观察,都要注意所选择的样本具有代表性,同时,要尽可能地避免研究中的主观偏向。描述研究只能描述现象或行为而不能进行解释。

相关研究是寻找自然出现的相关关系。当调查和自然观察揭示出一个特征或行为会伴随着另一个一起出现时,我们便说这两者之间存在着相关。心理学家用数字——相关系数来描述两种现象之间相互联系的紧密程度。例如,日常生活中人们常相信的所谓预感,便是一种错觉性相关。同时,相关关系并不等同于因果关系。如相关研究表明喝酒与暴力行为有关,但我们不能说喝酒导致暴力行为,或因为喝酒,所以有暴力行为。

实验研究是通过操纵一个或多个自变量来考察其在因变量上产生的效果,目的在于考察因果关系,即自变量与因变量之间是否存在一种因果关系。其特点是研究者对变量进行操纵和控制。例如,要考察某种教学方法是否对学习障碍儿童的学习有促进作用,可把青少年分为两组(实验组和控制组),对实验组青少年采用该教学方法,而控制组按常规方法教学,并保证这两组青少年除了接受的教学方法不同外,其他都相同,一段时期后,考察两组青少年的学习效果,从而得出该教学方法与学习障碍青少年的学习之间的因果关系。

三、主要研究方法

心理学研究的方法有很多,下面介绍在青少年发展与教育心理学领域常用的几种方法。这些方法各有其优缺点。在确定使用哪一种方法来进行研究时,应考虑到其适用性。

(一) 个案法

个案法是最古老的研究方法,心理学家通过它对个体进行深入研究,以期能揭示出对该群体的人来说都适用的道理。例如,关于脑的许多早期的认识便来自于对那些特定脑区受损后出现特殊障碍的个体进行的个案研究。弗洛伊德从大量的个案研究中建构出了他的人格理论。皮亚杰通过仔细观察和提问少量的儿童为我们提供了关于儿童思维的知识。可见,深入的个案研究是很有价值的。个案研究能提出可供深入

研究的假设，但它们有时也会误导我们：个体可能是非典型的。没有代表性的信息会导致错误的判断和结论。如有研究者得到一个发现——吸烟的人寿命更短：活到85岁以上的人中95%都是不吸烟者；有人就肯定能提出一个相反的例子——我叔叔每天抽两包烟还不是也活到了89岁。有些奇闻案例，例如戏剧性的故事、私人的经历，甚至心理学中的个案，都有可能具有特异性而不具备普遍性。

（二）自然观察法

自然观察法，即在自然环境中观察和记录有机体的行为，它通常是研究者有计划地用自己的感官或借助科学的观察仪器与装置，对所要研究的对象进行系统的观察和考察以获取研究资料。例如，达尔文以日记的方式记录下对自己孩子的长期观察结果，并写成了《一个婴儿的传略》。观察首先要确定界限，即明确所要观察的行为及其范围。因为观察时人们的注意范围是有限的，大多数人都无法同时注意并记住短时间内发生的20种不同的行为。因此，我们必须选择那些与研究课题密切相关的行为去研究。例如，如果我们对儿童的非言语交往感兴趣，非言语交往那么复杂，我们到底应该观察什么样的非言语行为？怎样来记录儿童交往活动中的这些行为表现？又如，想探察小学生课堂学习行为状况，那么，究竟哪些行为可归为课堂学习行为？通常，我们借助先前的资料来界定观察的行为及其范围。观察的第二个问题是，观察过程中观察对象对被观察的反应问题。例如，当你走在街上，一个扛着照相机的人一直跟随你，不时地拍摄你问候朋友时的情景，对此，你的反应与无拍摄情况下有不同吗？一般情况下，当被试知道有人在观察他们时，他们的反应常会与自然状态下不同。要预防被试的这种反应性，可以采用无干扰观察（如在隐蔽观察者身份或身影的情况下进行观察）。自然观察的内容一定是对象外显的行为，结果是描述性的。它能为随后更严格的研究提供重要资料，可以提出问题，形成进一步研究的假设。但因为它基本是描述性的，因而难以对各因素间的关系作出推论。

（三）调查法

调查是以提问题的方式，了解个体或团体的心理与行为的方法。在研究某个被试时，可以向被试本人作调查，也可以向熟悉被试的人作调查；可以用书面的问卷调查，也可以口头访谈。

1. 访谈调查

访谈调查是通过谈话，即访谈者与访谈对象面对面地交流、谈论而从访谈对象那里收集到第一手资料的方法。不同于日常谈话的是，访谈有明确的目的，谈话也主要以访谈者引领话题。访谈可分为个别访谈和集体访谈（同时对多个被试进行访谈）。它一般分为见面、与访谈对象建立融洽的关系、正式访谈和告别几个阶段。访谈中能否充分地收集到信息取决于这几个阶段中的访谈技巧,这更多需要我们在实践中多总结。有时,为了深入地了解个体心理的历程、动机或行为机制等,为了获得比较广阔、整体性的了解,我们常常也采用深度访谈,即访谈者与访谈对象多次接触与互动,以挖掘深藏在访谈对象的观点(经验)之下所蕴涵的意义、原因等,同时捕捉访谈对象的某些活动、事件的丰富信息。此过程中访谈者应对自己的研究问题及访谈目标非常清楚。访谈的灵活性大,适用范围广,回收率高,但受匿名性低的影响,真实程度会受到限制,另外,可能受访谈者的态度、表情、语调,甚至性别、服装等的影响而出现偏差。

2. 问卷调查

问卷调查在描述研究和相关研究中常常用到,它可以同时对众多个体进行广泛考察,要求人们报告他们的行为或观点。问卷调查可以收集许多人的信息。例如,一项民意调查显示72%的美国人认为电视暴力太多,84%的人赞成给同性恋者平等的工作机会,89%的人说他们面临着很大的压力,95%的人相信上帝,96%的人希望能改变一下自己的外貌。又如,想了解母亲对待儿童的态度和行为是否直接影响儿童的自我认识和自我评价,从而影响儿童的自尊水平,那么可以选取一群小学儿童被试(如三、四、五年级学生)和他们的母亲,采用小学儿童的母亲行为问卷、小学儿童自尊问卷进行施测,从而考察小学儿童的自尊是否受母亲各种行为(如支持行为和不支持行为)的影响。

在问卷设计中,特别要注意以下几点。

(1) 措辞方面。在调查中,要问的一系列问题需经过仔细推敲,因为如果措辞有暗示、某种导向或某种伤害,会对人们的回答有很大的影响。

(2) 取样方面。要调查的对象须具有代表性(能够反映总体的一般特性)。你可以用常识、戏剧性奇闻、个人经历和主观的样本描述人类的经验,但要想精确地描述总体的经验和态度,那么只有一种游戏规则——选择有代表性的样本。怎样使调查的取样有代表性呢?通常的办法是随机取样,这是一种使整个群体中所有个体都有同等机会参加的方法。除以上两方面外,人们的回答认真与否,其说法与实际做法是否一致,也会影响调查结果的真实性。

以上两种调查常常结合进行,访谈可为问卷的条目编制提供丰富的参考信息,亦可在问卷调查基础上,通过访谈使问题进一步深入。

(四) 实验法

实验法是指在控制条件下对某一种或几种心理现象进行研究的方法。在实验中,主试可以控制某些条件、创设某种情境,使被试产生所需要的心理现象。实验法与观察法不同之处在于有目的地创设某种情境,并且可以反复进行。

1. 实验法的种类

实验法可分为实验室实验法和教育心理实验法。实验室实验法是指借助专门的实验设备,对实验条件严加控制,来引起或改变一种或几种影响个体心理变化的条件,从而观察个体生理及行为变化的方法。这种方法的优点是研究者可以从自己的意愿出发,对所研究对象的心理现象进行控制,有利于明确心理现象的因果关系,实验结果可以反复验证,科学性强。缺点是在对个体进行控制下的实验结果与现实生活中的实际情况还有一段差距,在具体应用时要受到很多限制。另外,个体对实验配合与否,直接影响研究结果的真实可靠性。教育心理实验法是指在教育教学过程中,根据研究目的,控制或变更某些条件,以观察被试的心理活动表现的一种方法,这种方法是在现实生活场景中进行的,是一种自然实验。

教育心理实验法是介于实验室实验法和观察法之间的一种方法,它兼有两者的特点。它的优点表现在:它不是在特设的实验室中操作的,而是在实际教育情境中进行的,保持了被试的自然性;它又对实验条件有所控制,使得主试能按照自己的意愿进行,可操作性强,另外,实验可以重复进行,加以验证,有推广价值。但同时又有其不足之处,表现在:在实验时,许多条件无法严格控制,致使实验过程中干扰因素较多,研究结果的精确性和有效性比实验室实验要低;另外,它并不是使被试完全处于自然状态下进行的,对其又施加了一定的影响,使得实验结果难以具有和观察法同等的真实性。

2. 使用实验法时应注意的主要事项

(1) 所选实验对象要具有代表性。首先,确定所研究对象的总体,即具有某种特征的一类事物的全体。总体是由每个个体构成的。如要研究某校小学生,则这所学校的所有小学生就为研究的总体,每个学生都是总体中的个体。其次,从总体中选出一部分个体——样本,样本要有代表性,即最能代表总体的特征。如从上述例子中抽出的个体就应该代表小学生的性别、年龄、智力等特征。只选高年级或只选成绩好的个体就不具有代表性。最后,选择有代表性的样本的方法有许多种。一是完全随机取样,如上例,将全校学生编号,用抽签的方法随机抽取一定数量的被试,就属于完全随机取样;二是分层随机抽样,从不同年级中随机抽取整班的方法即为分层抽样。

(2) 进行科学的实验设计。科学的实验设计是使实验能够成功的关键一环。由于实验目的不同,研究对象不同,所用的实验设计也不尽相同。按照因素的多少,可分为单因素实验设计、二因素实验设计和多因素实验设计;按照被试所接受的处理情况,可分为组内实验设计、组间实验设计和混合实验设计,以上都属于真实验设计,有时还涉及准实验设计和非实验设计。所以在使用实验法时应在专人的指导下进行。

（3）指导语要明确，并且在实验过程中要保持一致。以避免主试操作失误或由指导语不清而带来的附加自变量，导致实验失败。

（4）分析统计结果时要客观。不能根据自己的意愿随意改变或删除数据，有时，只要实验是客观的，实验失败也是允许的，切不可盲目臆断。

（五）测验法

测验法就是使用经过标准化的问题（量表）来测量被试的个性心理的方法。测验所用量表相对调查问卷来说要求更严格，必须经过标准化，要有一定的信度和效度，测验结果有参照标准。

1. 测验法的种类

根据可同时接受测验的被试样本大小可分为个别测验和团体测验。个别测验是指一名或几名主试一次只对一名被试进行测量的形式。对于有的量表、有的被试只能使用这种方法，如韦克斯勒智力量表就应进行个别测验。这种方法便于对被试的行为进行监控，但需要大量的时间和精力。团体测验是指一名主试同时对多名被试进行测验的方法。如卡特尔十六种人格量表就可以通过团体测验的方法进行。这种方法可以同时收集到大量的信息，经济省时，但不能对所有的被试进行有效的控制，从而影响测验的效果。根据测验量表的形式可以分为文字测验和非文字测验。文字测验是指测验的量表为文字形式，要求被试填写或回答。这种测验使用起来较方便，但受被试文化背景和文化程度的限制，如中国比纳智力测验，其结果易受被试文化程度的影响。非文字测验指测验的量表为非文字形式，如图形、工具等，要求被试用文字、操作或绘画来完成。测验结果避免了知识经验、文化背景的影响，但施测较困难，评分标准较难确定，对主试要求较高。按测验目的可分为成就测验、性向测验、智力测验、人格测验等。

2. 使用测验法时应注意的主要事项

（1）选择有效可靠的测量工具（量表）是测验成功的前提。

（2）所选被试的样本要有代表性，能反映总体的特征。

（3）测验开始要提醒被试按要求回答所有问题，不要有遗漏。测验过程中不能对被试有任何暗示。

（4）向被试解释测验结果时要具有一定的模糊性，要考虑到其他因素的作用。

【阅读材料】

优秀学生的特点

美国著名心理学家斯滕伯格(R. J. sternberg)认为,优秀学生具备以下特点:优秀学生会运用有效的学习策略获取知识,并能对学习策略进行评估;优秀学生相信智力可以增长,他们看重的是对学习材料的真正掌握,而不是表现良好取悦教师或者得高分,即他们持"掌握取向"而不是表现取向;优秀的学生具有较高的自我效能感,相信自己能够在学校取得成功;优秀的学生具有较高的成就动机,对自己获得学业成功的能力抱有很高的期望;优秀学生具有坚持不懈完成任务的意志;优秀学生能对自己及自己的行为负责;优秀学生懂得延迟满足,能在没有即时回报的情况下,为将来实现目标而坚持完成任务。

(资料来源:[美]Sternberg, R. J., Williams, W. M. 著. 教育心理学[M]. 张厚粲,译. 北京:中国轻工业出版社,2003:17-24.)

推荐读物

1. 刘万伦. 发展与教育心理学[M]. 北京:高等教育出版社. 2014.
2. 伍新春. 儿童发展与教育心理学[M]. 北京:高等教育出版社. 2013.

思考与练习

1. 青少年发展与教育心理学是一门怎样的学科?
2. 青少年发展与教育心理学的研究对象和内容是什么?

第二章 青少年心理发展的基本理论

学习目标

了解各种心理发展观点的特点及其代表人物的主要观点;掌握各学派对青少年心理发展的分析。

> **案例导读**
>
> **玛格丽特·米德的青春期逆反的研究**
>
> 玛格丽特·米德,美国女人类学家,美国现代人类学成形过程中,最重要的学者之一。1978年逝世后随即获授总统自由勋章(Presidential Medal of Freedom)。米德23岁取得心理学的硕士学位,在研读人类学博士学位五年后,决定走出教室去从事田野工作,准备选择南太平洋群岛的波利尼亚文化作为研究对象,希望在当地原住民的古老习俗及传统生活方式被文明侵蚀消失前作出观察纪录,哥伦比亚人类学系主任法兰兹·鲍亚士(Franz Boas)教授却因其地偏远危险而反对,二人最终协商前往南太平洋上的萨摩亚群岛(Samoa)进行研究。
>
> 米德根据萨摩亚的田野研究资料,于1928年出版了《萨摩亚的成年》一书,探讨了正值青春期的萨摩亚少女的性和家庭风俗,针砭美国社会对待青少年的方式,轰动一时。在她的观察中,萨摩亚社会没有什么不良青少年,因为萨摩亚人不要求青少年服从任何清规戒律,青少年不必以反抗成规证明自己的存在。当然,由于米德自己是女性,未能亲身参与萨摩亚人只准男性参加讨论政治、宗教、经济问题的聚会,使她对整体社会的运作体系的了解有了很大限制。

在发展与教育心理学领域,很多心理学家从各自不同的角度对青少年的心理发展进行了有价值的阐释,对个体心理发展的研究起到非常重要的推动作用。因此,我们必须重视学习和研究青少年心理发展中的那些重要的观点和理论。

本章主要介绍了各种流派的发展与教育心理学的理论和观点。关于精神分析的心理发展观,首先阐述了精神分析的代表人物弗洛伊德的人格理论及发展观点和阶段说,其次介绍了埃里克森的心理发展阶段和理论。在行为主义的心理发展观方面,回顾了华生、斯金纳和班杜拉的心理发展观。接着,着重探讨了两位重要的发展心理学家维果茨基和皮亚杰的理论观点。最后,说明了朱智贤的心理发展观及发展心理学中国化的问题。

一、精神分析的心理发展观

(一) 弗洛伊德的发展心理学理论

弗洛伊德是奥地利的精神病医生和心理学家,根据其对病态人格进行的研究提出了人格及其发展理论,这种理论的核心思想认为存在于潜意识中的性本能是人的心理的基本动力,是决定个人和社会发展的永恒力量。

1. 弗洛伊德的人格理论及人格发展观

在弗洛伊德的早期著作中,人的心理活动或精神活动主要包括意识和无意识两个部分,弗洛伊德后来修订了这种意识与无意识的"二分法",而引进本我(id)、自我(ego)和超我(superego)的心理结构或人格结构。

"本我",类似于弗洛伊德早期理论中的"无意识"的概念,本我是原始的、本能的,且在人格中最难接近的部分,同时它又是强有力的部分。它包括人类本能的性的内驱力和被压抑的习惯倾向。在心理发展中,年龄越小,本我的作用越是重要。婴儿几乎全部处于本我状态,本我也可能闯入梦境,如儿童在梦中吸吮乳头或拿起了水杯。

"自我",是意识结构部分。弗洛伊德认为,作为无意识结构部分的本我,不能直接地接触现实世界,为了促进个体与现实世界的交互作用,必须通过自我。儿童随着年龄的增加,逐步学会了不能凭冲动随心所欲。他们逐步考虑后果,考虑现实的作用,这就是自我。自我是遵循现实原则的,因此它既是从本我中发展出来,又是本我和外部世界之间的中介。

"超我",包括两个部分,一个是良心,一个是自我理想。前者是超我的惩罚性的、消极性的和批判性的部分,它告诉个体不能违背良心。后者是由积极的雄心、理想所构成,是抽象的东西,它希望个体为之奋斗。弗洛伊德指出,超我代表着道德标准和人类生活的高级方向。

超我和自我都是人格的控制系统。但自我控制的是本我的盲目的激情以保持机体免受损害;而超我则有是非标准,它不仅力图使本我延迟得到满足,而且也会使本我完全不能获得满足。超我在人身上发展着,逐步地按照文化教育、宗教要求和道德标准而采取行动。因此,弗洛伊德的超我与本我是有其对立的一面的。

2. 弗洛伊德的心理发展阶段说

心理性欲发展阶段的理论是弗洛伊德关于心理发展的主要理论。弗洛伊德既提出了划分心理发展阶段的标准,又具体规定了心理发展阶段的分期。

弗洛伊德把里比多的发展分为五个阶段:口唇期(0~1岁),肛门期(1~3岁);前生殖器期(3~6岁);潜伏期(6~11岁);青春期(女孩11岁、男孩13岁开始)。

(1) 口唇期

弗洛伊德认为里比多的发展是从嘴开始的,吮吸本身也能产生快感。

弗洛伊德认为,每个人都经历口唇期的阶段,流露出较早阶段的快感和偏见。往后的发展阶段直至成人,出现的吮吸或咬东西(如咬铅笔等)的愉快,或抽烟和饮酒的快乐,都是口唇快感的发展。

(2) 肛门期

1~3岁儿童的性兴趣集中到肛门区域。例如,大便产生肛门区域黏膜上的愉快感觉,或以排泄为快乐,以抹粪或玩弄粪便而感到满足。

(3) 前生殖器期

约在3~6岁,儿童进入前生殖器期。弗洛伊德说:儿童由3岁起,其性生活即类同于成人的性生活。这里的"性生活"主要是指出现男孩的恋母情结转换期,女孩也产生恋父情结。也就是说,到了这个阶段,儿童变得依恋于父母中异性的一方。这一早期的亲子依恋,被弗洛伊德描述为"俄底普斯情结",即恋母情结。因此,前生殖器期又叫恋母情结的阶段。

(4) 潜伏期

随着建立起较强的抵御恋母情结的情感,儿童进入潜伏期。弗洛伊德认为,儿童进入潜伏期,其性的发展便呈现一种停滞的或退化的现象,也可能完全缺乏,也可能不完全缺乏。这个时期,口唇期、肛门期的感觉,前生殖期的恋母情结的各种记忆都逐渐被遗忘,被压抑的情感差不多一扫而光,因此,潜伏期是一个相当平静的时期。

(5) 青春期

在青春期,个体的最重要的任务是要从父母那里摆脱出来。同时,到了青春期,容易产生性的冲动,也容易产生同成人的抵触情绪和冲动。

(二) 艾里克森的心理发展观

艾里克森是美国的精神分析医生,也是美国现代最有名望的精神分析理论家之一。

艾里克森的人格发展学说既考虑到生物学的影响也考虑到文化和社会因素影响,他认为自我是在人格发展中逐渐形成,并在个人及其与周围环境的交互作用中起着主导和整合的作用。每个人在生长过程中,都普遍体验着生物的、生理的、社会事件的发展顺序,按一定的成熟程度分阶段地向前发展。在《儿童期与社会》这本书里,他提出了"人的八个阶段"以及每个阶段的发展任务,建立了自己的发展理论。

第一阶段为婴儿期,是从出生到2岁。婴儿在本阶段的主要任务是满足生理上的需要,发展信任感,克服不信任感,体验着希望的实现;婴儿从生理需要的满足中,体验着身体的康宁,感到了安全,于是对其周围环境产生了一种基本信任感。

第二阶段为儿童早期,约从2岁到4岁。这个阶段儿童主要是获得自主感而克服羞怯和疑虑,体验着意志的实现。艾里克森认为这时幼儿除了养成适宜的大小便习惯外,已不满足于停留在狭窄的空间之内,而渴望着探索新的世界。这一阶段发展任务的解决,对于个人今后对社会组织和社会理想的态度将产生重要的影响,为未来的秩序生活和法制生活做好准备。

第三阶段为学前期或游戏期,从4岁到7岁左右。本阶段儿童的主要发展任务是获得主动感和克服内疚感,体验目的的实现。

艾里克森认为,这一时期儿童虽对自己的异性父母产生了罗曼蒂克的爱慕之情,但能从现实关系中逐渐认识到这种情绪的不现实性,遂产生对同性的自居作用,逐渐从异性同伴中找到了代替自己异性父母的对象,使俄底普斯情结在发展中获得最终的解决。

本阶段也称为游戏期,游戏执行着自我的功能,在解决各种矛盾中体现出自我治疗和自我教育的作用。艾里克森认为,个人未来在社会中所能取得的工作上、经济上的成就,都与儿童在本阶段主动性发展的程度有关。

第四阶段为学龄期,从7岁到12岁,本阶段的发展任务是获得勤奋感而克服自卑感,体验着能力的实现。学龄期儿童的社会活动范围扩大了,儿童的依赖重心已由家庭转移到学校、教室、少年组织等社会机构方面。艾里克森认为,许多人将来对学习和工作的态度和习惯都可溯源于本阶段的勤奋感。

第五阶段为青年期,从12岁到18岁。这一阶段的发展任务是建立同一感和防止同一感混乱,体验着忠实的实现。这一阶段艾里克森提出了"合法延缓期"的概念,他认为这时的青年承继儿童期之后,自觉没有能力持久地承担义务,感到要作出的决断未免太多太快。因此,在作出最后决断以前要进入一种"暂停"的时期,用以千方百计地延缓需要承担的义务,以避免同一性提前完结的内心需要。虽然对同一性寻求的拖延可能是痛苦的,但它最后是能导致个人整合的一种更高级形式和真正的社会创新。

如果说以上五个时期是针对弗洛伊德的五个阶段提出的,那么以下的三个阶段就是艾里克森的独创。这三个阶段,使他的发展理论更加完善。

第六阶段是成年早期,从18岁到25岁,发展任务是获得亲密感以避免孤独感,体验着爱情的实现。艾里克森认为这时青年男女已具备能力并自愿准备去分担相互信任、工作调节、生儿育女和文化娱乐等生活,以期最充分而满意地进入社会。这时,需要在自我同一性的巩固基础上获得共享的同一性,才能导致美满的婚姻而得到亲密感,但由于寻找配偶包含着偶然因素,所以也孕育着害怕独身生活的孤独之感。艾里克森认为,发展亲密感是否成功对是否能满意地进入社会有重要作用。

第七阶段是成年中期,从 25 岁开始,约至 50 岁,主要为获得繁殖感而避免停滞感,体验着关怀的实现。这时男女建立家庭,他们的兴趣扩展到下一代,这里的繁殖不仅指个人的生殖力,主要是指关心和指导下一代成长的需要,因此,有人即使没有自己的孩子,也能达到一种繁殖感。缺乏这种体验的人会倒退到一种假亲密的需要,沉浸于自己的天地之中,只一心专注于自己而产生停滞之感。

第八阶段为老年期(成年晚期),是指 50 岁以后,直至死亡,主要为获得完善感和避免失望和厌倦感,体验着智慧的实现。这时人生进入了最后阶段,如果对自己的一生周期获得了最充分的前景,则产生一种完善感,这种完善感包括一种长期锻炼出来的智慧感和人生哲学,伸延到自己的生命周期以外,产生与新的一代的生命周期融合而为一体的感觉。一个人如果达不到这一感觉,就不免恐惧死亡,觉得人生短促,对人生感到厌倦和失望。

艾里克森的发展渐成说有着自己的特色而不同于别人,可以说他的发展过程不是一维性的纵向发展观——一个阶段不发展,另一个阶段就不能到来,而是多维性的,每一个阶段实际上不存在发展不发展的问题,而是发展的方向的问题,即发展方向有好有坏,这种发展的好坏是在横向维度上两极之间进行的。每一阶段都有其特定的发展任务,发展靠近成功的一端,就形成积极的品质,靠近不成功的一端,就形成消极的品质。每一个人的人格品质都处于两极之间的某一点上。教育的作用就在于发展积极的品质,避免消极的品质。如果不能形成积极的品质,就会出现发展的"危机"。

二、行为主义的心理发展观

(一)华生的发展心理学理论

华生认为心理的本质是行为。心理、意识被归结为行为。各种心理现象是行为的组成因素或方面,而且可以用客观的刺激(S)—反应(R)术语来论证,其中包括作为高级心理活动的思维。

1. 否认遗传的作用

第一,行为发生的公式是刺激—反应。从刺激可预测反应,从反应可预测刺激。行为的反应是由刺激所引起的,刺激来自于客观而不是决定于遗传,因此行为不可能取决于遗传。

第二,生理构造上的遗传作用并不导致机能上的遗传作用。华生承认机体在构造上的差异来自遗传,但他认为,构造上的遗传并不能证明机能上的遗传。由遗传而来的构造,其未来的形式如何,要决定于所处的环境。

第三,华生的心理学以控制行为作为研究目的,而遗传是不能控制的,所以遗传的作用越小,控制行为的可能性则越大。

因此,华生否认了行为的遗传作用。

2. 夸大环境和教育的作用

华生从刺激—反应的公式出发,认为环境和教育是行为发展的唯一条件。

第一,华生提出了一个重要的论断,即构造上的差异及幼年时期训练上的差异足以说明后来行为上的差异。

第二,华生提出了教育万能论。华生从行为主义的控制行为的目的出发,提出了他闻名于世的一个论断,"请给我十几个强健而没有缺陷的婴儿,让我放在我自己之特殊的世界中教养,那么,我可以担保,在这十几个婴儿中,我随便拿一个来,都可以训练其成为任何专家——无论他的能力、嗜好、趋向、才能、职业及种族是怎样,我都能够任意训练他成为一个医生,或一个律师,或一个艺术家,或一个商界首领,或可以训练他成为一个乞丐或窃贼"。

第三,华生提出了学习理论。华生的学习观点的基础是条件反射。他认为条件反射是整个习得所形成的单位。学习的决定条件是外部刺激,外部刺激是可以控制的,所以不管多么复杂的行为,都可以通过控制外部刺激而形成。这个学习规律完全适合于行为主义预测和控制行为的目的,所以华生十分重视学习。华生的学习观点为其教育万能论提供了论证。

3. 对儿童情绪发展的相关研究

华生对心理发展的研究,其主要的兴趣是在情绪发展的课题上。他应用条件反射法研究了儿童情绪的发生和发展后认为,儿童的情绪是后天习得的。

(二)斯金纳的发展心理学理论

斯金纳将人的行为区分为应答性行为和操作性行为。华生的S-R心理学认为,发生反应而指不出其刺激时也假定有刺激物的存在,只要实验者想出办法就能找出这些刺激。斯金纳把这种行为反应称作应答性行为。而在发生时看不到刺激的行为反应称作操作性行为。

斯金纳的心理发展理论主要表现在下述几个方面:

1. 行为的强化控制原理

斯金纳的操作性条件反射强调塑造、强化与消退、及时强化等原则。

首先,强化作用是塑造行为的基础。他认为,只有了解强化效应和操纵好强化技术,才能控制行为反应,就能随意塑造出一个教育者所期望的儿童的行为。

其次,强化在行为发展过程中起着重要的作用,行为不强化就会消退,即得不到强化的行为是易于消退的。

再次,斯金纳强调及时强化,他认为强化不及时是不利于人的行为发展的。教育者要及时强化希望在儿童身上看到的行为。

2. 将行为主义的理论应用于实践

(1) 育婴箱的作用

斯金纳从白鼠的按压杠杆到儿童的抚养,做了不少工作。当他的第一个孩子出生时,他决定做一个新的经过改进的摇篮,这就是斯金纳的育婴箱。他的在实验箱里长大的女儿过得很快活,很快就成为一名很有名气的画家。他对育婴箱描述道:光线可以直接透过宽大的玻璃窗照射到箱内,箱内干燥,自动调温,无菌无毒隔音;里面活动范围大,除尿布外无多余衣布,幼儿可以在里面睡觉、游戏;箱壁安全,挂有玩具等刺激物;也不必担心着凉和湿疹一类的疾病。这种照料婴儿的机械装置是斯金纳研究操作性条件反射作用的又一杰作。

(2) 行为矫正

斯金纳操作性行为反射的思想在儿童行为矫正领域中被广泛应用,他提出的消退原理在儿童攻击性和自伤性行为矫正和控制中有重要的作用。当儿童出现争吵、冲突或自伤行为时,成人对儿童的行为不予理睬,直到他感到消极后果且得不到任何报酬时,就会自动停止某种行为。

3. 教学机器和教学程序

在长期的研究中,斯金纳形成了学习和机器相联系的思想。于是,最早的辅助教学机诞生了,它弥补了教育中的一些不足。实际上机器本身远不如机器中包含的程序材料重要。程序教学有其一系列的原则,例如,小步子呈现信息,及时知道结果,学生主动参加学习等,这几乎是一般教师所不能及的。尽管教学机器和程序教学对教师的主导作用的发挥有妨碍作用,对学生的学习动机考虑较少,但是斯金纳的工作还是对美国教育产生了深刻的影响。

(三) 班杜拉的发展心理学理论

班杜拉于1977年出版了其代表作《社会学习理论》,全面体现其发展心理学的观点,这里着重介绍两个方面。

1. 观察学习及其过程

观察学习是班杜拉社会学习理论的一个基本概念。所谓观察学习,实际上就是通过观察他人(榜样)所表现的行为及其结果而进行的学习,观察学习的学习者可以只是通过观察他人在一定环境中的行为,并观察他人接受一定的强化就能完成学习。观察学习表现为一定的过程,班杜拉认为这个过程包括注意过程、保持过程、运动复现过程和动机过程等四个组成部分。

班杜拉认为,强化可以是直接强化,即通过外界因素对学习者的行为直接进行干预,班杜拉认为:"外在结果虽然每每给予行为以影响,但是,它不是决定人的行为的唯一结果。人是在观察的结果和自己形成的结果的支配下,引导自己的行为。"强化也可以是替代强化,即学习者如果看到他人成功和受到赞扬的行为,就会增强产生同样行为的倾向,如果看到失败或受罚的行为,就会削弱或抑制发生这种行为的倾向。强化还可以自我强化,即行为"达到自己设定的标准时,以自己能支配的报酬来增强,维持自己的行为的过程"。自我强化依存于自我评价的个人标准。这种自我评价的个人标准是儿童学会依自己的行为是否比得上他人设定的标准,用自我肯定和自我批评的方法对自己的行为做出反应而确立的。在这个过程中,成人对儿童达到或超过为其提供的标准的行为表示喜悦,而对未达到标准的行为则表示失望。这样,儿童就逐渐形成了自我评价的标准,获得了自我评价的能力,从而对榜样示范行为发挥自我调整的作用,儿童就是在这种自我调整的作用下,形成观念、能力和人格,改变自己的行为。

2. 社会学习在社会化过程中的作用

班杜拉特别重视社会学习在社会化过程中的作用,他认为社会引导成员用社会认可的方法去活动,为此,他专门研究了攻击性、性别化、自我强化和亲社会行为等社会化的目标。

(1) 攻击性

班杜拉认为,攻击性的社会化,就是一种操作条件作用,如儿童在观察攻击的模式时,就会注意什么时候的攻击性被强化,而对于被强化的模式便照样模仿。

(2) 性别化

班杜拉认为,男女儿童各自性别品质的发展较多地也是通过社会化过程的学习,特别是模仿的作用而获得的。

班杜拉认为,儿童从小就开始模仿两性行为,成人依儿童的性别对其行为加以赞扬或制止、儿童也观察不同性别的他人的行为方式及社会接受情况,并形成一套符合社会标准的性别化行为。

(3) 自我强化

班杜拉认为,自我强化也是社会学习的结果,他曾用实验证明了这一点;让7至9岁的儿童观看滚木球比赛,只有当儿童得到高分数时,才用糖果来奖励自己,否则,就将作自我批评。以后,让看过和未看过进行滚木球比赛的儿童分别独自玩滚木球比赛游戏,结果看过比赛的儿童,采用的是自我—报酬的类型,而未看过比赛的儿童对待报酬的方法,则不管什么时候,只要自己愿意和感到喜欢就行。可见在儿童自我评价的行为上,即自我强化的社会化方面社会学习表现出了明显的效果。

（4）亲社会行为

班杜拉认为,亲社会行为(如分享、帮助、合作和利他主义等),通过呈现适当的模式能够对儿童施加影响。例如,先让一组7至11岁的儿童观看成人玩耍滚木球游戏,并将所得部分奖品捐赠给"贫苦儿童基金会",然后让同样年龄的另一组儿童单独玩这种游戏。结果发现,后一组儿童远远没有前一组儿童所做的捐献多。班杜拉认为,亲社会行为靠训练是没有什么效果的,有时强制的命令可能会一时奏效,但会有反复,只有模式的影响才更有用,而且持续时间更长。

班杜拉的社会学习理论从人的社会性角度研究学习问题,强调观察学习,认为人的行为的变化,既不是由个人的内在因素,也不是由外在的环境因素所单独决定的,而是由两者相互作用的结果所决定,认为人通过其行为创造环境条件并产生经验(个人的内在因素),被创造的环境条件和作为个人内在因素的经验又反过来影响以后的行为等。无疑,这在相当程度上反映了人类学习的特点,揭示了人类学习的过程,这是有一定的理论和实际价值的。但是班杜拉的社会学习理论基本上是行为主义的,他虽然似乎也重视认知因素,但并没有对认知因素作充分的探讨,更缺乏必要的实验依据,他偏重的是人的行为的研究,在行为研究中没有给认知因素以应有的地位,而只是一般化地对认知机理作些简单的论述,因而他的社会学习理论具有明显的不足之处,表现了一定的局限性。

三、维果茨基的心理发展观

维果茨基是苏联的心理学家,他主要研究儿童心理和教育心理,着重探讨思维与言语、教学与发展的关系问题。

(一) 他创立了"文化—历史发展理论"用以解释人类心理本质上与动物不同的那些高级的心理机能

维果茨基认为,工具的使用,引起人的新的适应方式,即物质生产的间接的方式,而不像动物一样是以身体的直接方式来适应自然。在人的工具生产中凝结着人类的间接经验,即社会文化知识经验,这就使人类的心理发展规律不再受生物进化规律的制约,而受社会历史发展规律的制约。

物质生产工具的出现导致人类出现了精神生产的工具,即人类社会所特有的语言和符号。生产工具指向于客体,语言符号指向于人内在的心理活动。人类就是这样在改造自然时也改变着自身。

（二）阐明了人类心理发展的标志和原因

维果茨基将人类心理由低级向高级发展的标志归纳为四个方面的表现：心理活动的随意机能；心理活动的抽象—概括机能；各种心理机能之间的关系不断地变化、组合，形成间接的、以符号或词为中介的心理结构；心理活动的个性化。

维果茨基将人类心理由低级向高级发展的原因归纳为三个方面：一是起源于社会文化—历史的发展，是受社会规律所制约的；二是从个体发展来看，儿童在与成人交往过程中通过掌握高级的心理机能的工具——语言、符号这一中介环节，使其在低级的心理机能的基础上形成了各种新质的心理机能；三是高级的心理机能是不断内化的结果。

（三）提出了教学与智力发展的关系

1. 提出"最近发展区"思想

维果茨基认为，至少要确定两种发展的水平。第一种水平是现有发展水平，是指由于一定的已经完成的发展系统的结果而形成的心理机能的发展水平。第二种是在有指导的情况下借别人的帮助所达到的解决问题的水平，也是通过教学所获得的潜力。这样在智力活动中，所要解决的问题和原有独立活动之间可能有差异，由于教学，而在别人的帮助下消除这种差异，就是"最近发展区"。教学创造着最近发展区，第一个发展水平与第二个发展水平之间的动力状态是由教学决定的。

2. 提出"教学应当走在发展的前面"

这是他对教学与发展关系问题的最主要的理论。也就是说，教学"可以定义为人为的发展"，教学决定着智力的发展，这种决定作用既表现在智力发展的内容、水平和智力活动的特点上，也表现在智力发展的速度上。

3. 提出了"学习的最佳期限"

维果茨基认为，儿童学习任何知识或技能都有一个最佳年龄，让儿童在最佳年龄里学习可以更有效地促进儿童的发展。

4. 提出了儿童智力发展的内化学说

维果茨基是内化学说最早的提出者之一。他指出，教学的最重要的特征便是教学创造着最近发展区这一事实，也就是教学激起与推动学生一系列内部的发展过程。从而使学生通过教学而掌握全人类的经验，并将其内化为儿童自身的内部财富。

四、皮亚杰的心理发展观

当代发展心理学最有影响的理论是皮亚杰的心理发展观，皮亚杰心理学的理论核心是"发生认识论"。主要是研究人类的认识（认知、智力、思维、心理的发生和结构）。

（一）心理发展的本质和原因

皮亚杰认为个体发展既是内外因的相互作用，又是在这种相互作用中心理不断产生量和质的变化的结果。以这种发展观为前提，皮亚杰提出了心理发展的本质和原因。

皮亚杰认为，心理、智力、思维，既不是起源于先天的成熟，也不是起源于后天的经验，而是起源于主体的动作。这种动作的本质是主体对客体的适应。主体通过动作对客体的适应，乃是心理发展的真正原因。

（二）心理发展的因素与发展的结构

1. 心理发展的因素

皮亚杰认为，支配心理发展的因素有四：(1)成熟，即神经系统的成熟。(2)物理环境，包括物体经验（来自外物）和数理逻辑经验（来自动作）。(3)社会环境，即社会上的相互作用和社会传递，包括社会生活、文化教育、语言等的社会传递及相互作用。(4)平衡（或自我调节），即心理发展中最重要的因素，起决定作用。平衡，是不断成熟的内部组织和外部环境的相互作用，是动态的平衡，具有自我调节的作用。通过这种平衡，实现儿童思维结构的不断变化和发展。

2. 儿童心理发展的结构

皮亚杰是一个结构主义心理学家，他提出了儿童心理发展的结构。

他认为心理结构的发展涉及图式、同化、顺应和平衡。图式就是动作的结构或组织，图式最初来自先天遗传，以后在适应环境的过程中，图式不断地得到改变，不断地丰富起来，也就是说，低级的动作图式，经过同化、顺应、平衡而逐步结构出新的图式。同化与顺应是适应的两种形式，而同化和顺应既是相互对立的，又是彼此联系的。皮亚杰认为，同化只是数量上的变化，不能引起图式的改变或创新；而顺应则是质量上的变化，促进创立新图式或调整原有图式。平衡，既是发展中的因素，又是心理结构，平衡是指同化作用和顺应作用两种机能的平衡。新的暂时的平衡，并不是绝对静止或终结的，而是某一水平的平衡成为另一较高水平的平衡运动的开始，不断发展着的平衡状态，就是整个心理的发展过程。

（三）心理发展的阶段

皮亚杰认为，在环境教育的影响下，人的动作图式经过不断的同化、顺应、平衡的过程，形成了本质不同的心理结构，也就形成了心理发展的不同阶段。

皮亚杰把儿童心理或思维发展分成若干阶段。在他的不同著作里，往往出现大同小异的情况，但基本上分为四个阶段，即(1)感知运动阶段(0～2岁)；(2)前运算思维阶段(2～7岁)；(3)具体运算思维阶段(7～12岁)；(4)形式运算阶段(12～15岁)。

五、朱智贤的心理发展观

朱智贤(1902—1991)是我国最系统地研究儿童心理学的专家,他的发展心理学理论主要表现在以下三个方面。

(一)探讨了儿童心理发展的理论问题

1. 先天与后天作用的问题

朱智贤一直认为,遗传和生理成熟都是儿童心理发展的生物前提,但只提供了发展的可能性,而环境和教育则将这种可能性变为现实性,而且决定着心理发展的方向和内容。

2. 内因与外因的关系

朱智贤认为,儿童心理发展的内因是儿童通过与环境的相互作用而产生的新需要与原有水平之间的矛盾,这个矛盾是儿童心理发展的动力。环境和教育是促进这个内部矛盾产生和不断运动的条件。

3. 教育与儿童发展的关系

朱智贤提出,心理发展主要是由适合于主体心理内因的那些教育条件决定的,只有那种高于主体的原有水平,经过他们主观努力后又能达到的要求,才是最适合的要求。

4. 年龄特征与个别特征的关系

朱智贤指出,儿童心理发展的质的变化,就表现在年龄特征上。心理发展的年龄特征,不仅有稳定性,而且也有可变性。在同一年龄阶段中,既有本质的、一般的、典型的特征,也有人与人之间的差异性,即个别特点。

(二)强调用系统的观点研究儿童的心理发展

朱智贤强调用系统的观点研究儿童的心理发展,其主要观点是:

第一,要将心理作为一个开放的自组织系统来研究。他指出,人以及人的心理都是一个开放的系统,因此,研究儿童心理发展时,要考虑心理发展与环境的关系、研究心理与行为的关系、研究心理活动的组织形式等。

第二,系统地分析各种心理发展的研究类型。要系统地使用各种方法,将不同的研究手段结合起来。

第三,系统处理结果。将定性分析和定量分析有机地结合起来。

第四,研究儿童认知因素或非认知因素时,认真考虑或照顾二者之间的关系。

(三)强调发展心理学研究的本土化(中国化)

朱智贤多次提出发展心理学研究的中国化问题。他认为,由于生长的社会环境和文化背景不同,中国儿童在心理发展上肯定会表现出自己的特点,因此在进行具体研究时,不能完全照搬国外的理论和方法,而应该在了解世界儿童的共同规律的基础上,考虑中国儿童自身的发展特点。

【阅读材料】

弗洛伊德小传

弗洛伊德1856年5月6日出生在奥地利一个犹太商人家庭。他母亲共生了三个儿子和五个女儿,他是长子,他还有一个同父异母的哥哥。他的家庭经济紧张,住所拥挤,但他的父母尽力抚养他们。他四岁时全家迁居到维也纳,此后他的一生几乎都是在那里度过的。弗洛伊德读书时就是一个出类拔萃的学生,1881年他在维也纳大学获得医学学位。在随后的十年中,他在一个精神病诊所行医,个人开业治疗神经病,同时致力于生理学的研究。他曾在巴黎与杰出的精神病专家让·夏尔科共事。他还曾与维也纳内科专家约瑟夫·布鲁尔共过事。

弗洛伊德的心理学思想是逐渐发展起来的,直到1895年他才出版了第一部论著《歇斯底里论文集》;他的第二部论著《梦的解析》于1899年问世,这是他最有创造性、最有意义的论著之一。虽然该书开始滞销,但是却大大地提高了他的声望。此后他的其他重要论著也相继问世。1908年弗洛伊德在美国做了一系列演讲,当时他已是一位知名人士了。1902年他在维也纳组织了一个心理学研究小组,阿德勒就是其中最早的成员之一,几年以后荣格也加入了这个行列,两人后来都成了名副其实的世界著名心理学家。弗洛伊德结过婚,有六个孩子。他晚年患了颌癌,为了消除病根,他从1932年起先后做过30多次手术。尽管如此,他仍然工作不息,继续写出了一些重要论著。1938年纳粹分子入侵奥地利,由于弗洛伊德是犹太人,因此他不顾82岁高龄逃往伦敦,1939年9月23日在那里因癌症不幸去世。

弗洛伊德对心理学作出了很大贡献。他强调人的行为中的无意识思维过程极为重要。他证明了这样的过程如何影响梦的内容,如何造成常见的错误,如口误、忘记人名、致伤的事故,甚至疾病。弗洛伊德创造了用精神分析来治疗精神病的方法。他系统地论述了人的个性结构学说,还发展和普及了一些心理学学说,如有关焦虑、防御功能、阉割情绪、抑制和升华等,在此不一一列及。他的著作极大地引起了人们对心理学的兴趣,对他的许多观点在过去和现在都存在着很大的争论,而且自从他提出之日起就引起了热烈的争论。弗洛伊德最为世人所熟知的也许是他提出的受抑制的性爱经常会引起精神病或神经病这一学说(实际上这个学说并不是由弗洛伊德创立的,虽然他的著作为普及这个学说作出了许多贡献)。他还指出,性爱和性欲始于早期儿童时期而不是成年时期。

由于对弗洛伊德的许多学说仍有很大争议,因此很难估计出他在历史上的地位。他有创立新学说的杰出天赋,是一位先驱者和带路人。但是弗洛伊德的学说与达尔文和巴斯德的不同,从未赢得过科学界的普遍承认,所以很难说出他的学说中有百分之几最终会被认为是正确的。尽管对弗洛伊德的学说一直存在着争论,他仍不愧为人类思想史上的一位极其伟大的人物。他的心理学观点使我们对人类思想的观念发生了彻底的革命,他提出的概念和术语已被普遍使用——例如本我、自我、超我、恋母情结和死亡冲动。

精神分析法实际上是一种代价极高的治疗方法,因此往往无效,但是也有许多成功的事例应当归于这种方法。未来的心理学家很可能最终会断定受抑制的性爱所起的作用比许多弗洛伊德派学者所认为的要小,但是这种作用肯定比弗洛伊德以前的大多数心理学家所认为的要大。同样,大多数心理学家现在已经确信无意识思维过程对人的行为起着一种决定性的作用——一种在弗洛伊德之前被大大低估了的作用。

从长远的观点来看,人们也许会认为弗洛伊德作为心理学家所提出的学说并非完全正确,但是他显然是在现代心理学发展中最有影响、最重要的人物。

推荐读物

1. 桑标.当代儿童发展心理学[M].上海:上海教育出版社.2003.

2. [美]David R. Shaffer 著.发展心理学——儿童与青少年[M].邹泓译.北京:中国轻工业出版社,2005.

3. [美]戴安娜·帕帕拉,萨莉·奥尔兹,露丝·费尔德曼.发展心理学[M].北京:人民邮电出版社,2005.

4. 沈德立.发展与教育心理学[M].沈阳:辽宁大学出版社.2007.

思考与练习

1. 皮亚杰对心理发展阶段的划分及其理论依据是什么?
2. 请说明维果茨基提出的最近发展区的思想和意义。
3. 请阐述弗洛伊德和艾里克森的心理发展阶段说。
4. 假定我们组织一场华生和皮亚杰之间的辩论,辩题是后天环境—内外因相互作用之争,请总结每个心理学人物可能采用的辩词。

第三章 小学生心理发展与教育

学习目标

掌握小学生心理发展、学习、认知发展、个性和社会性发展的特点,了解小学生品德发展的特点。

案例导读

小刚是小学三年级的学生,上课的时候总是听一会儿之后,就不自觉地东瞧瞧、西看看,桌面上有什么东西都想玩,一支铅笔、一块橡皮都能让他玩上半堂课,等到被教师提醒而转过神来听课时,由于没听到前面的知识而跟不上,所以又去玩手边的东西。他的考试成绩自然不好,教师和家长都着急。他自己也知道上课应认真听讲,想改掉这个坏毛病,可一上课就不自觉地又神游了。

第一节 小学生的年龄阶段和一般特征

六七岁到十二三岁是儿童的小学阶段。在这一时期,学习成为儿童的主导活动,因此这个时期又称为学龄初期。小学低年级学生具有明显的学前儿童的心理特点,而小学高年级,由于生理年龄的增长,逐渐具有青春期的一些特点,所以这个时期也被称为前青春发育期。

小学生在教育的影响下,认知能力、个性特点都在不断地发展变化。小学阶段是儿童心理发展的重要转折时期,主要表现出以下三个特征。

一、学习成为主导活动

从六七岁开始,儿童进入学校,开始了正规的、有系统的学习,学习成为儿童的主导活动。小学学习与儿童在幼儿园时的游戏有很大不同,小学生学习是在老师的指导下有目的、有系统地掌握知识技能和行为规范的活动,是一种社会义务。

学习是一种社会活动,社会对学生的要求是通过学校的各项要求得以实现的。学生必须系统地掌握知识技能,养成适合社会需求的个性品格。同时,集体的舆论又控制、监督和调节着每个集体成员的行为,儿童在学校里不仅要学习自己感兴趣的东西,而且要学习自己不感兴趣的东西。与游戏相比,学习具有社会性、系统性和强制性。

在学校中,小学生不仅要学习自然和社会知识,还要接受各种规章、制度,在此期间,其心理过程的有意性和抽象概括性也得到了发展。小学生的主要任务就是掌握读、写、算等最基本的知识技能,为进一步掌握人类的知识经验打下最初的基础。

总之,小学生进入学校以后,正规的、有系统的学习促使他们心理和个性(社会性)的全面发展,所以,童年期是儿童心理发展的一个重大转折期。

二、掌握书面言语并向抽象逻辑思维过渡

在幼儿阶段,口头言语和具体形象思维在儿童认知的发展中占重要地位。进入小学后,书面言语成为儿童学习的主要内容。书面言语的掌握,扩大了儿童的知识范围,促进了儿童各种心理过程的发展,如掌握概念、进行判断推理等抽象思维能力的发展。

在小学低年级,小学生的思维还是以具体形象思维为主要形式,这与幼儿晚期差不多。小学高年级的学生思维虽然带有具体性的特征,但基本上形成了抽象逻辑思维,其中四年级是思维发展的关键期。例如:对小学生来说,"判断"这种思维形式的发展要经历以下几个阶段:一年级小学生的判断大多为实然判断,并仍主要以事物的外部特征为依据;在二年级小学生身上,开始可以看到一些盖然判断。儿童掌握盖然判断是与儿童认识到事物的多种属性以及理解事物变化的多种原因相联系的。在这一时期,儿童虽然能提出不同的假设,但他们一般还不能自觉地、独立地去论证自己的假设;中年级的儿童已能开始比较独立地提出事实和理由,并能明确地论证一些较复杂的盖然判断,这说明儿童自觉的逻辑判断能力已初步形成。

在小学的教学过程中,教师并非仅仅要求学生掌握直接的知识经验,还要求他们掌握间接的知识经验。在教小学生掌握这些知识经验的时候,尽管是以直观教育为主,教师还需要借助于书面言语,通过讲述事物形象的书面材料来实现的。小学生要掌握大量间接的知识经验就必须学会进行智力活动,学会运用分析、比较、综合、概括、抽象等方法来掌握各种概念和概念系统;不仅要精确地掌握概念的内涵,把它与类似概念区别开来,还要对各种有关的概念进行划分、分类和系统化的工作。在掌握概念的基础之上,还要学会自觉地、有意识地进行逻辑判断和推理论证。这些活动促进了小学生逻辑思维的不断发展。

小学教学主要是进行基本知识和常识的教学,引导小学生进一步掌握书面语言,由具体形象思维向抽象逻辑思维过渡。语文和数学两科是小学教学中的主要科目,这

两科的教学要符合小学生思维发展的特点。

三、小学生开始有意识地参加集体活动

进入小学后,儿童的活动多数以集体为单位进行,他们在与同学的交往中,逐渐发展了集体意识,掌握了各种基本的行为规范,也了解了自己在集体中的权利和义务。从此,他们开始成为参加社会集体生活的成员。这改变了他们在家庭和社会中的地位,也改变了他们与周围人们的关系。学生在入学后与其周围人们形成了新的关系,在这种新关系以及集体生活、集体意识不断发展的基础上,他们形成和发展了新的个性品质、道德品质,发展了同学间的友情和关系。

第二节 小学生的学习

小学生入学后,学习活动就逐步成为儿童主要的活动形式,并且对小学生的心理发展产生重要的影响。随着年龄的增长,小学生学习的各方面不断发展着。影响小学生成功学习的因素主要是小学生学习的积极性和小学生的学习能力。小学生学习的积极性包括：学习动机、学习兴趣、学习态度和学习能力等。小学生的学习特点主要表现在以下四个方面。

一、小学生学习动机的特点

动机是需要的表现形式,是人们由于某种需要而引起的对一定对象的向往。

小学生的学习动机影响着小学生的学习成绩。

通过调查发现,小学生的学习动机从内容上大致可以分为四种:第一种,为获得好分数,得到奖励而努力学习。第二种,为履行集体和组织交给自己的任务,或为集体和组织争光而学习。第三种,为升学、为个人前途、理想而学习。第四种,为祖国的前途、人民的利益而勤奋学习。

相对于第一种学习动机内容来说,后三种学习动机是与社会意义相联系的,称为远大的学习动机。调查发现,整个小学阶段,主导的学习动机是第一和第二种。而低年级儿童多以第一种学习动机进行学习。由此可见,小学生一般还不善于把学习与社会需要联系起来,还缺乏深远的学习动机,他们的学习动机往往与学习活动直接联系在一起。

小学生的学习动机有一个发展过程。具有以下三个主要特点：

1. 一般地说,它的趋势是从比较短近的、狭隘的学习动机逐步向比较自觉的、远大的学习动机发展。

2. 从具体的学习动机逐步向富有原则性的、比较抽象的学习动机发展。

3. 从不稳定的学习动机逐步向比较稳定的学习动机发展。

这个过程,反映了小学生学习行为的动机及其整个学习活动的水平。教育的任务是逐步引导小学生能够及早地从前者向后者过渡。

二、小学生学习兴趣的特点

学习兴趣是在学习活动中产生的,能使学习活动变得积极、主动,并富有成效。

学习兴趣可分为直接兴趣和间接兴趣。直接兴趣是由客观事物或学习活动本身所引起,如喜欢做算术题,喜欢写字、喜欢画画等;间接兴趣则是对活动结果感兴趣,如父母的奖赏、老师的表扬、掌握知识、发展能力等。对小学生来说,不断变化、对比鲜明、相对强烈或富有新异性的刺激往往易引起他们的直接兴趣,而对活动的目的与任务或活动结果的意义与价值的理解则往往能够激发他们的间接兴趣。

激发小学生的学习兴趣是促使小学生积极地进行学习的一个重要方式。只有让小学生对学习活动产生浓厚的兴趣,学习才不会成为他们的沉重负担,小学生才能够主动地、愉快地投入学习活动中。

随着教师的教育影响,知识经验的不断发展,学生在学习过程中,学习兴趣也在不断发展变化。表现出如下的几个基本特点。

1. 小学生在低年级时对学习的过程和学习的外部活动更感兴趣,随着年级的升高,逐渐对学习的内容或需要独立思考的学习作业更感兴趣

刚入学的儿童主要对各种各样的学习过程或学习活动本身感兴趣,如背书包去上学,在课堂上一会儿念拼音,一会儿写字,一会儿做算术题。这时他们往往还不太会考虑为什么要学、学的是什么等,因此,教师往往可以利用低年级学生对学习形式的变化感兴趣这一特点,巧妙地围绕教学内容变化学习过程以激发他们的学习兴趣。在正确的教育影响下,儿童逐渐掌握了一些基本学习技能,开始重视学习结果和学习内容。从三年级起,儿童开始喜欢比较新颖的、需要开动脑筋独立思考的学习内容。因此,在这个时期,教师应特别重视向学生解释学习内容,恰如其分地评价他们的学习结果,鼓励他们在学习活动中发挥独立性和创造性。

2. 小学生的学习兴趣从不分化到逐渐对各不同学科内容产生初步的分化性兴趣

刚入学的儿童通常还没有表现出明显的学科兴趣。调查表明,小学生的学科兴趣的分化时间一般从三年级开始。但是,小学生的这种对学科的选择性兴趣还很不稳定,极易发生变化。引起小学生学科兴趣分化的原因是多方面的,客观原因主要是教师的教学水平,主观原因则主要是学生觉得该学科是否有用和需要动脑子。

3. 小学生对具体事实和经验较有兴趣,对抽象的因果关系的兴趣在初步发展着

小学生最感兴趣的是具体的事实和实际活动,例如,阅读故事、小说之类的材料,进行体育活动等。从中年级开始,儿童才逐渐对反映事物间的因果关系的较抽象的知识产生初步的兴趣。例如,简单的自然现象和社会现象的因果关系、初步的运算规律、文艺作品的意义及其中人物的内心体验等。

4. 游戏方式进行学习随着小学生年级升高而逐渐减少

低年级学生对通过游戏的方式进行学习的活动感兴趣,他们可以通过游戏进行规则、知识等的学习,类似学前期儿童的特点;中年级以后,游戏因素在儿童兴趣上的作用逐渐降低,儿童可以通过学习活动进行规则、知识等的学习,而且,学习效果较好。这反映了儿童从学前期的学习向学龄期的学习转化的特点。

5. 激发小学生阅读的兴趣,促进小学生的学习兴趣

小学生阅读的兴趣,一般从课内阅读发展到课外阅读,从童话故事、文艺作品进而发展到科普读物。所以,小学教师和家长应该根据小学生的特点进行引导,使得小学生能够对阅读产生兴趣,阅读能力对小学生未来的知识、能力的提升起着重要作用,所以,培养小学生阅读的兴趣至关重要。

三、小学生学习态度的特点

心理学家认为,小学时期是学习态度初步形成的时期。所谓态度,是指个体对某一对象所持的评价和行为倾向,是由认知、情感与意向三因素构成的比较持久稳定的个体内在结构,是调节外部刺激与个体反应之间的中介因素。学习态度受学习动机的制约,是学习者在学习活动中通过获得一定的经验而习得的,学习态度也是可以改变的。它是影响学习成绩的一个重要因素。

小学生学习态度的特点集中表现在:小学生对教师的态度、对班集体的态度、对作业的态度和对评分的态度四个方面。

1. 对教师的态度

低年级小学生无条件地信任和服从教师,他们对教师有一种特殊的尊敬和依恋,教师具有绝对的权威。因此,这个时期教师对待学生的态度是影响小学生学习态度的主要因素。

从中年级开始,小学生逐渐以选择、批评的态度来对待老师。只有那些思想作风好,教学水平高,对儿童耐心、公平的教师才能赢得学生的尊敬和信任,学生也更愿意接受这些教师的教育。

总之,教师可以通过亲切而机智的关怀来与小学生建立相互信任的良好关系,获得小学生的信任与尊敬,这对于培养小学生良好的学习态度是十分有益的。

2. 对班集体的态度

小学阶段是儿童开始形成"帮团"的时期,儿童开始产生了交往与归属的需要,因

此,这是培养儿童正确的集体观念和形成良好的集体关系的重要时期。

班集体的形成是使儿童形成对学习的自觉负责态度的重要条件。刚入学的儿童还没有形成真正的集体关系。这时候的班集体只是一个松散的编凑在一起的团体,儿童之间还没有形成稳定的关系。在教学的影响下和教师的组织和帮助下,小学生与同学之间逐渐建立起相互关心、相互帮助的关系,以此为基础,团体才逐渐发展成具有明确的统一目标和形成一定舆论的最初的集体。从小学中年级起,小学生初步开始了比较有组织的自觉的班集体生活,初步形成集体的观念,明确意识到自己是班集体中的一员,把集体的荣誉当作自己的荣誉,服从集体的要求,完成集体所交给的任务。与此同时,集体舆论的影响开始发挥作用,小学生开始意识到要以优良的成绩取得班集体肯定性的评价。

3. 对作业的态度

小学生学习态度发展的一个重要方面就是形成对作业的认真负责的态度。刚入学的儿童还没有把作业看成是学习的重要组成部分,有时能按时完成作业,有时可能因贪玩而完不成作业。随着教师的教育和引导,小学生对作业的态度逐渐发展起来,他们逐渐学会安排一定时间来完成作业,能够自觉停止其他活动,准备功课,同时他们开始能按一定顺序来完成作业,如先写生字,再做算术题。另外,他们也逐渐学会按教师的要求集中精神认真地完成作业。

4. 对评分的态度

进入小学以后,儿童就要经常接受各种分数评定,这些评分对儿童的心理发展起着重要作用,这种作用通过儿童对评分的态度而产生。

一般而言,评分被视为反映学生学习成绩的一个客观指标。低年级儿童已逐渐理解分数的客观意义,但他们常常把分数意义绝对化。例如,认为只有得高分才是好学生,得到好分数就能获得教师和父母的奖励。从中年级起,儿童逐渐理解分数的客观意义,并树立对分数的正确态度,开始了解分数代表学习的结果,代表完成学习任务的情况,开始把优良的分数理解为是学生对本身职责具有负责的态度,并且高质量地完成本身职责的客观表现。

学生对分数的态度,在很大程度上受父母和教师对分数态度的影响。因此,教育者首先要正确认识评分的意义,对学生获得的分数持积极的态度,切不可以挖苦、讽刺、打击等消极态度对待得低分的学生,也不应对得高分的学生给予不切实际的称赞和表扬。对待分数的不客观、不正确态度可能会影响学生的学习积极性,导致学生产生错误的学习态度。

四、小学生学习能力的特点

小学生的学习能力是在教学的影响下,逐渐发展起来的。刚入学的儿童一般还不善于进行真正的学习活动,他们仍然把学习与游戏或实际活动混在一起,教师必须耐心地、循序渐进地培养儿童,使他们学会把学习当作一种有目的、有系统的独立活动来对待。为此,在教学活动中必须着重发展儿童心理的有意性和自觉性,培养儿童独立思考和独立工作的能力,帮助儿童逐步学会有关的学习方法,逐步形成相关的学习能力。

小学生学习能力发展的关键是学会进行智力活动。有些小学生在学习上的落后,常常是由于他们进行智力活动时,缺少某一阶段或某一阶段的活动进行得不够充分而引起的。例如,在教学生演算时,如果从实物演算直接过渡到心算,常常会使有些学生的学习产生困难;而当实验者补充了被省略的中间阶段即让学生在实物演算之后,再让学生不看实物而只凭脑子里所留下的实物表象来进行演算,同时伴随着大声言语,这些学生学习落后的状况就会得到改善。

为了顺利地进行智力活动,需要学生多方面能力的结合,如观察力、注意力、记忆力、理解力、创造力、想象力、意志力等。只有努力促进上述各种能力的发展,并综合地利用它们,才能使小学生的学习能力得到提高。

【阅读材料】

小学生在不同学习阶段学习方法的特点

从时间顺序看,小学生的学习过程是一个由低年级—中年级—高年级逐步递增的过程。不同学习阶段,小学生学习方法的特点不尽相同。

低年级学生学习方法的特点:

低年级学生活泼好动,注意的持久性较差,思维中具体形象的成分占优势。概括水平的发展处于概括事物的直观的、具体形象的外部特征或属性的直观形象水平阶段。他们所掌握的概念大部分是具体的、可以直接感知的。因此,低年级学生学习方法的选择和运用应注意直观形象性和游戏活动性。操作学习法、游戏学习法、竞赛学习法、故事描述法往往是组织和吸引低年级儿童积极、主动地学习的有效方法。

中年级学生学习方法的特点:

随着年龄的增长和学校学习常规的训练,中年级学生学习的自觉性、组织纪律性有所增强。与此同时,中年级学生的学习能力伴随着生理的发育和心理素质的完善逐步发展起来。感知能力的发展,注意品质的进步,有意识记忆能力的提高,都为小学生的学习进步创造了条件。尤其是中年级学生思维能力的发展,更使小学生的学习方法有了新的特点。中年级学生的思维中,具体形象成分和抽象逻辑成分的关系发生着变化。在直观形象成分增加的同时，抽象逻辑成分开始增加。概括水平的发展处于直观形象水平向抽象逻辑水平过渡的状态。在他们的概括中，直观形象的外部特征或属性逐渐减少，抽象的本质特征或属性的成分逐渐增加。实践表明，小学三、四年级的学生已能学习运用归纳、演绎、类化和对比推理的思维方法。因此，中年级学生学习方法的选择和运用应充分考虑机械识记法和意义识记法的交叉渗透性，直观形象法和抽象逻辑法的自然过渡性。

高年级学生的学习方法特点：

尽管整个小学阶段，学生的无意注意、机械识记和形象思维仍占优势，但是高年级学生的有意注意能力、意义识记能力和抽象逻辑思维能力进一步发展起来。他们初步学会对事物本质特征或属性以及事物之间的内在联系和关系进行抽象概括，并逐步接近科学的概括。较为熟练地掌握了各科学习的方法、方式、技能和技巧，自觉能力进一步增强。因此，高年级儿童学习方法的选择和运用，一是要注意发展思维的抽象逻辑性，二是要注意学习方法运用的综合性和独立自主性。

上面，我们根据小学生学习过程的基本理论和规律，结合小学生的学习实践，初步揭示出各种不同的学习过程中，小学生学习方法的特点。其目的就在于为小学生学习方法的选择、运用和指导提供科学的方法论依据。

第三节 小学生认知发展与教育

小学生的心理发展建立在学龄前儿童的基础之上，因此，他们的心理必然还保留某些学龄前儿童的心理特点。

一、小学生感知、记忆、想象的发展特点

(一) 感知特点

小学生从笼统、不精确地感知事物的整体渐渐发展到能够较精确地感知事物的各部分，并能发现事物的主要特征及事物各部分间的相互关系。小学低年级学生在感知事物时满足于事物的大概轮廓与整体形象，常常不对事物做精细的分析，容易忽略事物的某些细节。以识字为例，他们只满足于识别每个字的轮廓，却不去把握字的每一个细节，这导致他们认字时容易把外形相似的字张冠李戴，混淆起来；这导致他们写字

时容易出现不是漏笔画,就是添笔画,无法精确地把字写完整。"未"与"末","己"与"已",在他们看起来都是同一个字,当他们写这些字时,根本不去注意哪一笔长,哪一笔短,哪一笔封口,哪一笔不封口,完全凭感觉把它们写出来,"随着年级的升高,小学生逐渐对字的细节进行精确的感知,从而区分出形近字,准确写出来。"

(二)记忆特点

"小学生的记忆最初仍以无意识记、具体形象识记和机械识记为主"。小学低年级学生的机械记忆占优势,机械记忆的水平较高。因此,他们的记忆不是靠理解,而是靠反复背诵来实现。由于小学低年级学生的机械记忆水平较高,因此,不能浪费他们的这一能力。

小学生的记忆任务在于培养意义记忆,逐渐学会在理解的基础上去记忆,而不是满足于死记硬背。不过,这一任务只有伴随学生思维的发展和知识的积累才能实现。

(三)想象特点

想象建立在表象的基础上,以表象为素材。学龄前儿童的游戏活动强有力地促进了儿童想象的发展。他们会在回忆父母做饭的基础上,把橡皮泥搓成细条,大声叫喊:"看,面条"。他们会在回忆电影情境的基础上,拿两根竹竿,一根当马骑,一根当马刀,奔驰在"草原"上。他们会以父母的行为为榜样,扮演妈妈,把洋娃娃当孩子,给洋娃娃洗脸、穿衣、喂饭。儿童的想象有力地促进了儿童思维的发展,同时也让儿童学到了不少社会性知识,促进了儿童的社会性发展。

"小学生的想象从形象片断、模糊向着越来越能正确、完整地反映现实的方向发展。"小学低年级学生的想象还保留着学龄前儿童的特点,情境性较强,目的性较差。他们的想象内容常被当时的具体情境左右。看见鸟,就幻想自己如果能像鸟一样飞翔于蓝天中该多好。看见下雨时地上的流水,就想象它是河,于是会马上摘一片树叶当成船,在"河"上漂流。因此,小学低年级学生的想象的任务,在于培养想象的目的性,使他们学会按教师的要求,按书本的要求展开自己的想象。"按图说话""自编故事""角色扮演"等都能促进小学低年级学生的想象的目的性的发展,"到中高年级,他们对具体形象的依赖性会越来越小,创造想象开始发展起来。"幻想是创造的基础,因此,鼓励孩子幻想是小学低年级学生想象的另一任务。鼓励幻想意味着对于小学生的各种幼稚幻想不能讥笑,不能以成人的标准来判断。要给小学生的幻想提供表现的机会。班刊、班报要开辟幻想栏目,班组可以开展"畅想二十一世纪"的活动,小发明比赛、小创造比赛都可以促进他们的幻想。

"小学生的思维从以具体形象思维为主要形式逐步向以抽象逻辑思维为主要形式过渡,但他们的抽象逻辑思维在很大程度上仍是直接与感性经验相联系的,具有很大成分的具体形象性。"小学低年级学生的思维以形象思维为主要形式。他们的思维离不开具体形象的帮助。他们还很难掌握较抽象的概念。因此,促使他们由形象思维转向抽象思维始终是小学生思维发展的任务。另外,"一题多解"的"发散思维"是创造的另一条件,因此,培养发散思维也是小学低年级学生思维发展的任务。

二、小学生注意、言语的发展特点

（一）注意的特点

小学低年级学生,"小学生的注意以无意注意为主,有意注意逐渐发展,常与兴趣密切相关。"他们的注意以无意注意为主,有意注意还不完善。他们的注意常常容易被活动的、鲜艳的、新颖的、有趣的事物所吸引。因此,教室之外的小鸟、飞蝶、虫鸣都容易引起他们的注意力分散。据研究,5～7岁儿童,注意的保持时间是15分钟左右,7～9岁儿童,注意的保持时间是20分钟左右。因此,小学低年级儿童在学习15～20分钟之后,就应放松一会,然后再继续学习。"随着年级的增长,小学生的有意注意逐渐发展,可以有意识地去学习,而且对于自己感兴趣的事物可以注意更长时间。整个小学阶段应帮助他们学会控制自己的注意力,发展有意注意,始终培养他们注意力。"

（二）言语的特点

言语是人们用语言这一工具进行交流的活动。一般包括输出过程和输入过程。输出过程,即言语表达过程。输入过程,即人们通过自己的眼睛、耳朵等视听感受器感知、理解、接受他人的思想。

心理学一般把言语分为外部言语和内部言语两大类。外部言语是用来进行交流的言语,又可分为口头言语和书面言语两种。口头言语是指人凭借自己的发音器官发出语音,以表达思想和情感的言语。书面言语是运用语言文字传递信息的过程,可以被永久保存和反复感知。内部言语是伴随着思维活动产生的不出声的言语。但思维并不等于内部言语,没有它思维照样可以进行。

学前儿童已经初步培养了口头言语能力,并且认识了少量的书面言语。儿童入学以后,通过学校的学习生活,特别是通过专门科目——语文课的学习训练,使儿童的言语水平发展到新的高度,形成了儿童言语发展的内在动力。

小学时期是儿童言语和思维发展的重大转折时期。此时期儿童的言语主要表现出以下一些特点。

第一,口头言语的发展。独白言语逐渐成为口头言语的主要形式,小学生基本上能选择词汇,组织内容,措辞精确,主次分明,表达完整、连贯。

第二,书面言语的发展。小学生掌握书面言语的心理过程包括识字、阅读和写作。识字标志着儿童开始以语言文字作为认识的对象,言语视觉分析的活动在言语发展过程中占有越来越重要的地位。阅读是一种复杂的过程,是从看到的言语向说出的言语过渡。写作是书面言语的高级形式,主要是从说出的词向看到的词过渡。

第三,内部言语的发展。它可分为三个阶段,出声思维阶段、过渡阶段、无声思维阶段。

(三)个性与社会性的发展特点

根据埃里克森的理论,整个小学阶段的人格发展的任务在于"学会勤奋"。勤奋不仅是小学生学习成功的保证,也是学习和事业成功的保证。另外,由勤奋导致的学习与事业的成功还能培养他们的"自信""进取""合作"等良好性格特征。

家庭教养方式对于儿童健康性格的形成起到举足轻重的作用。一般说来,对孩子百依百顺的"放纵型"教养方式只会让儿童形成"冲动—攻击型人格"。这种孩子反抗与不顺从成人,自信心低,缺乏成就需要,难于自控,具有攻击性,专横等。过分维护父母权威的"独断型"教养方式只会让儿童形成"冲突—急躁型人格"。这种孩子总是生活在担心、害怕、抑郁、不快之中。他们对压力十分敏感,易于激怒,或充满敌意与狡猾。只有与孩子高度双向沟通的"威望型"教养方式才能培养出人格健康的"积极—友好型"儿童。他们自信,自控,精力充沛,与同伴关系友好,能正确面对压力、愉快、好奇、易于合作、易于指导,有人生目标和成就需要。由此看来,家庭教养方式必须遵循父子两代高度双向沟通原则,父母不仅应对儿童的不良行为要强硬不让步,还应对儿童的良好行为要赞扬与支持。与此同时,父母要重视儿童的愿望、请求和观点,重视与儿童的共同活动,鼓励儿童的独立性,给儿童以选择的权利和机会。只有这样,才能让孩子形成良好的人格特征。

三、小学生思维的发展特点

(一)小学生思维发展的基本特点

从进入小学起,儿童就开始从事正规的有系统的学习,新的学习活动、集体活动等对儿童提出了新的要求,引起儿童思维发展的种种新的需要,并和儿童原有的心理结构、思维水平之间发生矛盾,推动他们的思维不断地向前发展。具体表现在以下几个方面。

1. 在整个小学时期内,小学生的思维逐步由具体形象思维向抽象逻辑思维过渡,但仍带有很大的具体性

整个小学阶段,小学生的思维由具体形象思维向抽象逻辑思维发展要经历很长的过程。事实上,小学生的思维同时具有具体形象的成分和抽象概括的成分,他们之间的相互关系随着年级高低以及不同性质的智力活动而变化。刚入学的小学生的思维同时具有具体形象成分和抽象概括成分,入学后,教学以及各种日益复杂的新的实践活动向儿童提出了多种多样的新要求,这就促使儿童逐渐运用抽象概念进行思维,促

使他们的思维水平开始从以具体形象思维为主要形式逐步向以抽象思维为主要形式过渡。

小学生思维的这种过渡,是思维发展过程中的质变。它是通过新质要素的逐渐积累和旧质要素的逐渐"衰亡"与改造而实现的。这种显著的质变,是在思维发展的外部条件作用下,在内部矛盾斗争中实现的。因而,小学生的思维过渡到以抽象思维为主要形式,并不意味着他们入学以后,具体形象思维立刻全部"消亡",不再发挥作用。低年级学生所掌握的概念大部分是具体的、可以直接感知的,在小学中高年级,学生才逐步学会分出概念中本质的东西和非本质的东西,主要的东西和次要的东西,学会掌握初步的科学定义,学会独立进行逻辑论证。同时,达到这样的思维活动水平,也离不开直接的和感性的经验。但是他们的思维活动仍然具有很大成分的具体形象性。

2. 小学生的思维由具体形象思维到抽象逻辑思维的过渡,存在着一个明显的"关键年龄"

大量的研究表明:小学生的思维发展存在"关键年龄"。强调小学生思维发展的关键年龄,能促进教育工作者根据小学生思维发展的特点来进行适当的教育。有关研究认为:儿童思维发展的转折点在何时出现,主要取决于教育的效果。在重点抓了思维的智力品质的教学情况下,儿童在三年级就可实现数的概括能力的"飞跃",而在教学不甚得法的控制班里,则到五年级才实现数的概括能力的"飞跃"。可见,这个思维发展的关键年龄有一定伸缩性,是可以变化的,可以提前或挪后,可以加快或延缓。只要教学得法,小学生思维发展的关键年龄可以提前到三年级。在小学生思维发展中,存在着很大的潜力,假如适当地挖掘,这个潜力能变为他们巨大的能力因素。

3. 小学生逐渐具备了人类思维的完整结构,同时这个思维结构还有待进一步完善和发展

从小学阶段起,儿童逐渐具备明确的思维目的性;表现出完整的思维过程;有着较完善的思维材料和结果,思维品质的发展使个体思维表现出显著的差异性;儿童思维的监控或自我调节的能力也在日益加强。这表明,小学生思维的过渡性,显示出思维结构在从不完善向完善水平过渡。

尽管小学生的思维主要属于初步抽象逻辑思维,但它却具备了一切逻辑思维形式,包括辩证逻辑思维的萌芽。

对儿童左右概念发展的研究指出,9~11岁儿童在进行左右概念的初步的抽象思维时,就已经萌发了辩证思维。在7~8岁,儿童的辩证思维已开始萌芽。10~11岁儿童已能进行初步的辩证思维,但这种思维是自发的、朴素的,还未形成系统的辩证思维

结构。小学生的辩证概念的发展优于辩证判断和辩证推理的发展。

4. 小学生的思维,在从具体形象思维向抽象逻辑思维的发展过程中,存在着不平衡性

在整个小学时期内,儿童的抽象逻辑思维水平在不断提高,儿童思维中的具体形象成分和抽象成分的关系在不断发生变化,这是它的发展的一般趋势。但是具体到不同的思维对象、不同学科、不同教材的时候,这个一般的发展趋势又常常表现出很大的不平衡性。

在小学教学实验中可以看到这种不平衡性。虽然数学和语文教材是按照同一实验目标和要求编写的,但在算术教材学习中,有些学生已经达到了较高的概括水平,而在语文教材的学习中,其概括能力有的能达到较高水平,有的则不理想,还有的属较差水平。相反亦是。

对于小学生思维的研究也发现存在这种不平衡性。例如,将四个实验研究数据绘制成不同的发展曲线图,横坐标的指标确定等级相同或相似,纵坐标的指标大致相同,前三个实验的被试也相同,测定时间也接近,而思维的发展趋势却各不一致,如图 3-1,3-2 所示。

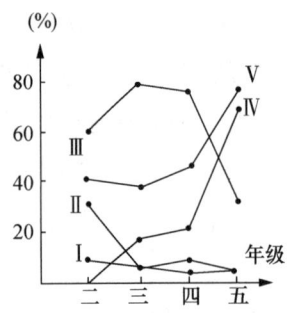

图 3-1 小学生给字词概念下定义发展曲线　　图 3-2 小学生综合分类能力发展曲线

(二) 小学生思维基本过程的发展

1. 概括能力的发展

在教学的影响下,小学生的抽象和概括能力有了很快的发展。但是,由于其知识经验和智力水平的限制,他们的概括能力又具有自己的特点。

小学生的知识经验还不十分丰富和深刻,因此,他们只能利用某些已经理解的事物的特征或属性进行概括,而不能充分利用某一个概念中所有的特征或属性。

(1) 对小学生数概念发展的研究表明:小学生数概括能力的发展趋势是:一年级(6~7岁)基本上属于具体形象概括;二、三年级(7~9岁)从具体形象概括向形象抽象

概括过渡;四、五年级(10~12岁)大多数学生进入初步本质抽象概括水平。

(2)对小学生词语概括能力发展的研究表明:① 二至五年级学生在概括包含不同因素的材料时,有不同水平,材料中包含的因素越多,难度越大,成绩越差。② 8.5岁和9岁组学生语文学习成绩非常接近,但概括词语能力差别很大。四、五年级学生成绩的差异也很显著,这是学生概括能力发展上两个明显的转折期。③ 二至四年级学生概括词语能力发展缓慢。④ 将三个词语单独列出,学生可以概括,而将它们分别置于三个句子中则不会概括。

总的来说,在概括能力发展上,小学生逐渐从对事物外部的感性特点的概括,越来越多地转为对本质属性的概括。具体地说,在整个小学时期内,儿童概括的水平,大体上经历如下三个阶段:

第一阶段是直观形象水平。低年级学生的概括和幼儿的概括水平还差不多,主要属于直观形象的概括水平。他们虽然能够进行概括,但所能概括的特征或属性,常常是事物的直观的、形象的、外部的特征或属性。

第二阶段是形象抽象水平。中年级学生的概括主要属于形象、抽象的概括水平。在这一级水平里,学生概括处于从形象水平向抽象水平过渡的状态。在他们的概括中,直观的、外部的特征或属性的成分逐渐减少,形象的、本质的特征或属性的成分逐渐增多。

第三阶段是初步本质抽象水平。高年级学生的概括开始以本质抽象概括为主。由于在过去几年中知识经验的积累和智力活动的锻炼,他们已能对事物的本质特征或属性以及事物的内部联系和关系进行抽象概括。但是,即使到了高年级,他们也只是初步地科学概括。由于知识经验的限制,那些对具体事物进行高度抽象概括的活动,对他们来说,还是非常困难的。

2. 比较能力的发展

在教育的影响下,学生的比较能力逐渐发展起来,小学生对于事物的相异点要比相同点容易发现,因此,在教学中,最好从相异点开始,然后过渡到相同点。进行比较时,应先从较为鲜明的特点入手,然后再比较细微的差异。

根据研究,我们发现小学生的比较能力具备以下几个特点:

(1)小学生比较能力的发展是随年龄和年级的增长而不断提高的。从正确区分具体事物的异同逐步发展到区分抽象事物的异同;从区分个别部分的异同逐步发展到区分许多部分的关系的异同;从在直接感知的条件下进行比较逐步发展到运用语言在头脑中引起表象的条件下进行比较。

(2)小学生比较能力发展的特点,不是在任何条件下,对任何一种对象进行比较时都是相同的。在某些条件下,对某些对象进行比较时,既能在相似事物中找出相同点,又能找出其细微差别;而在另一些条件下,对另一些对象进行比较时则不同。因此,在教学中,应注意根据不同的教学内容确定不同的重点,采用不同的方法引导儿童进行比较。

3. 分类能力的发展

中国心理学工作者对小学生分类能力的发展特点早就进行过研究。对小学生字词概念综合性分类能力的研究发现:

(1)小学二年级学生,可以完成自己熟悉的具体事物的字词概念的分类。但是能正确说明分类的根据,则要晚得多。绝大多数小学生是从事物的外部特征或功用特点来说明分类根据的。随着年龄的增长,能从本质上说明分类根据的中高年级学生人数逐渐增加。

(2)解决同一课题,不同年龄组的学生,表现出不同的分类水平,年龄特点是明显的。三、四年级是字词概念分类能力发展的一个转折点。

(3)同一年龄组的学生,在解决难度不同的课题时,表现出不同的分类水平,分类材料的难易程度明显地影响分类水平。通过研究三、四级学生总的发展趋势发现,随课题难度的增加而通过的人数减少;反之,下降为一、二级水平的人数逐渐增多。

(4)从四年级开始,学生出现组合分析分类的表现,五年级开始,这种组合分析分类的能力有较明显的发展。这说明组合分析分类的能力与抽象逻辑思维能力的发展密切相关。因为只有具备抽象逻辑思维能力,才能保证学生对思维对象的属性有全面的了解,才能促进学生思维的广阔性和灵活性发展,使他们可能进行多种组合分析的分类。

由上述分析可见,小学生思维的基本过程在逐渐发展,并日益完善。分析、综合及其派生的抽象、概括、比较、分类、具体化和系统化等思维过程,最初只能在直接观察事物的条件下进行,而且也很简单;其后逐渐能在过去的知识、经验和表象的基础上进行;最后向以概念为材料的理性过程较全面、深入且范围广泛地进行。

(三)小学生概念的发展

儿童掌握概念是一个主动的、复杂的过程。不是把成人或教师交给的现成概念简单地、原封不动地接受,而是儿童通过自己已有的知识经验,主动地掌握过程,同时,掌握概念也不是一次性的过程,而是随着儿童知识经验的发展,对已掌握的概念不断加以充实和改造的过程。小学低年级学生和高年级学生对同一概念的掌握水平是不一样的。

1. 小学生概念的逐步深刻化

小学生的概念水平,从性质方面来看,逐渐从事物的直观属性中解放出来,而以一般的、本质的因素为基础,逐步形成深刻而精确的概念。

小学生在其发展过程中,起初,由于缺乏生活经验以及受智力发展的限制,往往不能从事物的本质属性上来认识事物、掌握事物的概念。儿童虽然可以说出某一概念，实际上并不真正理解这个概念。随着儿童经验的增长和智力水平的提高，他们的概念才逐步深刻起来。根据有关的实验研究，儿童掌握概念的形式可以概括为八种，各种掌握形式所占比例以及在小学低、中、高年级儿童中各种形式所占比例正是反映儿童概念深刻化的程度，如表3-1。

表3-1 小学生掌握概念的各种形式及其所占比例

掌握形式	各种掌握形式所占%	小学低、中、高年级儿童各种掌握形式所占%		
		低年级	中年级	高年级
不能理解	13.53	27.44	9.83	3.33
原词造句	4.76	5.99	6.07	2.22
具体实例	22.79	30.00	26.75	11.62
直观特征	21.45	17.69	23.59	23.08
重要属性	5.07	3.25	5.04	6.92
实际功用	5.93	3.59	6.50	7.69
种属关系	8.66	6.75	7.35	11.88
正确定义	17.81	5.30	14.87	33.25

小学生概念掌握表现出阶段特征。低年级儿童"不能理解"的概念较多，较多应用"具体实例""直观特征"形式掌握概念。高年级儿童"不能理解"的概念较少，逐渐能根据非直观的"重要属性""实际功用""种属关系"掌握概念，而且"正确定义"形式占极大比例。小学中年级正处在概念掌握的过渡阶段。

在实验研究中发现：一方面，"具体实例"和"直观特征"两种形式在各年级阶段都占有很显著的比例；另一方面，"正确定义"形式在整个小学阶段迅速发展，所占比例随年级增加而明显增加。综合这两方面的现象，说明小学生的思维具有明显的具体形象性，且抽象概括性不断增长，迅速地向抽象思维过渡。

实验中还发现，小学低年级儿童就能以"正确定义"形式掌握概念，尤其对抽象概念，比掌握具体概念更多应用"正确定义"形式，这说明教育对儿童概念掌握起着积极作用，只要针对儿童的心理发展特点，采取适当的教材和合宜的教法，完全可以使小学生更早、更好地掌握科学概念。

小学生概念的深刻化是他们思维发展的重要方面。小学生只有正确而深刻地掌握概念，才能顺利地进行抽象概括，形成判断推理，理解客观事物，并使分析问题和解决问题的能力增强。

2. 小学生概念的逐步丰富化

儿童入学以后,概念在日益丰富。国内外心理学家们对儿童的各类概念(如数概念、空间方位概念、自然概念、社会概念、时间概念、科学概念、自我概念、美学概念、幽默概念等)发展的特点及他们掌握各类概念的趋势进行了研究,结果表明,随着年龄的递增,小学生的这些概念不断丰富起来。

心理学家认为,字词概念发展和数学概念发展可以作为小学生概念丰富性发展的研究的突破口。

(1) 字词概念的发展

中国心理学家对小学生字词概念发展做过研究。研究发现,小学生选择不同字词概念的定义或下定义时,都表现出五种不同的水平:Ⅰ.错误的定义;Ⅱ.概念的重复;Ⅲ.功用性或具体形象的描述;Ⅳ.接近本质的定义或作具体的解释;Ⅴ.本质的定义。

研究表明:小学生的字词概念的发展,经历了从直观特征发展到具体形象特征占相当的比重;再从具体形象的束缚中解脱出来初步能揭示字词概念的一般特征,并接近本质的特征,最后才向揭示字词概念的本质特征、对字词概念下较完善定义的方向发展。这个过程变化,也反映了小学生思维发展的总趋势。

研究中还发现,同一年龄的小学生对不同性质内涵与外延的字词概念的理解表现出不同的思维特点。

第一,小学生对不同字词概念的理解水平并不一致,这说明儿童思维活动的不平衡性。对于某些较简单的字词概念,能够揭示它的一般特征,反映其本质属性;但对另一些比较困难的字词概念,又回到较低的水平,拘泥于具体形象,不能理解字词概念的抽象属性。

第二,小学生对不同字词概念反映的差异性,既取决于字词概念本身的难度,又取决于思维对象与儿童生活经验的一致性程度。一般地说,儿童对日常生活概念容易理解,对社会政治生活概念感到难以理解;对物质概念容易掌握,而对精神概念比较费解;对直观具体的概念容易揭示内涵,而对抽象的概念往往把握不了实质。由此可见,字词概念本身的难易性及与儿童生活的接近性对于儿童的理解概念的水平是有很大影响的。

第三,实验研究材料的性质对思维特点的影响并不排斥年龄特征。事实上,无论什么样的字词概念,小学生理解的水平总是随年级的上升而提高的。

(2) 数学概念的发展

在数学教学和实际生活的运算过程中,小学生的数学概念迅速地获得发展,并且数学概念日益丰富和深刻。

中国心理学家对小学生认数、数序和系列、数的组成、运算和应用、容积、长度、交集等有关数学概念的各个领域和范围,进行了一系列的研究工作。如对小学生数和数量概念发展的研究发现:7～8岁儿童初步形成三位以内整数概念系统;9～10岁儿童的整数、小数概念系统正分别处于形成和巩固的过程中,基本上能够掌握万以上整数;11～12岁儿童整数、分数、小数的概念系统逐步趋于统一,除个别项目外,一般都能较好地掌握,分数概念也已基本掌握。再如对小学生的形体(空间)概念的研究发现,小学生容积概念的发展是随年龄增长而不断发展的,但对不同难度的课题,不同抽象程度的层次、不同难易的项目,掌握情况是不一样的。

综上,研究者提出小学生数概念的发展具有如下一些特点:

第一,数概念的发展具有规律性。数概念的深度、广度、准确度和熟练程度一般随年龄增长而发展;数概念的发展是有起伏的、波浪式的发展;数概念的发展存在极大的个别差异。

第二,数概念的发展有一定的顺序性。其顺序为整数→小数→分数、从易到难、从具体到抽象。

第三,各年级儿童所能掌握的数概念有一定的深度和广度。

第四,各年龄儿童具有超越数概念发展一般水平的巨大可能性。

第五,从儿童易犯的错误中,可以看到小学生思维发展的特点,如空间想象力差;思维缺乏灵活性、精确性;思维容易带有片面性等。

通过上述分析,可以得出小学生掌握概念的过程,是一个主动的过程,是一个更新的过程。儿童不断掌握新概念和改造旧概念,使他们所掌握的概念不断丰富,并日益系统化。

3. 小学生概念的逐步系统化

在教学的影响下,小学生概念的逐步系统化表现在两个方面。一方面,儿童所掌握的概念在不断运动变化着,不断充实自己的内容,不断地加深本质特征并舍弃非本质特征。另一方面,儿童所掌握的概念,不是各自孤立、互不相关的。任何一个概念,总是与其他相关概念存在一定区别,又存在一定联系,掌握有关概念之间的区别和联系,就是使掌握的概念系统化。

在对小学生数概念与运算能力的研究中可以看到,小学生通过分析、综合、比较、抽象和概括,逐步掌握复杂的数概念系统和运算系统。小学生不仅不断扩充着数概念,而且在运算能力上正逐步地掌握较完善的思维形式。小学生逐步地掌握数概念的系统性,并形成他们的思维的系统性。

小学生思维系统化的发展,也必然地表现出组合分析的结构变化,即"格"的结构变化。小学生解答应用题时,他们在思维过程中有着不同的层次和交结点,他们将原有条件重新组合分析,然后综合列式。由于这种结构的发展,才使小学生在解答应用题时思维系统处于完整和全面状态。研究表明,尽管小学生掌握字词概念综合性组合分析分类的水平并不高,但在数学,特别是应用题的运算中,中高年级儿童可以综合各种可能情况进行全面的配合,真正找到这些配合关系,区分开主次地位的层次。当然,字词概念和数学概念尽管是不同性质的概念,但在儿童概念这个"整体"的发展中,它们又是相辅相成的,是统一的。因此,从根本上看,小学生对概念的组合分析能力还是不高的,也就是说,小学生概念的系统化还有待在以后的年龄阶段进一步发展。

小学生概念的深刻化、丰富化和系统化三个方面的发展是互相制约、彼此联系的。儿童掌握概念系统的过程,也就是儿童应用已往丰富的概念材料去同化(领会),形成有系统的知识的过程。

在教学中,首先要明确某一个概念和其相近概念的区别,通过比较、变式等方法使儿童正确地掌握某一概念的内涵,同时掌握有关概念之间的联系。每一概念都在概念系统中占有一定地位,只有在概念系统中去掌握概念,才能掌握得更好。因此,我们要根据儿童知识经验的水平,根据儿童概括发展的水平,及时地帮助儿童掌握概念系统,并使儿童的概念系统日益丰富并且深刻,使他们的智力活动从孤立、片面向精确、全面而系统化的方向发展。

(四)小学生推理能力的发展

所谓抽象逻辑思维,就是正确地掌握概念,并运用概念组成恰当的判断,进行合乎逻辑的推理的思维活动。推理是由一个判断或许多判断推出一个新的判断的思维过程。掌握比较完善的逻辑推理能力是儿童智力发展的重要环节和主要标志。

小学生的推理能力,是随着儿童掌握比较复杂的知识经验和语法结构而逐渐发展起来的。

1. 直接推理

小学生首先掌握的是比较简单的直接推理。直接推理是由一个前提本身引出某一结论的推理。

有关研究表明,(1)小学生直接推理能力的发展有三个阶段:一、二年级为一个阶段,三、四年级为一个阶段,五年级为另一个阶段,四、五年级间有一个思维发展的加速期。(2)儿童掌握三种不同形式的直接推理,不是同步的。其正确的次序为:换位—换质—换质位。(3)以不同类型的判断为前提的直接推理成绩不同,特称判断的成绩高于全称判断的成绩,肯定判断的成绩高于否定判断的成绩。

2. 间接推理

在教学过程中,更多需要间接推理。间接推理是由几个前提推出某一结论的推理。

幼儿只能在一些有限的、熟悉的事物范围内,不是很自觉地运用演绎和归纳。在教学的影响下,小学生逐渐学会在较广泛的知识范围内,从一般(如规则、公式)到特殊(如具体事例),从特殊到一般,从特殊到特殊,比较自觉地掌握了演绎推理、归纳推理和类比推理。

有的研究者对小学生掌握逻辑学上典型直言三段论的三种格的水平进行了研究,发现:低年级儿童基本上能进行第一格形式的三段论推理,而对其他形式的推理则尚有困难;中年级儿童基本上能进行第一、二格形式的三段论推理,正处于过渡阶段;而到高年级则基本上能够进行任何格式的直言三段论推理。

对儿童归纳推理发展的有关研究表明,初入学的儿童能对理解了的事物或现象进行某一事物或现象的因果联系的判断。如果要求儿童针对许多类似的个别事物或现象的因果联系,运用归纳推理的方法,找出一般规律和定理,他们常常不能抓住其本质联系,不能从诸多特殊中概括出一般。在教学的影响下,随着儿童知识经验的增长,中、高年级儿童的归纳推理能力就迅速发展起来了。

归纳推理和演绎推理在整个推理思维中是互相联系,密不可分的。有人根据推理发生的范围、步骤、正确性、抽象概括性四项指标,把小学生运算中归纳推理和演绎推理的能力发展分为四级水平。

归纳推理能力的四级发展水平为:算术运算中直接归纳推理、简单文字运算中直接归纳推理、算术运算的间接归纳推理、初步代数式的间接归纳推理。

演绎推理能力的四级发展水平为:简单原理、法则直接具体化的运算;简单原理、法则直接以字母具体化的运算;算术原理、法则和公式作为大前提,要求合于逻辑地进行多步演绎和具体化,正确地得出结论,完成算术习题;以初等代数或几何原理为大前提,进行多步演绎推理,得出正确的结论,完成代数或几何习题,小学生达到这两种推理的四级水平的情况见表3-2。

表3-2 不同年级小学生两种推理的水平

百分数统计 年级 \ 水平	归纳推理				演绎推理			
	Ⅰ	Ⅱ	Ⅲ	Ⅳ	Ⅰ	Ⅱ	Ⅲ	Ⅳ
一	66.7	10	—	—	56.7	6.7	—	—
二	90	50	3.3	—	86.7	70	—	—
三	100	76.7	23.3	—	96.7	80	20	—
四	100	90	60	30	100	86.7	66.7	46.7
五	100	96.7	83.3	36.7	100	96.7	76.7	56.7
差异的考验	归纳与演绎的相关系数 $r=0.79$,它们之间差异 $P>0.1$;三、四年级归纳与演绎发展水平之间差异 $P<0.01$,其他各年级在这两种推理发展上差异 $P>0.05$。							

由此可见小学生的推理能力的发展趋势：第一，小学生的归纳和演绎两种推理能力的发展既存在着年龄差异，又表现出个体差异；第二，随着年龄的增长，小学生推理范围的抽象度也在加大，推理的步骤愈加简练，推理的正确性、合理性和推理品质的逻辑性和自觉性也在加强；第三，在运算能力的发展中，小学生掌握归纳与演绎两种推理形式的趋势和水平是相近的。

　　对小学生类比推理发展的研究表明：小学生类比思维发展存在着年龄阶段性，教育条件的好坏也显著地影响类比思维发展的水平。

　　从上述的小学生各种间接推理发展的趋势，可以看到小学生的抽象思维在全面地发展着，并逐渐成为他们思维的主要形式。

（五）小学生思维品质的发展特点

　　思维品质，是思维发生和发展中所表现出来的个性差异。换言之，思维品质体现了每个个体思维水平和能力的差异。因此，培养儿童的思维品质，是发展其思维与能力的突破口。

　　思维品质主要包括敏捷性、灵活性、深刻性、独创性和批判性五个方面。小学生的思维品质主要表现在敏捷性、灵活性、深刻性和独创性等四个方面：

　　1. 小学生思维敏捷性的发展

　　研究发现，小学生思维敏捷性的发展，表现为运算速度的不断提高。

　　小学生运算中思维的敏捷性依赖于一系列的条件。儿童的知识结构、技能技巧及思维结构，以及思维客体的难易程度等都会直接影响思维的敏捷程度。小学生运算思维的敏捷性是可以培养的，合理的教学与要求可以适当地加快敏捷性发展的进程。

　　2. 小学生思维灵活性的发展

　　小学生在运算中思维灵活性的发展表现在三个方面：一是"一题多解"的解题数量在增加，表明小学生的智力活动水平在不断提高，分析综合的思路逐步开阔了，逐渐能产生较多的思维起点，使学生在运算中解题数量越来越多。二是灵活解题的精细性在增加，儿童不仅能一题多解，而且解题正确，在思维过程中，逐步能抓住问题的本质，根据思维对象，材料的特征、类型去加以灵活运算。三是儿童的组合分析水平在不断提高。

　　小学生的思维灵活性的发展过程是稳步的，没有出现突变转折，随着年级递增，儿童思维灵活程度的差异越来越大。

　　3. 小学生思维深刻性的发展

　　小学生在运算过程中思维深刻性不断发展。首先，儿童寻找"标准量"的水平逐步提高,推理的间接性不断增强。其次,小学生不断掌握运算法则,认识事物数量变化的规律性。再次,小学生不断提出"假设",独立地自编应用题的抽象逻辑能力在逐步发展。最后,三、四年级是小学生在运算中思维深刻性发展的一个转折点。

4. 小学生思维独创性的发展

小学生在运算中思维独创性主要表现在独立性、发散性和有价值的新颖性上。其发展趋势表现在两个方面:

(1) 从对具体形象材料加工发展到对语词抽象材料的加工

通过分析小学生自编应用题的水平,发现小学生自编应用题的能力落后于解答应用题的能力。在小学阶段,根据直观实物编题与根据图画具体形象编题的数量之间无显著性差异,而根据图画具体形象编题与根据数字材料编题的数量之间却存在着显著差异。研究发现,四年级是思维独创性发展的一个转折点。

(2) 先模仿,经过半独立性的过渡,最后发展到独创性

小学生自编应用题,一般是从仿照书本例题开始,从模仿入手,经过补充应用题的问题和条件,有一个半独立性的过渡,逐步地发展为独立地编拟各类应用题。但即使到了小学高年级,儿童完成较复杂的编拟应用题的任务还有一定困难。

在正常的教学条件下,三年级是从模仿编题向半独立编题的一个转折点,四年级是从半独立编题向独立编题的一个转折点。

各年级儿童在独立编拟应用题中,既有独创性发展较稳定的年龄特征,又有受内外因素左右而造成年龄特征的可变性。

综上所述,小学生思维品质的发展存在着明显的年龄特征。思维品质既是统一的整体,其发展存在着一致性,又在思维品质的不同成分中具有年龄特征。一般说来,小学生思维的敏捷性往往易变化,不稳定,也就是说,在小学生的思维敏捷性的发展中,年龄特征更易表现出可变性。思维的灵活性则相对较稳定,在发展中其表现形式也比敏捷性丰富。小学生思维的深刻性,在发展中既表现出不断发展的趋势,又有一个三、四年级的转折或关键期。从三、四年级起,在儿童思维的成分中,逻辑性成分逐步占主导地位。小学生思维的独创性,比其他思维品质的发展要晚、要复杂、涉及的因素要多。在教育中,既不能忽视小学生思维独创性品质的发展与培养,也不能过高地估计他们独创性思维品质的水平。

四、促进小学生认知的发展

小学生的认知发展水平制约着小学教师的教学内容和方法,在学校教育过程中应研究如何适应小学生的认知发展特点及其水平进行有效的教育教学活动。同时,大量的研究已经表明,教育教学活动可以有效促进小学生认知的发展,通过教育训练可以

加速小学生认知发展的速度。只要教育教学活动的内容和方式选取得当,系统的教育教学可以起到加速小学生认知发展的作用。因此,在整个小学教育教学过程中,可以采取以下几种方法提高小学生的认知发展水平。

(一)教师强化小学生的课前预习

"良好的开端是成功的基础",每当学习到新的课程内容时,教师应严格要求小学生做到课前预习,通过课前预习使小学生了解即将学习的内容,并通过做练习等方式了解学生对知识的掌握情况,灵活地处理教学内容和应用合适的教学方法,有效达到教育教学目标,促进小学生记忆、思维等认知能力的发展。

(二)遵循小学生感知、注意和记忆的特点,创造性地设计教学

随着小学生年龄的增长,小学生从笼统、不精确地感知事物的整体渐渐发展到能够较精确地感知事物的各部分,并能发现事物的主要特征及事物各部分间的相互关系。这一时期,要注重培养学生的抽象思维能力,教学设计尽量用一些学生感兴趣的辅助手段,如挂图、教具、多媒体等。小学生的注意力不稳定、不持久,且常与兴趣密切相关联。要想调动学生的学习积极性,吸引学生的注意力,教师不得不考虑如何设计导入语的问题,如果导入语设计得好,这堂课就会生动而富有情趣。小学生的记忆最初仍以无意识记、具体形象识记和机械识记为主。因此,教学设计要形象生动,多运用肢体语言吸引学生注意力。教师通过设计启发性问题,调动学生的学习热情,使学生积极参与教育教学活动,锻炼学生独立思考问题的能力。

(三)通过课后练习和实践促进小学生的认知发展

针对学生负担越来越重的现象,以及素质教育越来越受重视,教育部号召中小学给学生减负,有些小学不留课后书写作业,通过实践提升学生的动手操作能力。有些小学通过留背诵、书写等作业提升小学生的记忆、思维等能力。这些做法各有利弊,但是只要注意"度"的掌握,往往就可以收到较好的效果。

第四节 小学生个性及社会性发展与教育

在新的社会生活中,新的环境、新的要求、新的交往关系,都促使儿童进一步加深对自我、对他人的认识和了解,使其个性和社会性有了新的发展。

一、小学生自我意识的发展

自我意识是指主体对其自身的意识,是个性结构的重要组成部分,也是人区别于动物的重要标志。它包括三个层次:(1)对自己机体及其状态的认识;(2)对自己肢

体活动状态的认识;(3)对自己的思维、情感意识等心理活动的意识,包括自我观念、自我评价、自我体验、自尊心、自豪感、自我监督、自我调节、自我控制等。自我意识的发展过程是个体不断社会化的过程,也是个性特征形成的过程。自我意识的成熟往往标志着个性的基本形成。

小学生的自我意识正处于所谓的客观化时期,是获得社会自我的时期。在这个时期,他们的自我意识的发展,随年龄的增长从低水平向高水平发展,但不是直线的、等速的,而是既有上升的时期,又有平稳发展的时期。小学生自我意识发展具有以下三个特点。

(一)自我概念是从比较具体的外部特征向比较抽象的心理特征过度

自我概念是指人对自身的认识及对周围事物关系的各种体验。它是认识、情感、意志的综合体,是人心理发展过程中一个极为重要的方面。自我概念从童年期就开始产生并逐步发展,青少年时期是自我意识发展最快的时期,它使人心理的各个方面都发生着深刻而广泛的变化;它使一个人能反省自身,有明确的自我存在感,从而以一个独立的个体来看待周围世界;它使人的心理内容得到极大的扩展和丰富。

总的来说,小学生的自我概念是从比较具体的外部特征向比较抽象的心理特征过渡的。如在回答"我是谁"这个问题时,低年级儿童往往从姓名、年龄、性别、家庭住址、身体特征和活动特征等方面进行描述;而到了小学高年级,儿童开始试图根据品质、人际关系以及其他内在特征对自己进行描述,但是,即使到了小学高年级,儿童对自己的认识仍带有很大的具体性和绝对性。

(二)自我评价开始独立形成,但能力仍然较低

自我评价是人对自身的条件、素质、才能等各方面的判断,是自我意识的一个重要方面。有的研究把个体自我评价能力作为衡量自我意识水平高低的标准,把自我评价能力的发展趋势作为儿童自我意识发展的主要指标。从小学阶段的儿童自我评价的特征来看,小学生对自己的评价不再完全依赖成人,他通过对照学校要求、社会要求和同伴之间互相比较进行评定,从而做出自我评价。但总的来说,小学生的自我评价能力仍然较低。

(三)自我体验有较大发展

自我体验是自我意识中的情感体验,指一个人对自己的一种情感体验。它是在自我认识基础上产生的,反映个体对自己所持的态度。它包括自尊、自信、自卑、内疚、自豪感、成功感、自我效能感等,其中自尊是自我体验中最重要的因素。人在不同场合的不同自我体验都与自尊心相关联,并受自尊心的影响和制约。因此个体维持适当的自尊水平是自我体验的核心课题。

自我体验发生于学前期,根据中国心理学工作者的调查,约在 4 周岁左右。自我体验的诸因素的发生和发展是不同步的,其中愉快感和愤怒感发展较早,自尊感、羞愧感和委屈感发生较晚。自我体验在小学阶段有较大的发展,到了中学阶段逐渐减慢,明显地落后于自我评价能力的发展。其原因是,自我评价能力的发展与学生文化知识的丰富和智力水平的提高有直接关系;在理性认识能力得到发展以后,情感要受到理性的控制,因而造成两者在发展过程中不同步的倾向。

二、小学生社会认知的发展

社会认知主要是指对他人表情的认知,对他人性格的认知,对人与人关系的认知,对人的行为原因的认知。社会性认知一般可以分为三种不同层次:对个体人的认知,包括对自己和他人各种心理活动、思想观点、个性品质的认知;对人与人的关系的认知,如对权威性、友谊、意见冲突等关系的认知;对社会群体及团体内部或对社会群体及团体之间人们各种社会关系的认知。

儿童的社会行为是以其社会认知为基础的,社会认知的发展依托于人的社会化过程,或者说是人在社会化过程中,摄取他人影响以摒弃自我中心,使认知发展具有社会属性。

小学生社会认知发展主要具有以下特点:

1. 小学生社会认知的发展是一个逐步区分认识社会性客体的过程

个体在约九十个月时出现自我认知,随着小学生年龄的增长,社会关系的扩大,小学生通过逐渐的社会化的过程,小学生能把自己看作一个不同于其他人的个体,能和认识其他人一样认识自己,逐步区分认识社会性客体。

2. 小学生社会认知发展的核心体现是观点采择能力的发展

观点采择是指个体根据一定的信息对他人的内部心理状态(如观点、思想、情感等)的理解和推断。塞尔曼(1994)认为,儿童认识自己和他人的能力是以对其观点的假设或采择为前提,要认识一个人,就必须理解他的观点并了解他的思想、情感、动机和意图等影响、决定其外部行为的内部因素。因此可以说,观点采择在儿童社会认知发展中处于核心地位。

3. 小学生社会认知的发展是非同步、不等速的

儿童对自我、他人、社会关系、社会规则以及对人的情绪情感、行为意图、态度动机、个性品质等的认识并非同时开始,发展也是非等速的。其发生发展的总体趋势是:从认识他人到认识自我,再到相互关系;从认知情绪到认识行为,再到心理状态;从认知身体到认识心理,再到社会。在同一年龄,儿童各方面的发展水平也是不同的。已有研究表明,儿童对他人的认知早于对自我的认知。如,儿童对他人的描述在10岁左右基本完整,而自我认知达到这一水平则要到十三四岁。

4. 小学生社会认知的发展具有认知发展的普遍规律,但不完全受认知发展的影响

社会认知是认知的一个方面,具有认知的普遍规律和特点。皮亚杰认为,认知他人的发展与其他方面认知的发展是平行的,反映认知能力发展的普遍规律,正是发展的各个阶段所形成的思维结构为儿童社会意识和道德意识的发展奠定了基础。十一二岁小学生的自我认知中涉及了他人如何看待自己,对自己的认知更加客观、全面。从小学生这一阶段的自我认知发展中,我们可以看出其从具体到抽象、从片面到全面等一般认知发展所具有的特征。

5. 小学生社会认知的发展与社会交往密切相关

小学生社会认知的对象既是社会性客体(人及社会关系),也是其生活的社会环境,儿童不仅是认知者,而且是积极的行为者,在与他人的社会交往、相互作用过程中认识社会。已有的观察和实验研究均表明,儿童社会认知的发展与其社会交往存在着密切的关系。

首先,儿童的社会认知水平与交往机会有关。皮亚杰(1980)认为,儿童的同伴交往和互动能够促进其去自我中心和观点采择能力的发展,因为同伴互动为他们更好地认识自己观点与他人观点间的差异提供了机会,使他们能够了解自己和他人在活动过程中对活动内容和相关问题可能存在不同的观点。

其次,交往的需要和动机与儿童社会认知的水平也有密切关系。费尔德曼等研究认为,儿童认识他人的经验少,不能意识到对他人形成整体印象的重要性,缺乏要深刻理解他人的动机,导致其对他人认知描述的表面化与局限性。

总之,诸多研究表明,儿童对他人、自我、社会关系和社会规则等的认知都是在交往过程中发生和得以实现的。并且,由于在社会认知的过程中往往需要观点采择能力的参与,而儿童只有通过交往中的有关信息才能理解、认识和推测他人的心理状态,所以可以说,虽然社会认知与交往的具体关系还有待于进一步明确,但社会认知必须在社会交往过程中实现已是肯定的。

三、小学生社会交往的发展

社会交往的成功与否往往会对儿童的个性及其认知能力的发展有重要影响。儿童的社会交往主要包括与父母的交往、与同伴的交往、与教师的交往等。

(一) 与父母的关系

在儿童的众多社会交往中,与父母的关系在其成长发展中仍具有重要作用。父母

主要通过对儿童的态度、营造的家庭教育气氛等,对儿童的个性产生影响。许多研究表明,温暖、接受型的父母可以较有成效地把自己的价值观和目标传递给儿童,而极端拒绝型的父母更易引起儿童的问题行为。斯诺夫等人(1989)在对夏令营的 10～11 岁的学龄儿童的观察中发现:与母亲安全依恋评分高的儿童,有较高的自信及社交能力,对营队指导员的要求较有反应,对他人较会表达正性情感,完成任务的能力也较好;而当儿童与母亲间是回避型的依恋时,他们较有可能有奇怪的行为,或被同伴所隔离;但当儿童与其母亲有不安全的依恋时,较有可能产生偏差行为。

(二) 与同伴的关系

在小学阶段,儿童与同伴一起活动的时间很多,发展了同伴间的友谊。在这一时期,儿童较喜欢与同性别的儿童一起玩,而且不同性别的儿童彼此之间有着不同的地盘,而这种行为是具有高度仪式化与刻板化的。儿童的伙伴关系随着年龄的发展变得越来越重要。同伴关系的主要作用是:① 为获得新的技能和能力提供"现场实验"的机会;② 为发展中的新能力提供在同伴中进行实践的机会,让其按自身的速度发展,避免大人直接的或间接的压力;③ 为以后转变期的体验提供机会,从稳定的物体世界转变为相对不稳定的人群世界,从熟悉的和可依赖的家庭世界转变为有些奇特的外部世界,从对大人的依赖转变为具有相对独立性的行为。

(三) 与教师的关系

童年期儿童的社会关系也部分体现在与教师的关系方面。在小学阶段,教师在儿童心目中具有绝对的权威,这种权威性甚至要高于父母。对教师的要求,他们几乎是无条件地服从。对教师的判断,他们很少怀疑,在这一时期大部分儿童与教师的关系都比较友好。有关调查研究表明,84%的小学生(低年级小学生为 100%)认为要听教师的话。然而,随着儿童独立性和评价能力的增长,他们对教师的态度开始变化,开始对教师有所评价,对不同教师表现出不同的喜好。另外,教师的期望对学生也有广泛的影响。如果教师以积极的态度来对待学习能力差的学生,能促进这些学生的学习积极性。因此在教学过程中,教师要对学生表现出良好的期望,尤其是对待后进学生更应表现出满腔热忱,采取更多的积极的措施来鼓励学生努力学习。

【阅读材料】

小学生同伴关系的心理分析

小学生的同伴关系是小学生在直接的物质或精神交往过程中,由相互认知、相互体验而形成的一种以情感上满意或不满意为特征的心理关系,是可以直接观察得到的,并普遍存在于小学生群体中的一种社会心理现象。由于

> 小学生生活的社会环境、家庭环境及个性心理的不同,同伴关系的心理因素是复杂的,但从心理过程上分析,主要是认知成分、情感成分、行为成分三种心理成分。认知成分是同伴关系形成、发展和改变的心理基础,即"知之深,爱之切"的意思;情感调节是同伴关系的主要特征,满意与不满意的情绪状态,常被小学生作为评价同伴关系的基本标准。由低年级学生因直观引起的好感,到高年级学生由道德感、理智感和美感等情感调节所产生的不同水平和强度,反映出不同年龄小学生运用情感因素,调节同伴关系的心理素质水平的高低;然而无论是认知成分的存在,还是情感因素的发生,都离不开行为成分的介入与参与,它既是小学生建立和发展同伴关系所必须的交往与沟通的手段,又是同伴关系赖以维持和深化的实践基础,它通过学习、游戏、活动、劳动等社交性行为活动,使同伴关系良好地建立起来。

四、促进小学生个性与社会性的发展

(一)促进小学生的个性发展

小学生的个性存在个体差异,这要求教师在教育教学活动过程中使用的教育教学手段要灵活多样,如果采取的教育教学手段不当,不但起不到教育教学效果,还可能导致小学生产生对抗心理。因此,教师必须了解小学生的个性特点,有针对性地进行有效的教育教学。

1. 促进个性倔强小学生的发展

对于个性倔强的小学生应注重培养其沉着稳重及坚持到底的精神。当下的小学生绝大多数是独生子女,由于家庭的娇生惯养,养成了以自我为中心,个性倔强的性格特征。这部分学生喜欢与人交往,心理性格特点突出,他们不怕困难、热情、爽朗、果敢、为人耿直、有旺盛的精力、进取心很强、情绪常常表露在外。缺点是脾气较暴躁,比较任性,做事性急而且粗心。教育这一类小学生,要进行有针对性和说服力的批评教育,教师要注重他们沉着、稳重气质的培养,让其养成做事坚持到底的精神以及遇事克制忍耐的品质。多让其参加一些能磨炼人的意志与耐力的活动,并引起他们的注意,使其受到启发,逐步改正个性缺点。这种个性特点的小学生在遇到某种愿望没有实现时,容易产生一种不服输的心理,教师要抓住这类学生的逆反心理,采取激将法促使他们奋发向上。

2. 促进淘气小学生的发展

对活泼好动比较淘气的小学生注重培养其做事刻苦认真、善始善终的习惯。那些活泼好动比较淘气的学生比较聪明、机敏,善于表达自己的思想,而且亲切热情,人缘较好,兴趣爱好广泛。缺点是情绪波动较大,做事不踏实、不细心,自由散漫,逆反心理较强。对这样的学生教师要给予引导和鼓励,消除由于教育教学方式不当可能引起的学习成绩直线下降、走上歧路、伤害事故等不良后果的发生。所以对这类学生的教育,教师要尤为注意,以引导和鼓励为主,循序渐进,并与家长配合,着重培养他们的刻苦耐劳的精神,逐步地培养其做事注意力集中、凡事善始善终的良好习惯。使他们逐步感受到学习的乐趣,减轻心理负担,转变淘气的行为。

3. 促进慢性子小学生的发展

对慢性子的小学生注重反应敏锐性和办事果断作风的培养。在教育教学中经常会遇到慢性子且性格较内向的学生,这些小学生能遵守纪律,而且能克制自己的情绪,遇事没有大的情绪起伏。但缺点是反应迟缓、不爱活动、不灵活,而且有很大的惰性,甚至常常精力不集中、萎靡不振。而且这种个性表现比较突出的小学生无论上课听讲还是下课玩耍以及回答老师提出的问题等,其反应速度都赶不上一般的同学,学习成绩一般,有的甚至很差,不合群,容易受同学嘲笑或欺负。对于这样的学生,教师应该耐心引导,上课对其多提问,培养其自信心,让其多参加班级活动,与同学多接触,多读书,多动手动脑,养成良好的学习生活习惯。教师要以诚心与耐心,给予他们充足的考虑与反应时间,注意培养他们敏锐的反应力与果断办事的作风,逐步改掉身上的不良习惯。

4. 促进敏感脆弱小学生的发展

对敏感脆弱的小学生注重其自信及适应紧张学习能力的培养。在小学阶段,敏感脆弱内向的学生虽然不多,但如果对这样的学生教育不当,会引起很严重的后果。近年来,小学生离家出走、自寻短见的事件屡见不鲜。而这些学生多数属于这一性格特征。这类学生能遵守纪律,但自尊心极强,细心,谨慎,性格孤僻、胆小、狭隘而多疑。他们在校时由于性格孤僻,不太合群,时间一长,便缺乏自信,对这类学生,教师不能在公开场合轻易对其进行批评,这样会损伤他们的自尊心,甚至引发不良后果。教师对这类学生应该耐心引导与启发,多找其私下谈心,多提问多鼓励,给予他们更多的爱,挖掘他们的闪光点,给予热情帮助,以情感动他们的心灵,使他们从内心深处体验到师爱,从而调动他们的积极性,产生学习的内驱力。要信任他们,激励他增强自信心,克服懦弱的行为,让其慢慢树立自信心,并培养其适应紧张学习的能力,促使他们正确认识并改正自身的缺点与错误。

(二) 促进小学生社会性发展的教育

促进小学生社会性发展的核心内容是促进小学生的社会交往,小学生通过社会交往,与外界联系,与小朋友一起玩耍一起成长,心情愉悦,人格健康成长。因而提高小学生社会交往的能力水平是非常重要的,更需要有教育者的精心培养和训练。结合小学生年龄特征等各方面情况,可以通过以下几种方法培养小学生的社会交往能力。

1. 从学习礼貌用语入手,提升小学生的社会交往技能

小学生因年龄特征的影响,对礼貌用语、交往技巧等都不太了解,不会使用,在与人交往时行为往往不得体,表现出霸道、自私、不礼貌、不文明等行为,这影响着自己的成长和与他人的友好交往。所以作为教育者,我们应该从小就教会小学生懂得使用礼貌用语和交往技能与他人平等友好交往。例如:使用"您好""认识您很高兴""请""谢谢""对不起""早上好""你真棒"等礼貌用语,见到师长、同学时主动打招呼问好。评选班上的"文明礼貌小天使"并进行鼓励,在表扬的同时进行健康向上的集体讨论。这样能更好地激发小学生学习和使用礼貌用语,产生交往的兴趣。时间长了,他们就学会了使用友好平等的语言与人交流。在交往中慢慢地就发展了他们的理智、情感,也就增强了他们交往的信心,提高了他们的交往技巧,使他们跨出了交往的第一步。

2. 结合教学目标渗透社会交往能力教育

针对小学生的特点,不同学科教师应针对本学科的学科特点,结合教学目标渗透交往能力教育。例如,在语文教学中结合课文内容,通过课堂进行情感态度与价值观的教育,让友好交往深入小学生脑海中来。利用教育教学来进行小学生的情感交往,特别是有交往情节的童话故事书籍,对于小学生的阅读、口语能力提高有很好的作用。对课文中好的词语进行摘抄,对教育教学问题多进行小组交流体会;教师参与进来,对其进行指导评价和激发他们乐于交往的情感。培养他们积极自主学习教材的能力和良好的生活态度。

3. 在课堂教学中,加强言行训练,培养小学生社会交往能力

教师必须加强对小学生人际交往中的言行训练,既要注意口头语言、书面语言和思维能力的训练,如:语言文明、条理清楚、幽默有哲理;又要注意非语言表达能力的训练,如:交往礼仪、表情、手势、体态、语调等。课堂教学是教育培养学生的主渠道。在课堂教学过程中,教师要让小学生充分体会到口语交际双向互动的交际特点,对于一个问题进行多项层次的互动交流,使一个问题多元化,从教学互动中拉近师生的距离,共创良好的师生关系和良好的课堂氛围。在各学科教学过程中,教师应创设平等、民主、愉悦的课堂气氛,通过形象直观的教育手段,激发学生的学习兴趣,调动学生的学习积极性,鼓励学生畅所欲言,促进教师与学生的双向交流;以学习小组为单位组织学生说一说、议一议、辨一辨,让每个学生都有发表自己意见的机会,提高他们表情达意的能力。

4. 教育教学与活动相结合，促进小学生社会交往能力

小学生不喜欢枯燥的教育教学，他们喜欢玩耍。所以教师就应该把教育教学与活动相结合。例如，"教学生用纸来折一些小动物、花草"等加强他们的动手能力，对做得好的学生进行鼓励，从而激发他们多说多动的交往能力。通过班、队活动，创造交往的情境。队集体、队组织是个小社会，教师可以在这个小社会中实行"班、队干部轮换制"，让更多的学生接受当干部的锻炼。与此同时，充分利用班、队集体和学生本身所提供的集体生活环境，帮助学生学会自尊和尊重他人，养成帮助他人的习惯；培养学生对群体生活的爱好和对班级、学校活动积极参与的意识与合作精神。让每个学生在集体中都有自己的位置，人人都有表现自己个性特长的机会。通过游戏活动使得小学生适应"社会角色"。玩是学生的天性，游戏则是他们玩的主要形式，教师应从不同角度为学生提供模拟的社会生活，如"模拟法庭""模拟督导"和军事游戏等，让学生从中学到社会知识、生活经验，培养社交能力。

5. 深入社会生活实践，提高社会交往能力

社会，是学生将来走出校门都要接触到的。所以我们应该将小学生引入社会，教师应认真组织社会实践活动，引导学生走出校门接触社会，扩大交往范围，通过参观、调查、访问，让学生体会到交往与市场经济发展的密切关系，增进与成年人情感和思想的交流，向成年人学习调解冲突和解决矛盾的知识，从而逐渐发展他们的社会交往技能。例如：创设这样一个情境，让学生利用自己的交际能力在校园或家庭社会寻找支持自己的人士或朋友，然后统计哪个小朋友的交际能力强。让他们在交往中获得快乐，认识到交往的重要性，提高自信心，增强团体合作的精神。小学生具有较强的交际能力是他们通往快乐生活、寻找好朋友的一张"通行证"。

6. 通过家校联系，促进小学生正确交往

教师要经常与家长联系，构建统一的教育路线。了解学生的情况，对其进行教育。因为我们只有把家庭教育、学校教育、社会教育有机结合起来，才能更好地开展教育工作。这就要求我们做到学校、家庭和社会三结合。在家靠父母教育，在学校靠教师的统一教育路线，如果在家就形成了霸气，那么他又怎样与人交往相处呢？例如：小红的父母经常不大过问孩子在校的一些情况，也不与教师联系，孩子每天一放学就来到网吧，和同学们的交往越来越少，性格越来越孤僻。又如：李某的父母，特别关心儿子，一周要来学校两次，找教师同学了解儿子在校的情况，教师也比较关注这个小男孩，李某和同学的关系非常好，遇到事情和同学及时沟通，与同学相处和谐，性格也越来越活泼开朗。

第五节　小学生品德发展与教育

随着社会环境的变化,教育环境也发生了很大的变化,培养小学生学习、思维、个性和社会性发展的同时,还要注重对小学生品德的培养。

一、小学生品德发展的基本特点

(一)小学生品德发展具备协调性,逐步形成自觉地运用道德认识来评价和调节道德行为的能力

从小学开始,儿童逐步形成系统的道德认识及相应的道德行为习惯,但这种系统的道德认识带有很大的依附性,还缺乏原则性。研究发现,小学生道德认识表现出从具体形象性向抽象逻辑性发展的趋势。在道德认识的理解上,小学生从比较肤浅的、表面的理解逐步过渡到比较精确的、本质的理解,但具体性较强,概括性较差。

在道德品质的判断上,小学生从只注意行为的效果到比较全面地考虑动机和效果的统一关系,但常常有很大的片面性和主观性。

在道德原则的掌握上,儿童的道德判断从简单依附于社会的、他人的规则,逐步过渡到受内心的道德原则所制约。但是在很多情况下,判断道德行为还不能以道德原则为依据,缺乏道德信念,常常受外部的、具体的情景所制约。

小学生已初步掌握了道德范畴,不过对不同范畴的理解有不同的水平。比较对他人、对己、对社会三方面的道德认识,对己方面的道德概念发展水平较高,对社会方面的道德概念的发展水平次之,对他人方面的道德概念的发展水平最低。

总之,小学生的道德知识已初步系统化,即初步掌握了社会范畴的内容,开始向道德原则水平发展。

(二)小学生的道德言行从比较协调到逐步分化

在整个小学时期,儿童在品德发展上,认识与行为、言与行基本上是协调的、相称的。年龄越小,言行越一致,随着年龄增长逐步出现言行一致和不一致的分化。

年龄较小的儿童,行为比较简单,品德的组织形式也比较简单、外露。就品德定向系统而言,他们还不能意识到一定道德情境的作用,往往按教师和家长的指令来定向;就品德操作系统而言,他们缺乏道德经验,动机比较简单,缺乏道德活动的策略,还不善于掩蔽自己的行为,自我调节技能较低,较难按原先制订的计划去行动;就品德反馈调节系统而言,他们的行为主要受教师和家长的"强化",还难以进行自我反馈。因此,在小学低年级,儿童的道德认识、言论往往直接反映教师的教育内容,他们的行动也受

制于这些内容,于是在表面上看来,他们的言行是一致的,但这种一致性的水平是比较低的。

年龄较大儿童的行为比较复杂。在品德定向系统中,有了一定的原则性;在品德操作系统中,产生了一定的策略和自我设想,于是儿童日益学会掩蔽自己的行为;在品德反馈系统中,出现对他人评价的一定的分析,儿童的行为与成人的指令产生一定的差异性。这样,言行一致与不一致的分化也必然会越来越大。

当然,一般而言,小学生言行的分化只是初步的,即使高年级学生,还是以协调性占优势。他们所存在的言行脱节不是来自内部的道德动机,而是受到品德的组织形式及发展水平的限制。

(三)在小学生品德发展中自觉纪律的形成和发展占有相当显著的地位

自觉纪律的形成和发展是小学生的道德知识系统化及相应的行为习惯形成的表现形式,也是小学生出现协调的外部和内部动机的标志。

所谓自觉纪律,就是一种出自内心要求的纪律,是在小学生对于纪律认识和自觉要求的基础上形成的,而不是依靠外力强制的纪律,因此,自觉纪律的形成过程是一个纪律行为从外部的教育要求转化为儿童内心需要的过程。这个过程一般可分成三个阶段:第一阶段,依靠外部教育要求,依靠教师制订的具体规定和教师及时的检查;第二阶段,儿童还未形成自觉纪律,但已经体会到纪律要求,一般能够遵守纪律;第三阶段,把纪律原则变成自觉行动。研究指出,在教师的细心引导下,低年级儿童也完全可能形成自觉纪律。当然,小学生违反纪律或缺乏自觉纪律的现象也是存在的。一般来说,年龄小的儿童出现违反纪律行为,常常是由于不了解纪律的性质,或出自对某一行为的好奇而分散了注意,或是因疲劳而不能坚持。年龄大的儿童,原因更加复杂,明知故犯的现象也存在,但有意捣乱是个别的,更多的是出自个体差异:(1)不理解或未正确理解纪律要求,或者对纪律要求的正确理解尚未转化为指导行为的自觉原则;(2)对教师持有对立情绪;(3)意志、气质上有缺陷;(4)没有养成纪律行为所必需的习惯;(5)特殊爱好没有得到适当的满足,或旺盛的精力无处发泄等。

总之,小学生的品德是从习俗水平向原则水平过渡,从依附性向自觉性过渡,从外部监督向自我监督过渡,从服从型向习惯型过渡。从这个意义上说,小学阶段的品德是过渡性的品德,这个时期品德的发展比较平稳,显示出协调性的基本特点,冲突性和动荡性较少。

二、小学生品德心理特征的发展

(一)小学生道德认识的特点

道德认识主要指儿童对社会道德规范、行为准则、是非观念的认知,包括对道德观念的掌握和道德判断能力的发展。

1. 道德观念

中国心理学家对小学生道德观念的发展特点进行了广泛研究。中国小学生公有观念的形成和发展具有如下几个特点：(1) 在行为意向性不变情况下，5岁儿童已能初步根据公私财物的损坏作出好与坏的判断，而能正确分辨公私关系转变的年龄在7～9岁。(2) 在公私财物损坏形式不变情况下，5～11岁儿童均能根据行为的动机意向作出好坏判断，且这种判断能力的发展显然早于5岁。(3) 在行为意向性和公私财物损坏形式同时变化的情况下，各年龄组的大多数儿童首先着眼于对行为意向性的判断，而不是对公私财物的判断。(4) 在充当故事中个人财物被损坏者的角色而身临其境地进行判断时，5～9岁儿童中一些原来认为损坏公共财物更坏的人转而认为损坏个人财物更坏，11岁儿童基本无此逆转现象。(5) 小学生阐述的理由说明，不同年龄的儿童的公有观念发展的水平不同，最初处于关于快乐与痛苦的水平上，其次是在笼统地区分公与私的水平上，然后是在初步具备集体意识的水平上，最后达到从抽象的集体主义原则进行评价的水平。

对小学生集体观念的研究指出：(1) 从7岁起，集体意识已经开始出现，但是7岁儿童只是初步具有将为集体和为个人的行为动机分化出来的能力。(2) 集体观念的形成具有明显的年龄差异，选择为集体的行为动机的判断人数比例逐年增加，大约在9岁前后出现重大变化。(3) 各年龄组的大多数儿童在执行集体委托和维护集体利益的行为方面，选择为集体的行为动机的判断均占绝对优势，但在关心集体荣誉的行为方面，7岁组儿童根据行为后果作出判断的人数比例要多得多，这种判断在其他各年龄儿童身上也有不同程度的反映。

对小学生分享观念的研究发现：(1) 分享的物品与人数两者之间的关系，是影响儿童"均分"与"慷慨"两种分享倾向的一个重要因素，总的说来，小学生倾向于"慷慨"的分享倾向。(2) 在分享一般物品时，各年龄组儿童主张分给"能者"的人数比例随年龄的增长而递减，而主张分给"需者"的人数比例随年龄的增长而递增，9岁组儿童判断反应的差异已达显著水平。(3) 是否参与活动对分享物品的影响随年龄的增长而变化。(4) 小学生涉及荣誉物品的分享观念的发展和涉及一般物品时的发展是一致的。但在"慷慨"的分享上，5岁组、7岁组儿童大多认为付出较多劳动、作出较大成绩的人更应该分得荣誉物品，9岁起儿童更多认为应让对这方面需要迫切的人分享荣誉物品。

对小学生利他观念的研究发现：(1) 利他观念在小学六年级儿童中尚未得到完全的发展。(2) 不同年龄组儿童的选择反应存在着显著的年龄差异。小学二年级儿童已能在有选择的条件下有意识地助人，摒弃互换，能够理解不需要外部奖赏而做出以行为本身为结果的利他行为。直到四年级,儿童才基本上能够摆脱遵从权威的束缚,自愿引发助人行为,具有延迟满足的能力。(3)随着年龄的增长,儿童助人行为的认知判断从混沌一片向不断分化发展。

对小学生公益劳动观念的调查研究表明,小学生在6岁半时已初步具有了公益劳动的意识,对公益劳动的情感体验尤为突出,但真正形成这种观念则在9岁半左右。

对小学生的纪律观念的研究发现:(1)小学生纪律观念的认识发展具有年龄阶段性。小学三年级儿童大多数处在自我中心阶段,纪律观念较差;小学五年级儿童基本上能从常规习俗和伦理道德上来考虑纪律问题。(2)小学生对纪律观念的不同内容,在认识难度和发展速度上有明显差异。对个人与集体、下级与上级关系的认识较早,而对少数与多数、纪律与自由关系的认识发展较迟。(3)小学三年级到五年级是小学生纪律观念发展的关键期。

对小学生谦虚观念的研究发现,随年龄增长,没有谦虚观念的儿童人数比例显著减少,9~11岁有谦虚观念的儿童比例显著高于7岁儿童,且11岁儿童出现了一种新的观念,即他们认为做了好事就应该承认,没有必要谦虚。

总之,小学生的道德观念迅速发展,尽管各种道德观念的发展速度和水平具有差异性,但在小学高年级各种基本道德观念已经形成。

2. 道德判断

中国心理学家早就提出,儿童的道德判断从受外部情境的制约逐步过渡到受内心的道德原则、道德信念的制约。小学生在很多情况下,判断道德行为还不能以道德原则或道德信念为依据,而常常受外部的、具体的情境所制约。

皮亚杰采用对偶故事法对5~7岁儿童道德判断能力的研究指出,小学生往往是以造成损坏的大小来判断行为的好坏,而不管出于什么动机。莫雷在皮亚杰的基础上,增大原来材料中的行为动机错误程度的差异或缩小原来材料中行为后果严重程度的差异,对中国5~7岁儿童的道德判断依据进行研究。发现在上述两种情况下,儿童由原来的后果判断转为动机判断的人数均达到显著水平。儿童的年龄越大,转变的人数就越多。据此可以认为,这个时期的儿童在进行道德判断时会受到行为后果和行为动机两个方面的影响,只不过是行为后果的影响要大大超过行为动机的影响。随着年龄的增大,两者的相对影响逐步会此消彼长。

关于儿童对行为后果的道德判断的一些研究认为,儿童的道德判断从行为的直接后果(把好事等同于直接使人满意的事)向行为的长远后果(倾向于期待来日的奖赏)过渡,从行为的个人后果(把自己受到称赞或惩戒的行为说成是好的或坏的)向行为的社会后果(考虑到同伴会怎样评价自己的行为)过渡。

近年来的研究发现,行为动机和行为后果只是影响儿童道德判断较为重要的两个因素,其他如结果预期(行为者是否预先知道做出某一行为而导致的后果)、结果反应(行为者对行为结果的不同反应)、行为情境、言语情景、意图线索等,都会在一定程度上影响儿童的道德判断。

一项不同情境下小学生对说谎或说真话的理解和道德评价研究发现:(1)绝大多数小学生都是按事实成分来对说谎和说真话作出概念判断的,但集体观念已经对11岁儿童对说谎概念的理解产生显著影响,有26.3%的儿童认为集体谎(相对于个人,说谎更有利于集体,且主人公说了谎)不是说谎。(2)随着年龄的增长,小学生对个人真话(相对于集体,说真话更有利于个人,且主人公说了真话)的评价越来越消极,对集体谎的评价越来越积极,对集体真话(相对于个人,说真话更有利于集体,且主人公说了真话)、个人谎(相对于集体,说谎更有利于个人,且主人公说了谎)的评价基本保持不变。(3)当诚实原则和集体观念发生冲突时,7岁儿童更看重诚实原则,主要受到诚实原则的支配,9岁儿童的集体观念与诚实原则几乎是并驾齐驱,11岁儿童主要受到集体观念的影响。随着年龄的增长,小学生更多地从诚实原则和集体观念两个方面陈述评价的理由。

另一项关于说谎的研究发现,5岁儿童在作说谎或说真话的概念判断与道德评价时,还不会利用意图线索,而意图线索明确与否却影响7~9岁儿童的概念判断与道德评价。意图明确明显地促进了7岁儿童对白谎(为了不伤害他人情感而说的假话)的积极评价,也促使9~11岁儿童对直率真话的评价更为消极。从7岁开始意图线索开始影响儿童对伤害性说谎程度的评定,他们在意图不明确条件下更倾向于评定说谎程度为更大,但意图线索并不影响儿童对伤害性说谎的道德评价。

儿童的道德判断还存在从众现象。研究发现:(1)在属于社会认知的道德判断方面,8~12岁儿童存在明显的从众心理倾向。(2)年幼儿童的道德判断比年长儿童有更为强烈的从众心理倾向。

此外,权威因素也在一定程度上影响小学生的道德判断。在模糊道德事件中,成人权威的观点和意见对小学生的道德判断有重要影响,同龄权威和无权威的同龄人的观点、意见对儿童的道德判断影响很小。随着年龄增长,儿童抵制权威影响进行独立道德判断的能力不断增长。

(二)小学生道德情感的特点

道德情感是与人所具有的对于一定道德规范的需要直接相联系的一种体验,是一种高级情感。

小学生的道德情感主要是在新的集体生活下发展起来的。班集体和少先队集体在小学生道德情感的形成和发展上起着主要的作用。在集体中,为了完成共同的任务和达到共同的目标,儿童逐渐意识到个人和集体、祖国的关系,并在学习等日常活动中产生了爱国主义情感、集体荣誉感、义务感、责任感、正义感等。

中国心理学家对小学生道德情感的发展趋势进行了研究,主要涉及爱国主义、良心、荣誉、义务和幸福五个道德情感范畴,并将道德情感的发展划分成五个水平:(1)自然的、直接的情感(以直接感受到的痛苦与快乐为依据)。(2)由对直接的个人得失的预测引起的情感(对直接赏罚的预测)。(3)不是依个人意愿,而是按照社会反应而行动的情感(社会的奖赏的作用,借助于行为理想)。(4)不管自愿与否,由必须遵守道德行为准则的外部作用力引起的情感(不论愿意或不愿意都必须服从的外部作用力);(5)以被内化并结合成为自我的抽象道德观念为依据,不仅是自觉的,而且已成为一种激励的力量(具有高度概括性的、理论型的道德情感)。研究者认为,品德的发展应该是多层次、多水平、多深度的,所以道德情感发展不应以单维度来表示。其研究结果指出:(1)每个年级都有道德情感的五级水平。随年级的递增,高级水平逐步增加。低年级从第三级向第四级转化;中年级以第四级为主;高年级约有半数左右被试达到第五级水平。(2)小学三年级是道德情感发展的转折期,即一、三年级之间道德情感水平的差异较显著,而三、五年级的差异没有如此明显。(3)小学生的情感发展具有不平衡性。其表现是义务感最强烈,荣誉感次之,良心和爱国主义再次之,幸福体验最差。

国内外心理学家都对儿童的爱国主义情感进行过研究。海斯和托尼(Hess & Torney,1967)曾对美国小学生进行过调查,发现儿童忠于祖国的情感经历三个发展阶段:(1)低年级儿童处于"国家象征期",即儿童对国家的依恋或热爱表现在尊敬国家象征(如国旗、国歌及领袖)的言行之中。(2)中年级儿童处于"抽象国家观念期",即儿童以有关国家的抽象观念,如言论自由、竞争选举等作为爱国的根据。(3)高年级儿童处于"国际组织系统期",即儿童以国家为国际成员之一,以国家所担任的角色为其忠诚或热爱的对象。

中国学者对小学生的爱国主义情感的研究指出:(1)从小学末期起,儿童对祖国山河、领土的热爱逐渐加入了自豪感、依恋感等感情色彩。(2)小学低年级儿童是从朴素的乡土观念出发,体验到中国人应该为中国工作,中、高年级儿童则能初步理解个人和国家之间的利害关系。(3)小学生的国家尊严感是在初步的国家自豪感的基础上发展起来的。达到这种初步的国家自豪感的,一年级只占12%,二年级占25.9%,五年级占31%。在五年级有20.7%的被试明确地表现出国家尊严感。(4)小学生区分爱国主义和狭隘民族主义的能力并不强,他们只是从一般人际交往道德原则出发来看待国际交往及国际矛盾冲突,而且达到这个水平的人数也并不多。(5)小学一、三年级之间和三、五年级之间是爱国主义情感发展较快的转变阶段。

移情是一种重要而特殊的情感形式,对中国6~10岁儿童道德移情特点的研究发现:(1)面临特定道德情境,6~10岁儿童已能产生相应的道德移情反应,且这种反应有随年龄增长而增强的趋势。(2)面临个人和集体两类道德情境,6~10岁儿童对集体情境的道德移情反应强于对个人情境的移情,这种差异在相同感和气愤感的移情反应上表现较为显著。(3)面临人身伤害、财物损坏和声誉损害三种道德情境,6~10岁儿童对声誉损害情境的道德移情反应最为强烈,其次是对人身伤害情境,最后是对财物损坏情境。

(三)小学生道德行为的特点

道德行为是人在一定的道德意识的支配下表现出来的对他人和社会有道德意义的活动。佩克和哈维格斯特认为道德行为可分为不同的等级,小学生的道德行为属依从传统惯例行为型,其特点是依随社会的风尚,遵从集体的决策,自己不采取单独的主张与果敢的行动。

1. 亲社会行为

亲社会行为,即准备帮助他人或采取有益于他人的行动,如助人、合作、分享等。在教育的影响下,儿童很早就表现出一定的亲社会行为。随着年龄的增长,儿童不断接受各种社会强化,亲社会行为呈逐渐增加的趋势。角色扮演能力发展良好的儿童因为能更好地推断同伴对帮助或安慰的需求,往往表现出更多的助人行为和同情心。

中国6~12岁儿童均能作出一般助人倾向的反应,但8岁儿童的反应更强烈,也较为成熟。对利他行为的研究也指出,随着年龄的增长,儿童的行为一致性程度逐渐增加,年长儿童的道德行为与道德观念更趋于一致。中国5岁儿童已能表现出一定程度的"慷慨",9岁儿童同情和重视他人"需要"已占支配地位。

2. 攻击行为

攻击行为是儿童个性和社会性发展的重要方面,其发展状况既影响儿童品德和良好行为的形成与发展,同时也是个体社会化的重要指标。攻击行为是一种经常性有意伤害和挑衅他人的行为。儿童的攻击性具有一定的稳定性。一些研究表明,根据儿童在3~10岁表现出的攻击行为能够很好地预测其以后是否容易出现攻击和其他反社会倾向。儿童的攻击性水平具有很大差别,不同攻击类型的儿童在社会信息加工方面表现出不同的认知偏见。

进入小学以后,儿童能更熟练地、友善地处理纠纷,小学生的身体攻击有所下降。由于社会认知能力的提高,他们越来越善于区分偶然的和有目的的激怒行为,能够更好地推断他人的意图,并常常宽容他人的无意识的伤害行为,对有意识的攻击行为也常还以言语攻击而非身体攻击。但是,小学生在他人的动机模糊、不明确时,仍然缺乏良好的辨别能力。

欺负是一种特殊形式的攻击行为,通常情况下是指力量占优势的一方(一人或多人)对力量相对弱小的一方重复实施的攻击行为,其根本特征在于行为双方力量的不均衡性和重复发生性。欺负是中小学生中经常发生的一种攻击行为,对儿童的身心健康和学习均产生不良影响。

欺负行为一般划分为三种类型:直接身体欺负、直接言语欺负和间接欺负。直接身体欺负是指欺负者一方利用身体动作直接对受欺负者实施的攻击,如打人、踢人及损坏、抢夺他人财物等;直接言语欺负是指欺负者一方通过口头言语形式直接对受欺负者实施的攻击,如骂人、羞辱、讽刺、起外号等;间接欺负是指欺负者一方借助于第三方对受欺负者实施的攻击,如造谣离间和社会排斥等。

根据儿童的欺负行为可以预测将来的适应不良。同伴欺负行为通过个体的自我知觉和同伴知觉产生不良的心理作用。

研究发现,中国小学生欺负行为的发生率为20%左右,大致低于意大利和英国,高于挪威。总体上中国小学生欺负与受欺负问题的发生率随年级的升高而下降,其中直接言语欺负的发生率最高,其次是直接身体欺负,间接欺负的发生率最低;男生主要以直接身体欺负为主,女生主要以直接言语欺负为主;欺负者大多与受欺负者同龄或年长于受欺负者;有近半数的欺负行为发生在教室,其次是操场、走廊或大厅等其他地方;多数欺负行为发生在同班同学之间。

3. 道德意志行为

道德行为一般是由道德动机引起的。美国心理学家布鲁纳认为,意志活动的努力程度取决于动机。儿童入学后就开始有意识地参加集体活动,在教育的影响下,逐渐学会了有意识地控制和调节自己的行动。

对小学生道德意志行为的有关研究指出,在外部力量的作用下,小学生的道德意志控制力和自觉性会明显地表现出来,但这种控制力和自觉性还不能完全离开外部的检查和督促。

西方心理学家的研究也发现,随着年龄的增长,儿童的延迟满足能力也在逐步增强,他们逐渐学会控制自己的冲动。

4. 道德行为习惯

道德行为习惯是与一定的道德需要、道德倾向相联系的自动化的行为动作。

研究发现,小学生道德行为习惯的发展水平呈马鞍形,低年级和高年级较高,中年级较低。低年级儿童的道德行为习惯处于一种依附性很强的家长和教师权威阶段,其行为习惯具有不稳定性;随着儿童独立性和自觉性的发展,中年级儿童可能因破坏了原有的道德行为习惯而导致行为习惯水平下降,而高年级儿童的道德行为习惯已具有一定的自觉性和稳定性。由此可见,整个小学阶段是培养道德行为习惯的最佳期。

道德行为是受多种因素影响的自觉行为。一般来说,儿童的道德意识水平越高,儿童道德行为的表现水平也就越高,但二者不完全一致。有的研究者将儿童在假设情境下的言语反应与其在相似的真实情境中的行为反应相比较,发现儿童的实际行为水平低于道德推理水平。

此外,大量的研究证明,社会性强化、榜样、行为目标、行为后果以及短期训练都可能影响儿童的道德行为。

三、促进小学生的品德发展

小学阶段是儿童初步走出家庭,接触社会,了解生活,学习知识的新阶段,同时也是他们的基本道德观念、基础心理素质开始形成的阶段。在这个时期,儿童的身心发育速度很快,接受新事物的能力很强,所以思想品德教育,会对儿童今后的发展起到重要的影响作用。因此,小学生思想品德教育是学校素质教育的重要内容。一个人从小养成的思想品德会长远地起作用,甚至会影响一生。作为教师,要引导好、培养教育好每一个学生,应该率先垂范,为人师表,用自己高尚的人格、和谐的语言、规范的行为和真挚的情感去影响、启迪、塑造每一位学生,使学生沐浴在师德无限魅力的阳光雨露中,健康地、快乐地成长。

(一)在教育教学中用爱心魅力润育学生

实践证明,爱不仅仅是一种教育方法,也是滋润人心的巨大力量。在商品经济日益发达的今天,商品经济的浪潮对小学生品德的形成产生了一定的负面影响,教师真挚、纯洁、无私、高尚的爱能产生巨大的号召力、推动力,可以激励学生的上进心和自信心,促进学生智力和个性的健康成长。同时对小学生进行中华民族传统美德教育,从中华传统道德文化的精华当中,选取适合小学生年龄特点、认知水平的,符合当代小学生德育目标和德育发展方向的内容。随着小学生年龄的增长,到小学四五年级,学生情感的内容进一步丰富,他们已经能逐渐意识到自己的情感表现和情感判断及随之可能产生的后果,控制和调节自己情感的能力也逐步加强。他们主要以具体的社会道德行为规范为行为依据,同时,也开始出现以内化的抽象道德观念作为依据的道德判断。但这一时期,他们的情感极不稳定,情感判断也会出现偏差。教师要利用课堂教学、学校的各种活动、有意义的社会实践活动等,加强学生的品德教育,对他们的品德判断适时给予引导,逐步培养他们养成良好的品德。

(二)在生活中用行为魅力影响学生

"学高为师,身正为范。"教师的每一个行动都是给学生无言的教育。教师应为人师表,教师的言谈举止、衣着住行,都应起到表率作用,因为在小学生的眼里,自己的老师是神圣的,身教重于言教,所以教师平时面对学生一定要时刻注意自己的言行。要身体力行,平时走进学校、教室,一发现地面有废纸、垃圾就自觉拾起扔到垃圾箱里,扶正学生弄歪的课桌椅等,久而久之,学生会受到影响,也会模仿教师的行为。记得有一位教育家说过这样一句话:"做出的比喊出的有分量。小事情大内涵,大道理小行为。"因此,在教育教学过程中,教师不光动嘴去说服教育学生,更多的时候要用自己的实际行动影响学生。

(三)通过教育教学活动提升小学生的品德发展

小学生的身体各器官生长发育得很快,他们精力旺盛、活泼好动,但因为他们的自制力还不强,意志力较差,所以遇事很容易冲动,意志活动的自觉性和持久性都比较差,在完成某一任务时,常是靠外部的压力,而不是靠自觉的行动。为此,教师要精心设计,把品德的教育贯穿在教学的始终。还可以利用活动、故事等,说明冲动的危害,使小学生明白坚持就是成功的道理,培养小学生坚强的意志力。

(四)重视学校教育与家庭教育的沟通

小学生来自不同的家庭,受到不同环境的影响。家庭是孩子接触的第一个环境,家庭环境会给孩子人格的形成烙下难以磨灭的烙印,父母是孩子的第一位老师,也是他们终身的教师,在人一生的教育中,家庭教育处于初始和基础的地位。现实生活中,许许多多的父母不知不觉中忽视了德行的教育,"重智轻德"成为家庭教育的普遍问题。学校要加强对家庭教育的科学引导,积极开办家长学校,举办知识讲座。并与家长及时沟通信息,交换意见,形成协调一致的教育方式,互相配合,共同教育,把学校教育、家庭教育紧密结合起来,体现教育的整体性。

总而言之,良好思想品德的培养需要学生自身的长期努力和教师不断的督促引导及家长的积极配合。对学生思想品德的培养,必须持之以恒,像滴水穿石一样,一点一滴,经年累月,使养成教育真正变成学生的内在需要,促使他们自觉养成各方面的良好行为习惯,健康快乐地成长。

【阅读材料】

皮亚杰的认知发展阶段理论

著名心理学家皮亚杰认为人的认知发展可以分为四个阶段:

(1)感知运动阶段(出生至2岁左右)。这一阶段的儿童只有动作的智慧而没有表象的和运算的智慧。

(2)前运算阶段(约2~7岁)。这一阶段的儿童由于已经掌握了口头语言,开始从具体动作中摆脱出来,凭借象征在头脑中进行"表象性思维",他们使用的语词或其他符号还不能代表抽象的概念,他们的思维仍受具体直觉表象的束缚。其思维特征是:单维思维;思维的不可逆性;自我中心;反映静止的知觉状态;不合逻辑的推理。

(3)具体运算阶段(约7～11岁)。这一阶段的儿童认知结构中已经具有了抽象概念,因而能够进行逻辑推理。其标志是守恒观念的形成。这个阶段的思维特征是:多维思维;思维的可逆性;去自我中心;反映事物的转化过程;具体逻辑推理。

(4)形式运算阶段(约11岁至成人期)。这一阶段思维已经摆脱具体事物的束缚,把内容与形式区分开来,开始相信形式推理的必然效力。

皮亚杰的认知发展阶段论是以不变顺序、基础结构和连续整合为其特征的。儿童思维发展的连续性和阶段性的特点,启发我们:① 以新的角度来认识儿童认知发展阶段的划分标准。② 在不同的发展阶段,由于认知结构的不同,认识是以不同性质的方式获得的。③ 辩证地看待认知发展阶段与学习的关系。

推荐读物

1.[美]休斯(Hughes,T.L.)著.中小学生品行障碍——识别、评估和治疗[M].彭维等译.傅宏审校.北京:中国轻工业出版社,2012.

2.申宜真.小学生心理百科:1～6年级小学生父母教育必备[M].北京:世界图书出版公司,2011.

3.曾保春,钟向阳.小学生常见问题心理析因与辅导[M].广州:暨南大学出版社,2010.

4.文娟,李慧.如何与小学生进行心理沟通[M].北京:中国发展出版社,2009.

5.李澍晔,刘燕华.消除恐惧——小学生心理问题全攻略[M].北京:现代出版社,2010.

6.蒋光清,罗四维.中小学生心理呵护[M].北京:人民军医出版社,2012.

思考与练习

1.小学生的学习特点主要表现在哪些方面?

2. 小学生认知的发展特点有哪些?
3. 小学生思维品质的发展特点有哪些?
4. 小学生自我意识发展具有哪些特点?
5. 什么是社会认知?
6. 小学生社会认知发展主要有哪些特点?
7. 小学生品德发展有哪些基本特点?

第四章　初中生心理发展与教育

学习目标

理解初中生面临的心理危机，掌握初中生认知、个性及社会性、品德发展特点与教育理念及方法。

案例导读

独立意识的增强可以说是初中阶段学生心理发展的一个总体趋势，就像小鸟的翅膀慢慢变硬一样，初中生追求独立的心日益可见。但与此同时有一个问题会经常徘徊在初中生的心里，这就是：翅膀到底该硬在哪里？有些学生追求独立从学习独立开始，而有些学生追求独立却从"闹"独立开始。

张涛从小就有点桀骜不驯，大人管不了他，他也不服任何管教。初中二年级时，有一天，他突然跟家里人宣布：不读书了，到外地打工去。他要显示一下自己的能力，他相信自己挣的钱准会比种地的父亲来得多。于是，任凭家人怎样苦口婆心，任凭父亲怎样生气、母亲怎样流泪，他都不为所动迈出离家的脚步。半年后，在父母牵肠挂肚的苦思中，他回到了家，却是被人抬着回来的，因为他在一建筑工地干活时不慎摔伤了，老板不管他，在工友的帮助下他才有命回家。他已面目全非。昏睡了几天之后，醒来的他哭了，他第一次深切地感受到了家的温暖、父母的关怀，他抓住父亲的手，发誓好好学习，还要帮家里多干活……

这也许是一个极端的例子，但类似的"独立"故事确实时有发生。有的学生一方面闹着要独立，要飞翔，要自由，另一方面却依然习惯于衣来伸手，饭来张口，甚至连洗脚水都懒得倒！他们的翅膀硬了没有呢？又硬在哪里呢？他们配要求独立吗？

从心理发展阶段来看，初中阶段，是从少年到成年之间的一个过渡阶段。处于少年期的初中生在身心发展的各方面还比较幼稚，他们的心理发展遵循着一定的规律。

第一节 初中生面临的心理危机

初中阶段是从儿童的幼稚期向青年的成熟期发展的过渡阶段,是幼稚与成熟并存、面临诸多变化和转折的时期。此时的个体既要经历生理变化尤其是性方面的成熟,又要经历从小学到初中这种学校环境的改变。

这个时期还是个体认知、情感、意志、人格发生质的变化与转折的阶段。如果初中生比较顺利地适应了这些变化,身心就可能顺利地成长,并为将来进一步的发展打下良好的基础;若在某些方面的变化中遇到困难,又得不到及时的指导就有可能出现危机,给今后的发展造成不同程度的困扰。因此,初中阶段是人生进程中一个非常特殊的阶段。

一、初中生年龄阶段

在中国,初中阶段一般定在十一二岁至十四五岁,相当于少年期,又称青春期。是由童年向青年的过渡阶段,具体是指以第二性征出现为起点,身心各方面发生重大变化的时期。在生理上以性发育为主要标志;在心理上以意识到自己不再是孩子为主要标志,而这两者恰恰是同时出现的。

二、初中生心理的一般特点

初中阶段是个体身体发育的又一个突飞猛进阶段。此时,初中生身体各个方面都在迅速发育,并在2～3年内迅速达到成熟水平。与此同时,心理发展的速度却相对缓慢,处于从幼稚向成熟发展的过渡期。这种生理和心理发展的不平衡和急剧的转变使初中生承受着由于成长带来的矛盾与压力。一方面,他们产生了对成熟的强烈渴望、感受和追求,另一方面,他们在认知能力、人格特点和社会经验方面并没有成熟。这种生理成熟和心理成熟的"异时性"使他们处于一种"边缘人"的不稳定状态。这使得初中生在过渡期出现了矛盾心理,并决定了初中生是一个半幼稚与半成熟、独立性与依赖性、自觉性与幼稚性错综矛盾的时期。

初中生心理发展的矛盾特征具体表现在以下几个方面:

1. 反抗性与依赖性

初中生身体外形的变化使他们产生了"成人感",从而导致他们希望在心理和社会地位上也能尽快地进入成人的天地,摆脱成人的束缚和童年的一切,扮演新的社会角色,得到与成人一样的权力和地位。他们反抗儿童时代同成人形成的依附关系,甚至有时只是为了反抗而反抗,表现出不服从权威,不愿意轻易接受成人的意志或意见,常处于一种与成人相抵触的情绪状态,而初中生的这种要求在此时又常常受到成人的忽视和压抑,从而使他们表现出强烈的反抗心理。

与此同时,初中生在内心并不能完全摆脱对父母成人的依赖与屈从,只是依赖的方式和程度与过去相比有所改变,小学阶段时对父母的依赖更多的是在情感和生活上,而初中阶段则更希望从父母那里得到精神上的理解和支持,他们要求和成人平等交流思想,需要在自由自在、无拘无束的气氛中,同家长、教师平等地交流感情、倾吐心声,面对遭遇挫折时仍需要成人的帮助和指导。

2. 闭锁性与开放性

初中生不再像儿时那样外露与直爽,虽然心理生活更加丰富,但表露于外的东西却减少了,表现出闭锁性。这种闭锁性源于生理变化,智力、情感的深化和自我的发现。因为性成熟使他们对自己的生理变化感到既神秘又难为情而不愿意向别人吐露,于是只好自己研究自己。智力水平的提高使初中生对什么事情应该公开、什么事情应该保密有了更深刻的体会和理解,不轻易地表露自己的情感和思想。自我发现导致他们的心理活动更多地指向内心世界和关注内心体验。他们经常通过写日记来分析自我、保守秘密并减轻内心的不安和烦恼,在成人面前这种闭锁性表现得尤为突出。

初中生的内心冲突以及在现实中所遇到的挫折都比较多,对许多问题还不能用自己的力量和能力去解决,又不愿意求助于父母,担心有损人格独立,同时他们又常感到非常孤独寂寞。他们希望有人来关心和理解他们。他们不断地寻找能推心置腹倾诉的知己,渴望向他们敞开心扉,在知心朋友和同龄人面前会表现出开放性,毫无保留地倾吐自己内心的秘密,希望得到同情和理解。

3. 勇敢与怯懦

在某些情况下,初中生表现较强的勇敢精神,但这时的勇敢精神带有莽撞和冒失的成分。这是因为他们的思想行为较少受各种观念的约束,能果断采取行动而较少顾虑。但经验、认识的局限使他们对情境的危险性不能迅速分辨出来,意志水平发展的不完善加上强烈的情绪体验,使他们在考虑行为后果时常欠周全。

在另一些情况下,初中生又常表现出局促不安和怯懦。这是因为此时的初中生对自己过分关注,当他们面临缺乏经验的情境或自认为自尊感将面临考验的情境时,就会出现退缩和怯懦的表现。

4. 高傲与自卑

在初中阶段个体受自我评价和自我认识能力水平的局限,还不能对自己做出全面与客观的评价。他们常凭借一时的感觉来评价自己,从而使得对自己的把握往往随事情的成败而上下起伏。偶然的成功会使其沾沾自喜、自以为是;相反,偶尔的失败又会令其对自己产生怀疑,感到极度自卑。这两种情绪常在初中生身上交替出现,成为造成初中生情绪起伏不定的原因之一。

5. 否定童年又眷恋童年

初中生随着身体的发育成熟,有着很强的成人意识,一切行为表现都要与儿童区分开来,但他们又常留恋童年时无忧无虑的心情、简单的行为方式及很直接的情绪宣泄方式。在思想上,初中生虽然常把自己当作成人看待,但有时又觉得自己是个孩子。例如,愿意通过帮助别人来显示自己的能力,但又常常不认真对待或履行自己许下的诺言。上述现象反映了初中生心理不成熟的特点。

三、初中生的心理特征以生理方面的变化为基础

首先,初中阶段是一个新的迅速生长时期。儿童从出生到学龄初期,在身体生长方面,是由快而慢、逐步平稳发展的时期。到了初中阶段又开始了一个新的较快生长发育的时期。他们似乎突然长高长大了一些。在这个新的迅速生长的时期里,有机体各部分之间以及整个有机体和环境之间常常暂时失去平衡。他们的机体发育和肌肉力量的增长往往超过运动调节能力的发展,以致暂时产生一些动作不灵巧或笨拙之感。同时,初中生身体的突然增长,使他们意识到自己开始不再是"小孩子",这也就增加了他们在自我意识上的一些新体验。

其次,在身体迅速增长的同时,性成熟期开始了。所谓性成熟期,即性腺机能开始发生作用的时期。一般说来,女生的性成熟期的开始和结束都比男生早1～2年。性成熟现象首先引起身体外部的一些生理变化,如男生音调变低,上唇出现胡须,长出阴毛和腋毛等,这就是所谓的第二性征。性成熟现象也引起了心理上的变化,初中生开始意识到自己向成熟期过渡,少年开始意识到了性的存在,开始理解性所包含的意义,对性产生了关注,意识到两性差别,并对异性产生好奇心,产生接近异性的倾向,另外,他们也感受到了性的兴奋和冲动。

再次,在神经系统的发展上,特别是在大脑皮质的发展上,也发生巨大的变化。初中生脑的重量和体积增加得不多,因为小学毕业时,儿童脑的重量和体积,都已达到成人的95%;但是在新的更加复杂的生活条件的影响下,大脑的机能却有显著发展。此时神经元已完善化、复杂化,把脑的各部分联系起来的联络神经纤维在大量增加,传递信息的神经纤维的髓鞘化已完成;脑神经细胞的分化机能达到了成人的水平,沟回增多加深,兴奋和抑制过程逐步平衡,第二信息系统的作用有显著的提高,占据优势地位。

四、性成熟带来性意识的发展

性意识的萌发与觉醒是初中生心理发展的重要特征之一。

(一) 性意识的发展阶段

从我国初中生的整体情况和个体性意识发展的角度,结合赫洛克的理论,性意识的发展分为以下几个阶段:

1. 性意识的潜伏期

这阶段大约是在十岁以前的童年期。此时的儿童已知道男女两性生殖器的差别,但实际上并不清楚男人和女人本质的特征,对于自己和异性的交往也没有什么特别的想法。对性的问题还处于无知状态。

2. 两性疏远期

这一时期约在10~12岁左右,相当于小学高年级和初中低年级时期。男女生之间开始拉开距离,表现出回避、冷淡和疏远异性的倾向。例如男生爱挖苦女生,女生爱挑男生的毛病。这种乍看起来势不两立的倾向却隐藏着想要与异性交往的动机和愿望。

3. 性意识初步形成的爱慕期

这一时期的年龄约在12~17岁左右,这是青少年性意识表现和发展的重要阶段。此时,孕育于疏远期的与异性接近的愿望会逐渐明朗化,并以对性问题的关心、与异性交往的渴望、与异性实际接触的需求及性冲动的形式表现出来。

4. 性意识成熟的恋爱期

在18岁进入青年期以后,个体身心发展逐渐达到成人水平,人生观、价值观以及个性特点等基本定型,加上知识经验的深化与扩展,青年人开始能够真正认识两性的本质内涵和社会功能与义务,并能按社会认可的方式追求异性,获得爱情,进入恋爱期。

(二) 初中生性意识萌发的特点

处于性意识初步形成的爱慕期的初中生,其性意识萌发具有以下明显的特点。

1. 渴望了解性知识

对性问题的关心和注意通常是初中生意识形成的一个开端,这种关注常与性生理发育相关联,它总是出现在第二性征发育成熟的前后。调查显示,关心性问题的平均年龄为14.71岁,一般迟于初次遗精和初潮的平均年龄。

2. 对异性的好奇与爱慕

向往与异性交往是性意识发展的另一个很重要的方面。随着性生理和性心理的发展,他们内心常常会感受到异性的吸引,进而产生爱慕的情感,渴望与异性交往。向往与异性交往的平均年龄为 13.89 岁。在男、女生中与异性交往的原因有一定的差异。男生向往与异性交往的原因依次为:对方漂亮可爱,对方温柔亲切,社交需要,感到愉悦满足,感到有力量、有帮助。而女生向往与异性交往的原因依次为:感到有力量、有帮助,社交需要,感到愉悦满足,对方刚毅,对方温柔亲切。男女生的差异表现为,男生更多地注重女性的外表美丽和女性温柔的性格,而女生则更多地注重男生的内在气质以及男性的帮助。

3. 在异性面前表现紧张和兴奋

初中生在与异性交往中,会感到一种相互吸引的力量。他们希望在异性面前表现得更出色。在这种强烈的动机驱使下初中生往往显得过于紧张、兴奋,以至于有时在行为上显得笨拙、失态。

五、初中生生理成长与教育

(一)对初中生身体变化的态度和评价会影响其心理发展

初中生身体变化对心理的影响主要是通过个人、社会对这种身体变化的评价和态度发生作用的,而由身体变化直接导致心理改变的情况却很少。这些中介因素主要是指:初中生对身体变化的意义及其重要性的解释;这些变化是否符合社会文化正常模式的判断;对这种变化所做出的反应的理解。这些解释一方面依赖于初中生对自身变化的认知,另一方面还依赖于父母、同伴,以及社会对此所持的态度和看法。因此,由于初中生成长经历的差异,所处环境的不同,在解释其生理变化时将产生不同的结论,从而导致初中生心理变化上的个体差异与性别差异。

1. 一般影响

初中生体态的变化必然导致他们对自己的身体、容貌、风度等各方面的关注,表现出爱美之心日益加强。他们往往因为身体的健壮、美丽而心满意足、沾沾自喜,而对体型、容貌、姿态、语言等方面的缺陷和弱点十分敏感,并容易由此引起自卑、羞怯、敏感、忧愁。同时,体力的增强与性意识的萌发使初中生开始产生成人感。由此,他们常常在举止上模仿成年人,并要求别人像对待成人一样对待他们、尊重他们,给他们与成人一样的权利。但处于过渡期的初中生在经济上还不能独立,身心尤其是心理方面还没完全成熟。因此,许多需要无法得到满足,从而易产生紧张感和一些过激行为。随着经济的发展带来的营养水平的提高,初中生生理成熟的年龄逐渐提前,使生理成熟与心理成熟的距离更加大了。与此同时初中生的心理成熟又因环境的影响表现出相反的趋势,即心理成熟延后,学龄前期优裕的生活条件、入学后单纯的学校环境和学校教育期的延长等因素,无形中使初中生的生活与实际的社会生活相脱节。由于缺少人生的经历而造成他们心理成熟的延后,这就更加大了生理成熟与心理成熟的距离,从而使初中生身心失衡的现象随之加剧,他们将面临生理成熟尤其是性成熟带来的更长时间的困扰。

2. 早熟与晚熟的影响

初中生的生理发育存在着早熟与晚熟的现象,即他们在发育高峰出现的时间和发育的实际速度上的差异。初中生身体成熟的早晚往往导致成年人及同龄人对其行为的期望和评价的差异,这种差异对初中生心理发展及其社会化的进程会产生很大的影响。

早熟的男生一般比同龄的男生早1~2年开始发育,他们与正常成熟的同龄女生在心理上的体验更为相似,因而与同龄女生的交往具有共同的心理基础。由于他们身材较高大,体力和运动能力较强,在体育活动中表现出色,更易得到同伴的敬重和成人的青睐,成为受欢迎的人物或领导者。这些使他们在体育活动和学校及社会地位方面处于较为有利的地位,易于形成更为积极的社会态度,有利于自信心的发展。但人们对早熟的男生常常抱有过高的期望,而他们在心理上并不像成人认为的那样成熟,由此可能导致双方发生冲突,而使早熟男生的自尊心受到伤害。但总体说来,早熟对男生的心理发展,尤其对其自信心的建立比较有利。

早熟的女生似乎没有男生那样顺利。因为女生成熟本来就比男生要早两年左右。而早熟的女生又比其他正常发育的女生提前了1~2年,这样就使她们面临着周围同伴未曾经历过的变化,有一种与同龄人不同步的感觉,因而易产生担心和焦虑。如果此时父母和教师认为早熟女生能自己承担和习惯这种过早的生理变化,而不主动帮助她们解决问题和克服困难,就会使她们觉得难以与人相处,进而导致一些早熟的女生去社会上与年龄更大的一些青少年交流感情并在他们身上寻找归属感,甚至误入歧途。

晚熟对男生的心理影响较之早熟对女生的心理影响更为明显。晚熟的男生通常缺乏同龄男性的身体魅力,个子矮小,肌肉也不够发达,仍表现出孩子气。由于身材矮小,力量较弱,他们在体育活动中难以占优势,在与同伴交往中往往处于被动和次要地位。另外,晚熟的男生由于极力寻求别人的注意,有时显得容易紧张、爱多嘴。尤其在别人把他们看作孩子,而他们自己却希望别人把他们当作发育正常的人一样对待时,更易导致冲突。这使他们在人际交往中常处于不利地位,从而不可避免地会对其自我评价产生消极的影响,进而产生自卑感。

晚熟的女生由于青春发育期推迟了1~2年,一般不会有明显的不利影响。她们正好与同龄正常发育的男生一同进入青春期,这种同等水平的性认知为彼此间的交往提供了共同的心理基础。当然晚熟的女生看到早熟的正常发育的同龄女生具有了女性风采时,也会怀疑自己作为女性是否有什么不足之处,可她们一旦开始发育,这些疑问也就随之消失了。

所以,早熟的女生与晚熟的男生在青春期身体发育的变化与适应中遇到的问题较多,这些问题给心理变化带来的消极影响往往会持续很久。因此,作为教育者应该注意这些个别差异,要更加关心、了解这部分初中生的特殊要求,帮助他们正确地面对身体的变化,树立自信;同时,还应该注意对初中生提出适合他们身心发展的行为期望,使他们的需要、能力与外界的要求协调一致,保证初中生心理健康地发展。

(二)初中生生理成长与教育

初中生是处于11~15岁的少年,正处于青春发育期,身体发展迅速并出现第二性征,其情绪情感也处于一个快速发展的时期,所谓"疾风暴雨期"——这是一个较为特殊的时期。关注青春期少年是家庭、社会、学校的共同责任,青少年不仅自己要学习青春期生理、心理方面的知识,家长、教师及社会都应该给予正确的引导,帮助青少年顺利度过青春发育期。对初中生生理成长的教育体现在以下几个方面。

1. 生理知识的教育

在这一时期,要加强对初中生进行生理知识的教育,这一阶段是青少年身体迅速发育的时期,也是心理最不稳定的时期,学校、家庭、社会有必要对青少年进行相关的生理知识教育,让初中生了解他们自己身体的各种变化,理解这些变化是青少年正常经历的身体发育过程,正确认识自己,理解自己,接纳自己身体上和心理上的变化。家长和教师也要多了解青少年的各种身心变化,有针对性地进行引导教育,不可粗暴对待,社会媒体及文化也应该给予青少年正面积极的引导,避免造成不良影响。

2. 加强体育锻炼,养成良好的卫生、饮食、睡眠习惯,促进身体健康发展

加强体育锻炼,可以促进初中生身体的生长发育,有利于其身体素质的提高。体育锻炼可以促进初中生身体形态的发展,增加肌肉和促进体力的发展,促进肺功能、脑与神经系统的健康发展。初中阶段也要注意养成良好的饮食、卫生习惯,科学饮食,保证充足、全面、均衡的营养,保证充足的睡眠和适度的休息,劳逸结合,身体健康才能有生机勃勃的活力投入学习生活中。

有研究明表,青春期会出现睡眠的"时相延迟",即倾向于晚睡晚起,这种变化与青春发育期的生理变化有关:青少年脑内的褪黑激素比儿童和成人旺盛,晚上倾向于晚睡,但早上又起不来。在不用上学的日子里,如果不强制要求青少年几点起床,大多数人可能会在半夜上床,早上很晚起来。因此,许多学校要求青少年很早就到校是有问题的,这一要求与青少年的睡眠偏好正好背离。由于学业压力的增加,初中生睡眠的

时间正在减少,而睡眠不足是与青少年较差的学业表现和心理健康水平联系在一起的,也更容易出现抑郁和焦虑情绪。睡眠不足是初中生比较普遍存在的现象,值得教育部门及家长关注。

3. 开展青春期性心理健康教育

初中阶段面临青春期,这个阶段对青少年进行性心理健康教育是非常重要的。缺乏正规的性教育,一些初中生对自己的生理变化缺乏足够的知识和正确的应对方式,容易对性产生好奇心理,引导不当会导致行为偏差。学校通过恰当的方式进行性知识教育,对于初中生安全度过青春期有重要意义。青春期性心理健康教育主要包括青春期身体发育的特点、男女生殖系统的结构与功能、男女生的差异性和不平衡性、青春期生理卫生知识和对疾病的防范和认识等。加强对初中生性心理健康教育可以帮助初中生学会处理因生理快速变化而带来的心理问题,掌握相应的策略与应对技巧,树立健康的性心理与性价值观,妥善处理两性关系,顺利度过性困惑期。

第二节 初中生认知发展与教育

伴随着初中生生理和心理上发生的显著变化,其智力发展也取得了巨大进步。这种智力进步体现在量和质两个方面。在量方面的变化主要表现为初中生由于各种基本智力能力(如言语、感知觉、记忆、想象及思维能力)进一步提高和完善,能更轻松、更快捷、更有效地完成各种认知任务;在质的方面,主要表现在初中生认知结构及思维过程的具体变化上,新的认知结构的出现使得初中生在解决问题时,能逐渐熟练地运用假设、抽象概念、逻辑法则以及逻辑推理等手段,提高问题解决的精确性及成功率。

一、初中生注意、感知觉、记忆发展的一般特点

(一)注意发展的一般特点

1. 从以无意注意为主向以有意注意为主过渡

无意注意对初中生还起着至关重要的作用,很多经验或知识的获得全凭学生的兴趣。对感兴趣的活动就愿意参加,并能保持注意很长时间;相反,对不感兴趣或不新鲜的事儿就漫不经心,提不起兴趣。年龄越小,无意注意所占的成分越大。在小学二年级以前,无意注意就已出现,以后迅速发展,到初中二年级达到发展顶峰,而后缓慢下降。

与此同时,初中生的有意注意得到了迅速的发展,他们学习、活动的目的性、计划性和自觉性日趋提高。有意注意最终取代无意注意的主导地位。这个时候的学生已

经能够有意识地调节和控制自己的注意,专心致志地完成学习任务,这使得学校在安排学生的学习和活动内容时,能超越学生兴趣的限制,开设多门主要课程,利用其有意注意占优势的特点,促进其快捷地掌握系统知识。

2. 不论何种注意,都在逐步深化

无意注意虽然在初中阶段逐渐居于次要地位,但无意注意却有了进一步的深化,并达到成人的水平。这主要体现在产生无意注意的原因由外部为主转变为以内部为主。初中生自身的兴趣还很不稳定,也不一定有固定的兴趣中心。

无意注意得到深化的同时,有意注意也在逐渐发展并得到深化。有意注意是随着儿童在社会交往中对言语的掌握和使用逐渐发展起来,并在初中阶段才开始显露其优势。如在学习中不是只凭兴趣,而是能够克服各种困难,付出艰辛的劳动,用意志努力维持自己的注意。在此过程中有意注意逐渐向有意后注意转化。开始时,初中生需要强迫自己克服困难,甚至需要顽强的意志努力才能维持有意注意。不久,这种行为慢慢转变为自觉的,不需要付出意志努力的自动注意,即出现了"有意后注意"。从一般的有意注意向有意后注意的转化是初中生有意注意得到逐渐深化的体现。

3. 注意品质不断改善

初中生的注意趋向稳定,注意的稳定性增强。研究表明,注意的稳定性对初一学生成绩的影响比学习能力对学习成绩的影响更加明显。如果教师能对初一到初二学生进行注意稳定性的培养和教育,就会对初中生的学习产生重要影响。

初中生在初中阶段的注意广度已经接近成年人水平,但受自身知识经验和知觉对象的特点的影响仍然较大。

(二) 感知觉发展的特点

由于感知觉属于心理活动中较低级的形式,它出现早、发展快,所以许多简单、基本的感知觉在婴幼儿期已达到成人水平,较高级的感知觉与思维的概括性和语言的发展有关系。感知觉的发展是在小学到初中的这段时间内发生质变的。

观察力是感知能力的核心和重要表现,直接影响着学生的语文学习和写作等课业成绩,也与思维能力等其他过程的发展息息相关。所以初中生观察力发展的特点在某种程度上就代表了其感知能力发展的总体趋势。其具体表现为:① 观察目的更明确。初中生能使观察服务于一定目的,并持续较长时间。但他们的观察目的仍有很大一部分依赖于成人的要求,带有被动性。② 观察时间更持久。初中生在注意力和观察目的性、自觉性发展的基础上,观察的持续时间不断增长。③ 观察内容更精细。随着年级增长,初中生比小学生在观察精确性、完整性和系统性方面有明显的提高。这是初中生对观察对象本质属性的理解不断深化、语言表达能力不断增强的结果。④ 观察角度更概括。这是因为这个时期的中学生的分辨力和判断力增强。

(三) 记忆的发展

初中生正处于记忆力发展的"全盛时期"。

初中生记忆发展的总体趋势是随年龄增大而不断提高。初中生短时记忆广度随年级增长而不断增大。短时记忆的广度(容量)是有限的,一般人短时记忆的容量在 7 ± 2 个"组块"左右。初中生记忆的发展不单体现在组块数量的增加上,更重要的是体现在组块内容的丰富上,他们能把字结合起来作为一个组块来记忆。这种组块的记忆量的增加受材料性质的影响。当材料有意义时,短时记忆容量随年级增高而加大,短时记忆容量的发展到初二就达到了顶峰。

同一年龄的初中生,受所记材料性质的影响,记忆效果不一样。总的来说,对直观形象材料的记忆要优于抽象材料,对图形的记忆要优于词语。即使同样是语言材料,视觉记忆要优于其他感官的记忆。

随年龄增长,初中生有意记忆和无意记忆效果都不断提高,但有意记忆逐渐占主导地位。表现在中学生能逐渐根据不同的教材内容,提出适当长远的记忆任务,并主动选择良好的记忆方法。

儿童的机械记忆在 10 岁左右急剧上升,以后就停滞不前,而以理解记忆为主要记忆手段。所谓机械记忆,就是在不理解所学材料的情况下,逐字逐句地硬记下来。所谓理解记忆,就是根据对材料的理解,结合自己的经验精细识记。机械记忆在 10 岁左右得到快速发展后,一直保持几年的高水平,直到高中阶段,才随着年龄的增加而有所下降。

二、初中生思维发展的特点

初中生思维发展的主要特点是抽象思维开始占主导地位,他们的逻辑思维需要感性经验的直接支持。抽象思维包括形式逻辑思维和辩证逻辑思维两个发展阶段,两者都是对事物间接的、概括的反映。但在反映的深刻性、灵活性和全面性上有本质的区别。形式逻辑思维是从具体到抽象的过程,是先撇开事物个别性、差异性、矛盾性,片面、静止、抽象地反映事物某一方面的本质或普遍性。辩证逻辑思维是在形式逻辑思维的基础上,由抽象上升到具体的思维过程,将事物的个别属性、差异性和普遍性统一起来,在思维中恢复事物的本来面目,反映事物的矛盾运动,达到对事物全面的、灵活的、具体的认识。

(一) 形式逻辑思维处于优势

初中生形式逻辑思维已获得大幅度的发展,占主导地位,主要反映在以下三方面。

1. 运用假设进行思维

假设是对因果关系的一种猜想、推测。有了假设,思维才能有明确的目的和方向。建立假设和检验假设的能力,初中生比小学生的程度更高。他们已经能认识到现实只是由事实与假定构成的总体中的一个子集。在面临智力问题时,他们并不是直接去抓结论,而是首先挖掘出隐含在问题材料情景中的各种可能性,再用逻辑分析和实验的方法对每一种可能性给予验证,最后确定哪一种可能性是事实。

2. 推理能力不断提高,但发展水平不平衡

推理是由已知推出未知的思维过程。在整个初中阶段,初中生逻辑推理能力不断提高,但不同种类推理能力的发展是存在差异的。一般是归纳推理能力优于演绎推理能力。这是因为,人的认识总是由特殊到一般,再由一般到特殊,即先归纳后演绎,演绎推理总是在归纳推理的基础上进行的。初中生已具备了各种逻辑推理能力,但还是初步的,特别是在一些复杂的演绎推理方面能力还较差。

3. 运用逻辑法则的能力在不断发展,但存在不平衡

初中生运用逻辑法则的能力主要表现在对矛盾律、排中律和同一律的认识上。研究表明,初中生在掌握以上三类逻辑法则的总平均得分的正确率上处于不断上升之中。13岁初中生为68.26%,15岁初中生为72.78%。但初中生掌握不同逻辑法则的能力发展存在着不平衡,其中矛盾律掌握得最好,同一律次之,排中律最差。

(二)辩证逻辑思维迅速发展

初中生在形式逻辑思维占主导地位的同时,辩证逻辑思维也获得了迅速的发展。13岁时开始掌握辩证逻辑思维的各种形式。但由于这一时期初中生所掌握和领会的知识较为肤浅,缺乏对事物的深入了解,因此,他们的辩证逻辑思维的水平还较低。15岁时开始学习较为系统、深刻的知识,开始了解学科的基本结构、体系和基本规律,这时形式逻辑思维有了较大的发展,所有这些都为辩证逻辑思维的进一步发展奠定了基础。

(三)初中生思维品质的矛盾发展

初中生的思维品质有了较大的发展,但与心理发展的矛盾性特点相对应,初中生在思维品质的发展中也表现出明显的矛盾性,这种矛盾性在初中阶段表现尤为突出,具体反映在以下几方面。

1. 思维的深刻性与表面性共存

思维的深刻性是指思维反映事物的本质和规律,预见事物的发展进程的一种思维品质。与深刻性相对的是思维的表面性。思维的深刻性是思维品质的核心,它依赖抽象概括能力的发展,因而初中生随着抽象概括能力的提高,其思维的深刻性也有了明

显的发展,但思维的表面性还明显存在。初中阶段,学生在分析问题时还常被事物的个别特征或外部特征所困扰,而难以深入事物的本质中去,常表现为对自然规律和社会现象进行评价时易受表面特征的左右。

2. 思维的批判性与片面性共存

思维的批判性是指在思维的活动中善于严格地分析思维材料并精细地检查思维过程的多种思维品质。它具有分析性、策略性、全面性、独立性及正确性的特点。初中生随着自我意识和独立性的发展,在初二以后其思维的批判性得到了显著的提高。他们已经不满足于教师或教科书对于事物和现象的解释,开始不轻信家长和教师的"话"或权威的意见,喜欢独立地寻求和争论各种事物各种现象的原因和规律。他们常会独立地、批判地对待一切,能比较自觉地对待自己的思维过程,能有意识地检查、调节自己的思想。但初中生的思维批判性还不成熟,具有一定的片面性,主要表现为思想偏激与极端,不能全面客观地分析问题和解决问题。

3. 思维自我中心的再度出现

自我中心是指个体在思考问题或进行判断时受自己需要和情感强烈影响的倾向。初中生的思维表现出明显的自我中心倾向。此时,初中生虽然能正确地认识世界、分清现实与想象的区别、了解和考虑别人的思想,但他们不能明确区分自己关心的焦点与他人关心的焦点的不同。在心理上,他们制造出了"假想观众",他们感觉每天都受到他人的关注,因而他们非常重视别人对自己的评价,并产生过分夸大自己的感受的倾向,这使他们在分析评价事物时带有强烈的主观色彩,并对自己的形象和服饰非常在意。当初中生在一起时,他们都在欣赏自己而并不过多地去关心他人。他们还常将自己的是非观、审美观与别人混淆起来,以为别人应爱自己所爱,恨自己所恨,这是导致初中生常常不理解为什么父母的想法与自己的想法格格不入,从而导致冲突产生的主要原因。

同时,在初中生心里边有一个"独特的自我"。因而,他们倾向于夸大自己的感受,认为自己是独一无二、与众不同的。这使他们在对现实进行分析、判断和推论时,常按照个人的意愿进行,因而不免得出错误的结论。例如,由于初中生认为自己是独特的,对别人来说是危险的事情,对他们则不一样,所以常表现出一种盲目的冒险精神。

三、初中生的认知教育

初中阶段是人的一生中的一个重要阶段,在认知发展上处于一种既懂事又不完全明白的状态中,即各种认知过程都在发展而又发展不完善。因而,在教育中,教师既要向他们提出具体的、可行的要求,又不能奢望过高。

针对初中生感知觉发展的特点,在培养学生观察力方面,要提出明确的观察目的与要求,引导他们从多方面去观察,积极主动地思考,边看边想,对所观察的事物进行分析、综合、归纳和概括,发现事物的本质和规律。

针对初中生记忆发展的特点,让学生在充分理解学习材料的基础上发展意义识记的能力,善于把新旧知识结合起来进行意义学习,在知识教学中,注意学生注意品质的培养,教给学生记忆的方法和策略,帮助他们养成自我检查的习惯,提高记忆的能力。

针对初中生富于想象、崇尚英雄的特点,要教育他们区分勇敢与鲁莽、友谊和义气、大胆与粗暴等的界限。

针对初中生认知上易产生片面性和表面性的特点,教师要循循善诱,以理服人,用事实说话,使他们心服口服,逐渐改变他们敢于争论却常常缺乏依据,敢做又不善于做的缺点。

针对初中生思维上已能理解一些抽象的概念的特点,要加强学生思维品质的培养,引导学生广泛联想,举一反三,触类旁通,从多个角度探索解决问题,寻找可能的答案。教师在教学中要鼓励学生发表自己的见解,敢于怀疑权威,善于逆向思维,创设有利于创造的氛围,鼓励学生大胆创新,勇于质疑,教给他们分析问题与解决问题的思维方法,给他们提供思维训练的实践,促进学生创造力的发展。

总之,对初中生进行认知教育仍然要根据他们认知发展的特点和水平来进行,只有遵循初中生心理发展规律,才能取得良好的教育教学效果。

第三节 初中生个性及社会性的发展与教育

初中生随着生理上的迅速发育、认知水平的不断提高,其个性发展与人际交往也出现了新特点,其中主要特点有两个:第一是不平衡性;第二是极端性或偏执性。

一、初中生个性特点

(一)初中生自我意识的高涨

自我意识高涨是初中生个性发展的一个重要方面。自我意识是指个体对自己作为客体存在的各方面的意识,包括对自身机体状态的意识,对自己的感知觉、思维、情感、意志等心理活动的认识,对自己与客观世界关系的认识,对人我关系的意识。在个性的形成和发展过程中环境因素与生物因素的影响正是通过自我意识的调控才起作用的。自我意识就像一个过滤器,使个体有选择地接受外界环境的作用。在这一选择过程中,自我意识又赋予外界因素以特殊的意义,使其与原有的自我意识相一致。个体正是通过自我意识来认识自己,解释自己的经验并以此来预期自己的行为,进而在环境中获得动态平衡,求得独特的发展。因此,自我意识既影响着初中生个性发展的方向,又影响着其个性发展的连续性和稳定性。

从出生到成熟,自我意识有两个飞速发展期。个体生活的最初三年是自我意识的第一个飞速发展期,它构成了自我意识发展的基础阶段。初中阶段是继1~3岁自我意识快速发展后的第二个飞速发展期。此时的初中生,生理上的迅速发育,导致他们产生了"成人感",这使他们把注意力重新指向主观世界。初中生开始主动地对自己的内心世界和行为进行观察、分析。"我到底是一个什么样的人""我的特点是什么""别人是怎样看待我的",诸如此类的问题时常困扰着他们。这种自我意识的高涨使初中生长久地沉浸在自己的内心世界里。初中生喜欢写日记,这反映了他们希望了解自己、分析自己、关心自己成长的要求。他们的日记多是侧重于阐述自己的体会和种种内心感受,而这些又是不愿别人知晓的秘密。初中生内心世界的丰富使他们常常对周围的事物不管不顾,从而导致其个性上的偏执。他们唯我独尊,总认为自己正确,听不进别人的意见,神经过敏,感到别人似乎总是用挑剔的态度对待他们,他们充满自我炫耀的冲动,时常表现出标新立异、哗众取宠的举动。实际上这种自我中心主义和无意识的利己主义只是暂时的现象。

(二) 反抗心理的增强

反抗心理的实质是表现个性,突出自我。反抗心理是当个体自觉或不自觉地感受到某些方面行动的自由被剥夺时,激发的一种抗拒心理。反抗的目的是想确保行动的自由,而且这种自由对个体来说越重要,则心理的反抗越大。初中生反抗心理的出现主要有三个原因。

第一,自我意识的突然高涨,使他们有强烈的维护自尊的愿望,有旺盛的表现欲。他们通过反抗行为引起成人和社会对其存在和要求的重视。在这些活动中,初中生的自尊心和成人感得到了变相的满足,成人的斥责和批评反而使他们感到自己像一个成人那样影响着别人。

第二,反抗心理由初中生的中枢神经系统的兴奋性过强所导致。在正常情况下,当中枢神经系统的功能与身体外周相应部分的活动达到协调时,个体的身心方能处于协调状态。但在初中阶段个体性中枢神经系统的活动性明显增强,而性腺的机能尚未成熟,两者尚不协调,中枢神经系统处于过分活跃的状态,使初中生对于较弱的刺激也作出很强烈的反应,包括对他人的态度表现得过于敏感,常因区区小事而暴跳如雷。

第三,强烈的独立意识导致反抗心理。初中生的独立要求很强烈,这使他们产生对成人社会地位的追求和自认为是成人的心理感觉。他们试图像父母、教师那样自由自在地活动,并希望得到成人的理解和尊重。但是,在大多情况下,他们的自尊心是难以得到满足的,因为成人和社会在较多场合忽视了初中生极为敏感的心理需要,因而初中生常遭遇独立意识受到阻碍、自主性受到忽视或妨碍、个性伸展受阻等自尊心受到伤害的情况。在这些情况下,少年产生反抗行为和我行我素的行为。

初中生的反抗行为主要表现在如下几个方面:

第一,态度强硬,举止粗暴。这种反抗形式表现强度大、发生迅速,常使对方措手不及。性格外向的初中生常表现为这种反抗行为。

第二,漠不关心,冷淡对待。这种反抗行为不显露于外,而是表现在内隐的意识里,并不直接顶撞对方,却采取一种漠不关心的态度,对对方的一切置之不理。尤其是那些性格内向的个体,他们善于克制自己,不轻易暴露自己的情绪,在很多情况下反抗心理并不转化为外显行为。

第三,反抗具有迁移性。对某一个人的某方面不满,就将其全部否定;对某一个人不满,就对这个人所在团体的全体成员都持否定态度。例如,有相当数量的初中生往往以社会上一些个别不公正的事实来以偏概全地全盘否定正面宣传。

(三) 初中生情感发展的特点

初中生情感发展与这一时期的生理、认知、需要、人格的发展密切联系着。与儿童相比,初中生在情感识别能力、情感的体验、情感的种类及社会情感方面都有了较大的发展,并表现出矛盾特征。

1. 狂暴性与温和性共存

初中生的情绪有时表现出强烈而狂暴的特点,一些微小的刺激会引起初中生强烈的情绪反应。从生理方面来看,初中生内分泌腺的活动水平较高,尤其是肾上腺素的分泌增加,这与情绪的高度兴奋性有直接关系。初中生大脑皮层的神经兴奋过程强于抑制过程,刺激在神经中传导易引起泛化和扩散,这与情绪表现出易感性有直接的关系。

从心理方面来看,由于初中生的情绪与他们的需要、评价、预期密切相关,而这三者此时正处于变化和不平衡状态,从而导致情绪的易感与易兴奋。首先,少年的各种需要迅速发展,某些需要十分强烈,与满足这些需要有关的事物往往引起初中生强烈的反应。例如,由于初中生的自尊需要日益发展,而认识水平还不高,因此他们的自尊感体验十分敏感和强烈,往往把日常生活中的小事与自尊联系起来,出现自尊感过敏的现象。初中生常把自尊感放在其他情感之上,当自尊感受到伤害时,常常会表现出极大的愤怒,甚至会做出不理智的事情。

从社会环境来看,这时期影响少年情绪的各种因素大量出现,如学习成绩的好坏、人际交往的成败、对异性爱慕之情的萌发、面临升学就业等。而初中生自我意识的增强又使他们内心世界日益丰富,对外界事物的感受性也日益增强,但由于初中生的经验不足,认知结构不完备,对事物的评价和预期往往与客观事物不一致,进而导致强烈的情绪反应。客观事物越是超出预期,产生的情绪反应越大。所以,一些对成年人不构成情绪反应的刺激,却有可能激起初中生强烈的情绪反应,有时还会导致冲动性行为。

初中生的情绪有时也会在被文饰后以比较温和的形式表现出来。随着经验的增长、心理的成熟,初中生情感表达变得逐渐缓和和细致。他们能在某些场合较好地掩饰自己的情绪,有时对一件事明明是厌恶的,但出于某种原因,他们可以表现出不在意或较好的态度;对一个人或一个异性明明是爱慕的,愿意去接近,但由于自尊心或客观情境的限制,初中生会有意无意地表现出无动于衷,或作出回避的姿态。这是初中生适应能力的表现,他们开始注意到自己的情绪在特定的情境中表达的适当性。当情绪表现与他人和社会的评价不一致时,他们往往对情绪表现进行掩饰、克制,甚至用逆反的方式进行表现。

2. 可变性与固执性共存

情绪的可变性,是指初中生情绪表现具有起伏波动较快,情绪变化迅速,反应快,平息也快,情绪维持时间较短和喜怒无常等特点。

造成这种现象的原因主要有三个方面:

第一,初中生一方面自我意识增强,对自己的表现极为关心;另一方面他们对自己的价值判断还依赖于别人对他们的反应,所以常因得到他人的肯定而兴高采烈或因受到批评而消极沮丧。

第二,初中生的生理、心理、社会发展处于不平衡状态,使他们时常体验到心理上的各种矛盾冲突。

第三,初中生尽管在表面上情绪表现很强烈,但体验的深度并不与此成正比,一种情绪容易被另一种情绪所代替。

情绪的固执性,是指情绪体验上的一种顽固性。初中生有限的生活经验和发展尚不完善的辩证思维水平,使他们容易偏激地看待问题,进而导致情绪上的偏执。例如,一些初中生会因为遇到几次挫折,就完全被一种无助和抑郁的情绪所淹没,长时间不能自拔。

3. 内向性与表现性共存

初中阶段由于初中生自然活动领域的扩展、生理的成熟、社会环境的复杂,以及这些因素之间的相互交织作用,为其情绪体验提供了十分丰富的来源,加之心理上的发展,使初中生体会到人类所具有的不同层次、不同种类、不同强度的情感。例如,单单快乐就可以细分为舒适、愉快、喜悦、狂喜等不同的情感体验。同时社会文化因素对情绪的作用愈来愈重要。例如,初中生的恐惧感,儿童时期更多是由具体的事件引起(可怕的动物、黑暗等),而后转向怕考试失败、怕被人瞧不起、怕寂寞等社会因素引起。

初中低年级学生仍然带有儿童纯真、单一的情绪特点,其情绪活动具有外向性,各种情绪往往通过面部表情、身体动作显露出来。

发展中的初中生在体验丰富多彩、热情激荡的情感生活的同时,身体与心理、心理与社会之间发展的不平衡使他们还要经历情绪的困扰,受到孤独、失望、忧郁、愤怒、嫉妒等不良情绪的侵袭。虽然这是成长中所必须经历的,但若不能及时调整将会阻碍初中生的正常发展。因此,了解引起初中生情绪问题的因素,掌握调控初中生情绪的有效方法,对教育者来说具有十分重要的意义。

(四) 初中生情绪问题的成因

1. 生理因素

青春期带来的生理上的变化使初中生一改孩童时代的形象。外观形象的变化,使他们产生要改变自己在别人心目中的形象的迫切需求,但如何做、具有何种形象才能得到他人的认可,对诸如此类的问题他们一时还找不到满意的答案;同时,性成熟带来的好奇、羞耻和不知所措,生理上的早熟或晚熟导致外界的各种评价,也给他们造成了不安和烦恼。所有这些如不能得到适当的排解和正确的认识,则会成为初中生产生情绪困扰的原因。

2. 学习因素

学习是初中生的中心任务和进行自我评价的主要依据。在学习活动中,初中生一方面吸收科学文化知识,树立正确的道德观、价值观、人生观,同时也在成功与失败中积累经验。虽然在学习中遇到困难和挫折是正常的,但由于初中生自尊心敏感又争强好胜,使他们在面临失败时容易产生压抑感。在升学竞争的压力下,家长和教师对初中生的过高期望又使他们得到的消极评价多于积极评价,尤其是那些在竞争中"相形见绌"的学生所遭受的挫折就更大。这些外在的因素加剧了初中生不良情绪的产生。

3. 人际交往因素

初中生的人际关系主要包括与父母的关系、与同伴的关系、与教师的关系。在这些关系交往中产生的冲突往往是导致初中生情绪问题的重要原因。

在与父母的关系中,两代人对于金钱、社会、交友及学习生活中的具体问题的不同看法使初中生常感到父母不能理解他们的想法,而且他们的某些愿望及要求还往往遭到来自父母的阻止和干涉,由此造成他们与父母间的疏远和冲突。但此时初中生仍处于依赖地位,对于与父母的冲突极为敏感,这使他们一方面受诸如如何才能将与父母的关系再度恢复到儿童时期的那种亲密程度,怎样才能争得父母的理解和支持等这样一些问题的困扰,另一方面既害怕失去依赖又希望独立的心理,使青少年常在自责、内疚与愤怒、反抗的矛盾中深感烦恼。

初中生正处于交友的活跃期,特别注重同伴对自己的评价。当受到同伴的嘲笑、抵制、指责和冷落时会产生最不愉快的情绪。但由同伴关系带来的烦恼是不可避免的。这是因为：一方面初中生对友谊过分理想化，对同伴关系过分敏感，以至于任何微小的矛盾都会引起极大的情绪波动。另一方面，那些在学习中不占优势的学生更要经常面对同伴的冷落、排斥和威胁，这就更加剧了他们不良的情绪体验。

在师生关系方面，由于自我意识的发展，初中生对教师的态度已与儿童有很大的差别。他们要求教师用尊重、理解和支持的态度对待他们。但由于教师处于权威地位以及有些教师缺乏教育基本理论知识，他们不考虑初中生的心理，还是像对待小学生一样对待初中生。还有些教师只把精力放在少数尖子学生身上，使其他学生受到冷落甚至呵斥或贬低，挫伤了他们的自尊心，使其产生消极情绪。

二、初中生人际交往上的新特点

伴随着性的成熟，身体发育的急剧变化，自我意识的形成，认知能力的发展，初中生在人际交往上也日益显示出与童年完全不同的特点，并在人际关系上建立了新的模式。

（一）交往方式的变化

初中生改变了集体性的交友方式。儿童交友方式的主要特点是团伙性，即六七个儿童经常组合在一起进行交往和游戏。这种交往是以活动为中心的，内容以游戏、玩耍为主。到了小学高年级，这种交友的团伙形式发展到了顶点，然后就逐渐趋于解体。进入青春期后，初中生由于自我意识的增强，身心方面矛盾的出现而造成心理上的不安和焦躁，他们需要一个能倾吐烦恼、交流思想、表露自我并能保守秘密的朋友。这时，团伙式的交往已满足不了这种要求，因而他们交友时开始注重个人内在素质方面的特征，交往内容也逐渐从活动的外在层面向内在认识和体验方面发展。他们选择朋友的标准主要包括：有共同的志向与追求；有共同的苦闷和烦恼；性格相近；在许多方面能相互理解等。这一阶段朋友之间的关系十分密切，所建立起来的友谊相对稳定和持久。

（二）初中生同伴关系的变化

儿童期个体交往对象虽然从父母扩展到教师和同伴，但在情感上仍十分依恋父母。到了初中阶段，由于自我意识和独立性的发展，交往对象的重点开始向同龄伙伴转移，感情的重心也逐渐偏向关系密切的朋友。初中是学生结交知心朋友的高峰期。朋友这种关系对于初中生具有重要的意义，其原因有以下几个方面。

首先，初中生生理机能的变化使他们产生了从未有过的欲求体验，心理的闭锁性又使得他们在这些欲求冲动中羞于启齿。但是他们在朋友中，在相同经验的基础上，得到了客观上的沟通，彼此间爱护和支持、谅解以至体贴。关于性知识的奥秘，初中大多数是从同龄人那里知道的,他们的心理闭锁性只有在同伴中才能得到缓解。

其次,随着初中生需要层次的不断递增,他们不再局限于儿童时期低层次的生理和安全需要,开始上升到归属与爱的需要以及自尊和自我实现的需要。而友谊正是满足这些需要的重要途径。初中生寻求在心理上同朋友接近、相互理解,以及自我坦白的程度都达到了最大限度。初中生渴望受到他人关注,愿意得到别人的注目,并力求摆脱对成人的依赖,对别人的评价十分敏感。与年龄相仿、地位相近的人交往,则容易得到对方的理解和尊重,能提供父母所不能提供的心理稳定感、认同感和发挥自身能动性的机会和场所,与朋友分享共同的情感,在相互帮助和相互尊重中满足了自我发展的需要。

初中生选择的朋友大多在班内或校内,即选择空间距离较近的同伴,其中以同性同伴为主。朋友的标准主要有"同忧同乐相互关心""兴趣相投""弥补不足""思想、性格好""成绩优秀、有特长"。

初中生的友谊保持时间逐渐加长。这是由于:① 初中生已开始认识到友谊是唯一的个人关系;② 初中生的兴趣和爱好的稳定性随着年龄的增长而提高,友谊也因此而逐步深化;③ 初中生整合矛盾信息的能力提高了,能将一些细节放到次要地位,在人际关系上则表现得更为宽容了。但由于初中生对友谊的要求还较理想化,朋友之间要绝对忠诚、坦白、保守秘密,要求遵守无形的伙伴关系准则,齐心斥责朋友的叛变行为等,因而初中生的友谊也常常因一些矛盾而结束。

(三) 初中生与父母关系的变化

家庭是社会的基本细胞,是儿童成长的摇篮。父母是影响儿童早期成长的重要的人物。在初中以前,对孩子来说父母的形象至高无上,他们对父母既尊重又信任。当他们在生活中遭受困难或痛苦时,自然地求助于父母,父母既是他们的精神支柱又是避难所。但从初中开始,这种关系开始发生变化,首先在情感上与父母不如以前亲密了,不再像儿时那样与父母无话不谈,甚至开始挑剔父母,力图摆脱对父母的依赖获得真正的自我。初中生要求在心理上摆脱父母的控制的现象称为心理断乳。

初中生试图摆脱对父母的依赖时伴随着一系列的表现:

第一,他们常常要找到一个可以重新寄托感情的对象。这些对象可能是某个英雄人物,或是被社会赞许的理想人物,也可能是某位老师或大朋友。初中生还将一部分感情寄托在同龄伙伴身上,他们要在同龄人中找到对自己的认同。

第二,在行为上他们开始反对父母对他们的干涉和管制。由于这个时期自我意识发生的突变,初中生要求独立的愿望十分强烈,并表现出自我教育的要求,以及调节、支配自己各方面的独立性和自觉性。

第三,在思想上他们对于以前一直信任的父母的许多观点都要重新审视,而审视的结果往往与父母的观点不一致。出于初中生此时的抽象逻辑思维以及思维的独立性、批判性迅速发展,因此他们对于任何事件都喜欢自己进行分析和判断,不愿接受现成的观念和规范,表现出在观念上与父母的隔离。同时,随着初中生生活范围的扩大,与其他成人的接触交流增多也会使他们逐渐发现存在于父母身上的缺点。正是从前习惯于相信父母总是正确的过分理想化的看法,使今天父母的缺点更为突出,从而使父母的榜样作用削弱。

虽然父母与初中生的关系发生了改变,但父母的影响在许多基本问题上仍是最重要的。然而,由于心理断乳期的到来,打破了已往亲子之间平静的关系,初中生与父母间的矛盾明显地表现出来。矛盾的产生一般是来自双方的。

第一方面,从父母的角度来看,他们往往不能随孩子年龄的增大而改变对孩子的态度,仍常以儿童期的方法来对待孩子们,使得子女对父母的这些"幼稚"的处罚和约束深感不满。还有一些父母持有错误的教养方式。例如,把孩子当作其苦恼和冲突的发泄对象;或是认为孩子应无条件服从父母的一切要求而无须任何理由,否则就应实施惩罚。还有些家长望子成龙,却不对孩子予以指导和帮助,过分放纵孩子。在这样的家庭中生活的初中生会由于无所适从而变得爱惹是生非、爱挑衅。

第二方面,从初中生的角度来看,他们要摆脱对父母的依恋并不是一件容易的事。他们既想脱离父母而独立,又认识到自己实际上是依赖父母的。他们常在这两者之间进行斗争,在独立与依赖、反抗与自责、爱与恨、希望与恐惧之间波动。在这中间他们会变得任性、乖戾、自私,对父母冷漠,处处与父母对着干。生理成熟和心理成熟的时间差异使初中生因自我意识觉醒而产生"成人感",但对于成人社会地位的追求又难以得到满足,导致初中生极为敏感的自尊心常常受挫。初中生的许多违抗行为与其说是对父母的反抗,不如说是对其儿童期"自我"的反抗,以及对自己身上过于浓重的父母的影响的反抗。

第三方面,矛盾还来自于两代人的"代差"。所谓"代差"是指初中生和他们的父母由于在年龄、经历、看问题的角度等方面存在不同,因而形成思想、行为、价值观念等方面的差异。社会历史发展的速度越快,各代人之间的差异也就越大。在思想方面,年老一代比较稳重也较保守,年轻一代思想外放也容易偏激;在行为方式上,上一代人喜欢维持原有的行为方式,处事谨慎冷静,下一代人则喜欢冒险,行为变化快,追求效率,不拘泥于传统模式;在消费休闲、艺术欣赏等方面,两代人的差距尤其明显。这不仅是由于文化领域产品的更新速度快,而且也由于消费、休闲、欣赏都与年龄联系很紧密。

(四)初中生与教师的关系

教师是除了父母以外与初中生保持长久而密切的关系的主要成年人。与亲子关系及同伴关系相比,师生关系表现出它自身的特殊性。

在小学阶段,教师在儿童的心目中具有绝对的权威,甚至要高于父母。对教师的要求,他们几乎能无条件服从;对教师的判断,他们很少怀疑。这时期大部分儿童与教师的关系都比较友好。进入初中阶段,由于学生思维水平的提高,同伴之间交往的增多,教师的权威地位开始受到动摇,学生不再绝对地信赖和服从教师。他们对教师有了新的认识和要求,并重新以一种批评的态度去看待教师。表现为开始聚在一起对教师品头论足,但当他们在学习上遇到困难时,或者要完成复杂的具有社会意义的工作时,他们仍常常求助于教师。

随着年级的增高,到了初中毕业之前,初中生对师生关系有了更进一步的要求:

第一,他们要求从教师那里获得更多的尊重。由于初中阶段是自我意识发展的重要阶段,因而初中生对自尊、自爱等自我体验方面的感受十分强烈、敏感,他们力求维持这种体验,也希望别人的言行符合他们这种要求。如果教师满足了初中生的自尊需要,他们就较愿意接受教师提出的要求和期望,相反则会使学生产生抵触情绪,即使教师出于良好的愿望在教育中伤害了学生的自尊心,也会使他们产生反感甚至不满。

第二,他们对教师的学识尤其是专业水平和教学能力也有了更高的期望。在每一个初中生心目中都会有一两位最佩服的教师,他们会更努力地学习自己所喜欢的教师所教授的课程。

第三,他们期望从教师那里得到公正的评价和积极期望。教师根据学生的行为表现、人格特点会对学生形成一定的评价,进而对学生产生相应的期望。教师对学生作出正确客观的评价是非常重要的。教师在与学生的交往中自然要对其表现、行为进行归因,并形成一定的印象。在此过程中,教师要尽量避免认知上的偏见。由于教师的偏见带来对学生不公平的评判常常会引起师生间的矛盾,因此,教师在解释学生行为时要做深入细致的调查和分析,注意避免形成印象和归因时容易出现的一些误差,增强客观性,减少主观性。教师的期望在很大程度上影响着学生对自己的态度、评价及行为。教师对学生持积极期望,会促使学生增强自信心,努力提高学习成绩,加强与教师的关系;而对学生持消极期望,可能使学生产生自己能力低下的感觉,在学习上放弃努力,自暴自弃,与教师的关系逐渐疏远。

三、初中生个性及社会性的教育与引导

1. 教师要尊重、理解学生,促进学生健康人格的形成

针对初中生自尊心强、容易出现逆反心理的特点,教师有必要了解学生产生逆反心理的原因,科学、有效地引导学生在产生逆反心理时,学会自我调节和控制。教师要注意区分盲目反抗和合理拒绝的区别,前者是一种缺乏思考的机械的行为模式,后者是经过分析的理性的选择,体现了学生想要独立的个性特点,对此教师应给予尊重理

解。初中生的个性人格还处在形成发展过程中,有些经常受到教师斥责、惩罚的学生更容易敏感,有负性情绪,对教师怀有敌意,但又需要教师的体谅和信任。教师应该尊重学生,帮助他们解除顾虑,摆脱消极的思维定式。俗话说:"漂亮的孩子人人都喜欢,而难看的孩子才真正需要爱",教师应该尽量对学生和蔼可亲、态度诚恳,多与学生交流,让学生觉得教师真心对自己友好,消除其敌意和戒备心理。教师要尽可能多鼓励、赞扬学生,善于发现学生的优点,给他们提供表现的机会,让其有良好体验,帮助他们增加自信,树立良好形象。

2. 教师要善于营造良好的班集体氛围

学生在班级中生活,这种班级生活构成学生的"心理活动空间"。当代社会心理学家认为,集体中的心理气氛对学生人格的健康发展有重要影响。不同的班级具有不同的心理气氛,不同的情境产生不同的具体行为,学校的教育实践也证明,营造一个民主、宽容、善意的班级气氛,有利于学生心理健康发展。

教师要善于采取组织手段,在班级内组织起有一定层次的正式关系网络,为学生日益扩展交往范围、建立多样的生活联系、形成丰富的责任依从关系提供充分的条件,从而使学生逐步深入人际关系的各个方面去,使他们的精神世界变得更为充实美好。教师可以有意识地创设各种教育情境,充分发挥其教育效能,以培养积极的人际关系,减少消极人际关系的影响。

3. 教师要指导家庭教育优化

作为教师,要充分发挥家长的作用,争取与家长配合。家长如果能意识到应该从子女、自身双重角度考虑教育问题,合理调整教育行为,将会对改善家庭教育质量、提高家庭教育效果、纠正子女的不良心理和行为起到良好的作用。我们可以引进一个原理——适度原理。即父母对子女的教育和期望应适度,不可过高也不可过低,要符合子女的实际,否则家庭教育的功能可能会削弱。

首先,家长对子女应给予适度的爱。缺乏爱和过度的爱都会对子女的教育产生不利影响和后果。苏联教育家马卡连柯曾说过:"严厉的慈爱——是一个最难解决的问题。正如奎宁一样,正如食物一样,爱的要求是有一定分量的。"因此,父母对子女应该有理智、有分寸地爱。

其次,家长对女孩的期望水平也应符合学生的实际情况。有相当一部分家长,对子女期望过高,他们往往想把自己没有得到的东西让子女去努力得到。这种脱离子女实际、超越子女水平的家长期望容易引起子女的抵触情绪,家长必须改变期望。作为家长应该面对现实,合理地调整自己对子女的期望水平,这样才有利于子女的成长。家庭是学生成长的基石,学习家庭教育知识,做好家长的教育引导工作,也是教师工作的重要部分。

总之,初中阶段是个性形成阶段,有针对性地对初中生个性及社会性发展进行教育,对青少年一生的健康发展将有重要影响。教育者应该在了解初中生心理特点的情况下,对症下药,采取多种方法进行教育与引导。实践证明,在初中阶段对学生进行合理的关爱、疏导和教育,有利于初中生形成健康、积极的人格品质。

【阅读材料】

克里斯托弗·彼德逊和马丁·瑟里格曼提出的24种积极人格特征

(1) 创造力(原创性,独创性):思索新颖而有价值的方法来产生概念和做事情。

(2) 好奇心(兴趣,寻找新事物,开放式体验):对持续的体验和其内在因缘产生兴趣;进行探索和发现。

(3) 头脑开明(判断力,批判性思维):通过全方位测验来思考事物;公平权衡所有的根据。

(4) 爱学习:掌握新的技能、话题以及知识本体,不管是出于自愿还是形势要求。

(5) 洞察力(智慧):能对他人提出明智的建议;能着眼于对己对人有意义的世界。

(6) 勇敢(勇气):不畏威胁、挑战、困顿或苦痛;依觉悟而行,不论其是否被普遍认同。

(7) 持久(有毅力,刻苦发愤):做事有始有终;坚持行为方向,不论障碍险阻。

(8) 正直(可靠,诚实):自我表现诚恳;对自己的感觉和行为负责。

(9) 有活力(热情,积极,有魄力,有精力):使生活充满激情和能量;感觉活跃、活泼。

(10) 爱:珍爱与他人的亲密关系,尤其是那些相互分享、相互关照的关系。

(11) 善良(慷慨,关怀,关照,同情,无私的爱,"美好的事物"):为他人帮忙、做好事。

(12) 社会智商(情绪智商,个人智商):了解他人以及自己的目的和感觉。

(13) 公民权(社会责任,忠诚,团队协作):作为集体或团队中的一员好好工作;对集体忠诚。

(14) 公正:依照公平和正义的观念平等对待所有人;不要让个人感觉误导对他人的判定。

(15) 领导能力:促进集体,使个人在其中作为成员能完成事情并且同时维持良好的集体关系。

(16) 宽恕和仁慈:宽恕做错事的人;接纳他人的短处;给予他人第二次机会;不心怀报复。

(17) 谦虚/谦逊:让人的成绩说话;不自大。

(18) 谨慎:细心于自己的选择;不要冒不当的风险;不说也不做会事后后悔的事。

(19) 自律(自控):管理自己的感觉和行为;守纪律;控制自己的欲望和情绪。

(20) 欣赏美丽和卓越(敬畏,赞叹,上进):欣赏美丽、卓越以及/或在生活的不同领域的娴熟表现。

(21) 感恩:知道并感谢发生的好事情;多多表达谢意。

(22) 希望(乐观,为未来打算,为未来定向):对将来有最好的展望,并努力实现它。

(23) 幽默(爱玩):喜欢笑,给他人带来欢笑,看事物的光明面。

(24) 精神信仰(虔诚,守信,有追求):有对更高追求、生活意义以及宇宙意义的信仰。

第三节　初中生品德发展与教育

【阅读材料】

青少年品德不良与犯罪

青少年品德不良与青少年犯罪有着很高的相关性。许许多多青少年犯罪者,过去普遍存在品德不良。我国学者郭传琴等在1989年调查过违法犯罪少年157例,发现他们过去有行为问题的达到88.9%,有的少年还不止有一种行为问题,统计的比例是惊人的,如:暴怒发作的占10.3%,多动的占36.9%,逃学的占36.9%,离家出走的占35%,斗殴的占22.9%,偷窃的占38.2%。这就明白地告诉我们:青少年品德不良可以成为违法犯罪的基础或前提;青少年品德不良者比起一般青少年来,有更多的可能演变发展成违法犯罪者。

（资料来源：沈德立,傅安球.青少年品德障碍及其矫正[M].北京:教育科学出版社,1997）

一、初中生品德发展的总体趋势

初中阶段孩子生理上发生突变,身体各器官发育以及四肢发育逐渐接近成人。尽管他们半幼稚、半成熟,却总希望别人把他们当大人看待。初中阶段是良好品德形成和发展的第二个关键期。初中阶段即少年期的品德虽然具有伦理道德的特性,但仍旧不成熟、不稳定,具有动荡性,表现为道德观念的原则性、概括性不断增强,但还带有一定程度的具体经验特点;道德情感表现丰富、强烈,但又好冲动;道德行为有一定的目的性,虽渴望独立自主行动,但愿望与行动经常有距离。此时期,既是人生观开始形成的时期,又是容易发生品德两极分化的时期。青少年品德不良、违法犯罪多发生在这个时期。根据研究,初中二年级是品德发展的关键期。主要表现在：

第一,道德认识快速提升。在此阶段,个体表现出明显的积极性、主动性和独立性。他们开始意识到个人对他人、对集体和社会的责任,尽管他们会遇到个人力量不足的问题。他们开始主动了解自己的精神世界和他人的思想品质,并自觉地进行评价。只是这种评价是模仿他人的评价尺度,缺乏一定的客观性。

第二,自我意识提高,自律性加强。这一阶段,小学时的任性和游戏色彩会逐渐减少,被较为自觉的意识所代替,他们开始关注自身生理、心理的变化,关注自身道德修养的提高,对道德修养的反省和监控比小学阶段明显增加,这为产生自觉的道德行为提供了必要的前提。

第三,道德理想、道德信念开始形成。这一时期,他们常以具体的道德形象作为自己追求的目标,对于崇拜的人物或道德行为,会努力去模仿。有时带有主观性和片面性,还没有完全摆脱情感冲动的特点。

二、初中生道德判断的特点与教育

根据柯尔伯格道德认知发展论,初中生的道德判断发展基本处于习俗水平,这一水平的主要特点是满足社会的希望、舆论,较全面地关心别人的需要。因而,在集体中,许多学生能积极地为社会、为班级做好事。但是,初中生处于人生观的萌芽时期,认知能力还有限,他们常常处于一种"似懂非懂"的状况。比如用偷窃的东西来捐赠,通过打架斗殴为弱者鸣不平,利用考试作弊帮助学习差的学生提高分数等。表面上是在帮助他人,实质上却违反了道德准则。另外,初中生对广播、电视及网上信息都有兴趣,但由于世界观还未完全形成,对真善美、假丑恶的辨别能力还不强,因而形成了求知欲强与辨别能力低的矛盾,容易被表面现象所迷惑、被不健康的思想意识所侵蚀。针对这一特点,教育者要注意引导,发现学生不良行为要耐心引导,循循善诱,晓之以理,动之以情,给学生改过的机会。

三、初中生道德信念的特点与教育

初中生开始形成道德理想、道德信念,世界观开始萌芽。这一时期,他们常以具体的道德形象作为自己追求的目标,对于崇敬的人物和道德行为,会努力去模仿。有时带有主观性和片面性,还没有完全摆脱情感冲动的特点,理智性不够。同时,他们对世上的许多事情感兴趣,对许多重大问题希望知道答案,这就是世界观问题有了初步萌芽。对初中生的道德理想教育、道德信念教育是非常重要的。教育者应帮助初中生树立正确的道德理想和道德信念,对于他们心目中的道德形象,应加以肯定和强化。教育者如有不同看法,应以分析的态度与初中生讨论,让初中生自己去认识,不能把意见强加给初中生。对于初中生的兴趣,也应向正确的方向引导。学生的科学知识越丰富,越有利于科学世界观的形成,教育者要支持中学生丰富知识,引导他们形成正确的价值观和世界观。

四、初中生道德情感的特点与教育

初中生道德情感日益丰富且易于激动。他们不再像小学生那样简单地用"好人""坏蛋"来评价人,开始体察到人的许多细腻的情感。他们容易偏激,忽冷忽热,情绪化。处于顺境,受到表扬,他们会激动、兴奋;遭到挫折,受到批评,他们又会垂头丧气,失去信心。如果遇到有人跟他们的观点不一致,他们会同别人进行激烈争论,维护自己的观点。对于初中生的这些表现,教育者切不能以偏激对偏激,不能以冲动对冲动。发现初中生偏激的时候,教育者要保持冷静,尽力做到心平气和,或者暂把问题放一放,待双方冷静下来再进行讨论。有些教育者面对偏激的青少年,不能控制自己的情绪,与初中生斗气施威风,可能会激起初中生更强烈的反抗心理,给初中生的心理健康发展带来不良影响。

五、初中生道德意志的特点与教育

初中生的道德意志迅速发展,行为的自主性、坚持性、独立性增强。有时,他们的自信表现得很强烈,认定一件事情,就非要办成不可,难免显得执拗。他们可能决心坚持到底、克服困难,以表现自己的意志力,也可能遭遇困难而半途而废,灰心丧气。对于这一特点,教育者要善于支持他们的正确选择,事先帮他们分析可能遇到的困难,在达成目标过程中给以精神上的支持和具体的帮助。如果他们的选择不妥,应及时与他们讨论,让他们提高认识,重新选择。这就要求教育者平时多与初中生沟通,了解他们在想什么,要做什么。对于初中生在生活、学习中表现出来的意志力,应及时诚恳地给予赞美。

六、初中生道德行为的特点与教育

初中阶段是孩子良好道德习惯形成的时期。小学时的习惯还是不稳定的,好习惯可能倒退,坏习惯也可能发展。没有掌握适宜的道德行为方式的学生,常常会好心办坏事,或由于不当的行为方式造成不良的后果,给自己带来负面的影响。因此,教育者要认真分析学生的习惯、行为,强化好的行为,矫正不良行为。任何习惯都是从一个个行为开始培养的,良好行为经过多次强化就会成为良好习惯;反之,不良行为多次强化之后就成为不良习惯。教师指导学生掌握道德行为的途径包括:说服教育、榜样示范、价值辨析、群体约定、奖励与惩罚、角色扮演、小组道德讨论等。

【阅读材料】

有一次,李老师组织班集体外出活动,在马路上他们看到一个高大的小男孩,按住一个瘦弱的小男孩拼命乱打,被打的那个又哭又叫。老师正要上去劝阻,突然从班级队伍中蹿出一位身体结实的男同学,不管三七二十一,抡起拳头便把那个高大的男孩打倒在地,博得了一片喝彩声。对这种过失行为,经验丰富的李老师并没有贸然地加以训斥与批评。他思索了片刻,说了这么一句话:"你的这种做法是出于高尚动机的野蛮行为!"这位同学听到老师这样恰如其分的评价,心理十分激动,同时感到十分内疚,脸唰地一下红了。

接着,李老师诚恳地向他提出:"希望你能够用高尚的行为来体现高尚的动机!"这位男同学不时点头,心悦诚服地接受了老师的意见,表示今后不再打人了。李老师又具体教导这位同学,以后再遇到这种情况,首先要控制自己的情绪,把头脑冷静下来,然后将矛盾的双方劝开,把情况了解清楚,分清谁是谁非,最后发表自己的意见,以理服人。千万不能靠拳头去解决问题,否则只会激化矛盾。实事求是的分析,真诚恳切的态度,使这位同学深受教育,不仅提高了认识,也学会了正确的行为方式。

推荐读物

1. [美]约翰·桑特洛克(John W. Santrock). 青少年心理学[M]. 寇彧等译. 北京:人民邮电出版社,2013.

2. 陈筱洁. 初中生常见心理问题及疏导[M]. 广州:暨南大学出版社,2013.

3. 吴增强. 初中生心理辅导指南[M]. 上海:上海科技教育出版社,2007.

思考与练习

1. 初中生感知觉、注意、记忆、思维的发展有哪些特点?
2. 初中生自我意识的发展有哪些特点?
3. 初中生情感的发展有哪些特点?
4. 初中生的人际交往有哪些特点?
5. 初中生与父母、与教师的关系有哪些变化?

第五章　高中生心理发展与教育

> **案例导读**
>
> 　　一位高二的男生，怕父母动他的抽屉，翻看他的日记和信件，便在抽屉最上面放了一张白纸，纸上放一根头发丝。第二天，他发现头发丝不见了，显然抽屉被人动过了。第二次，他在抽屉中放了一张纸条，上面写道：侵犯人权！结果，抽屉还是被动过。第三次他骂道：窥视的人是不应该受到尊重的！这下可闯下了大祸，父母一反常态，当着这位学生的面打开了抽屉，说：尊重就是尊重父母师长，还轮不到你。这位学生据理力争："你侵犯了我的公民权！"做父亲的却一笑："你在外面有公民权，在家中只是我的儿子，不是什么公民！我是你爸，就有权看你的日记和信件。"
> 　　如果家庭中发生类似的情况，家长最好能够尊重孩子自我意识的发展，爱护孩子的独立人格。如留给他们个人的生活空间，尊重他们的隐私权，给孩子应有的尊重，同时与孩子多沟通，通过情感的纽带让孩子学会尊重父母。

　　经过初中阶段的过渡，个体生理和心理发展基本成熟，初中阶段所经历的那种情绪上的动荡、不安等已逐渐平息，自我意识也初步确立，于是个体进入了高中这个相对平稳的发展阶段。

第一节　高中生认知发展与教育

一、高中生的年龄阶段

　　高中阶段是指从十四五岁到十八九岁这一时期，相当于青年初期。进入这一时期后，高中生的身心各方面已经达到了相当成熟的水平。

二、高中生的一般特征

第一,在身体形态方面,高中生的各项形态指标先后出现增长速度减慢、年增长值减少的趋势,在体内器官的成熟和机能方面,个体的心脏机能加强,肺活量增大,肺的发育进入成熟阶段。

第二,当此阶段结束时,高中生比初中生更关心国家大事,对政治问题逐渐感兴趣,开始认真思考社会问题。他们希望参与社会生活,力图了解社会,这使个体社会化的速度加快。

第三,开始考虑如何选择未来的学业和生活道路。高中阶段是个体同未来发生关系最长的时期。他们对未来充满向往也具有更广阔的发展空间。进入高中,意味着将要面临择业或继续求学等问题的选择,这种向往发展与面向未来的特性,使他们特别关心社会的发展和个人的前途,并开始设计自己的人生。

高中生的学习内容更加复杂、深刻,生活更加丰富多彩。这些变化对高中生的认知发展提出了更高的要求。新的需要与原有的认知结构之间的矛盾成为内在动力,推动着高中生智力的发展。高中生智力的发展,一方面表现在其观察能力、记忆能力、想象能力等能力的发展变化和完善上,但更主要的是体现在其思维能力的提高上。所以,通过对高中生抽象逻辑思维发展特点的考察,就可以了解高中生智力发展的主要特点。

三、高中生抽象逻辑思维发展的特点

初中阶段,虽然抽象逻辑思维在个体的智力发展中占有一定的优势,但在很大程度上,这时的逻辑思维还需要经验的支持;进入高中阶段后,学生的抽象逻辑思维则属于理论型,高中生已能在头脑中进行完全局限于抽象符号的推导,能以理论做指导去分析、解决各种问题。高中生抽象逻辑思维发展的总特点可概括为下面三个方面。

(一) 抽象逻辑思维已具有充分的假设性、预计性及内省性

从高中阶段开始,学生在思维中运用假设的能力不断增强。假设是对因果关系的一种猜想、推测。运用概念和假设进行思维活动时,他们开始能按照提出问题、明确问题、提出假设、检验假设的完整过程去解决思维问题。

此外,高中生的思维更具有预计性。即在解决问题之前,能事先形成打算、计划、方案以及策略等。

从高中阶段起,思维活动内省性增强,即学生思维活动的自我意识或监控能力更加明显化。具体表现为,他们已经能够意识到自己的智力活动的过程,并在一定程度上控制这一过程,使解决问题的思路更加清晰,判断更加明确。

(二)形式逻辑思维处于优势,辩证逻辑思维迅速发展

形式逻辑思维和辩证逻辑思维是抽象逻辑思维的两个不同的发展阶段,它们的发展和成熟,是青少年思维发展和成熟的重要标志。

高中生的形式逻辑思维已获得了相当完善的发展。与此同时,辩证思维也获得迅速发展,并且表现为,思维过程中的抽象与具体在一定程度上的统一。

高中生在实践与学习中,逐步认识到一般和特殊、归纳和演绎、理论和实践的对立统一的关系,并逐步发展着那种从全面的、运动变化的、统一的观点认识问题、分析问题和解决问题的能力,这些都是高中生辩证思维发展的标志。

(三)抽象逻辑思维的发展在高中阶段进入成熟期

从初中低年级开始,学生的抽象逻辑思维开始由经验型水平向理论型水平转化,到高中二年级,这种转化初步完成,这意味着他们的抽象逻辑思维趋向成熟。主要表现在下述三个方面:第一,各种思维成分基本趋于稳定状态,基本达到理论型抽象逻辑思维的水平;第二,个体的思维差异,包括在思维品质和思维类型上的差异已经基本上趋于定型;第三,从整体来讲,思维的可塑性已大大减少,与成人期的思维水平基本保持一致,甚至在某些方面的思维能力还高于成人。

四、高中生形式逻辑思维的发展特点

高中生形式逻辑思维的发展,主要表现在其概念、推理能力、逻辑法则的运用能力等三个方面的发展特点上。

(一)高中生概念的发展

关于在校青少年字词概念发展水平的研究表明,高中生理解字词概念的能力存在着明显的年龄特征。进入高中阶段后,达到接近本质定义和本质定义水平的人次要比初中阶段多,掌握字词概念的数量也比初中多,同时,高中生还能较正确地对社会概念、哲学概念和科学概念作出定义。

关于高中生获得几何概念认知操作的发展研究表明:高中一年级时,大部分学生能够根据某一几何概念的本质属性正确评价相应概念的正例证和负例证,而且许多高中生能够通过分析,比较某一几何概念的正例证和负例证,给出这一概念的本质内涵。

从分类能力来看,初、高中生的相应能力可以分为四级水平:一级水平——不能正确分类,也不能说明分类的根据;二级水平——能够正确分类,但不能确切地说清分类的根据;三级水平——能够正确分类,但不能从本质上说明分类的根据,仅能从事物的某些外部特征或功用特点来说明分类的根据;四级水平——能够正确分类,并能从本质上说明分类的根据。高中生对概念的分类,达到第四级水平的居多,所说明的分

类根据能揭露事物的本质,理论性较强。所以,高中生所掌握的概念,逐步摆脱了零散、片面的现象,日益成为系统的、完整的概念体系。

(二)高中生推理能力的发展

有关研究表明,高中学生在形式推理能力的发展上存在着一定的年龄特征。从高中一年级开始,学生的推理能力有明显的进步,各种推理能力都得到了较好的发展。高中二年级以后,学生的推理能力已基本达到成熟,各种推理能力都达到了比较完善的水平。

(三)高中生运用逻辑法则运用能力的发展

高中二年级的学生在掌握和运用逻辑法则方面已趋于成熟。同时,他们在掌握不同逻辑法则的能力上存在着不平衡性。比如,在对三类逻辑法则的掌握上,矛盾律和同一律的成绩明显高于排中律;再如,在三种类型的问题(正误判断、多重选择和回答问题)中,对逻辑法则的应用水平也不一样,其中对正误判断问题的总成绩最高,多重选择次之,回答问题的成绩最差。

五、高中生辩证逻辑思维的发展特点

辩证思维,是反映客观现实的辩证法,是主体自觉或不自觉地按照辩证法所进行的思维。

高中生辩证思维的发展,与其自身的实践活动有密切的关系。随着年龄的增长,在学习、生活、活动及人际关系等方面,高中生需要有新的思维形式和思想方法,需要用对立统一的观点去分析问题,需要发展辩证思维。

国内研究表明,在校青少年辩证逻辑思维发展的趋势是:高中生的辩证逻辑思维已趋于优势地位。造成这种发展优势的原因很多,主要有以下两个方面:

第一,高中生学习内容更加复杂、深刻,在各种课程中渗透了辩证唯物主义原理,而且开设了哲学基础课,使之逐步形成辩证唯物主义观点,这样使高中学生的辩证思维开始占优势地位。

第二,高中生已经开始走上独立的生活道路,未来的理想成为他们新需要的组成因素,整个社会、学校、家庭要求他们自觉地从事学习和劳动,学会正确地处理好各种关系及各种问题,这不仅要求他们能够独立进行思维活动,而且还要求他们要有正确的思想方法。以上这些主客观因素使高中生对事物及世界的认识更趋于深刻、完善,不仅能认识事物的本质属性,而且还能揭示事物运动发展变化的原因和它们的对立统一的关系,因此,他们的辩证逻辑思维必然随之发展,并逐步占据优势地位。

高中生的辩证逻辑思维的发展,是与他们的形式逻辑思维的发展相辅相成的。当然,高中生形式逻辑思维的发展水平高于辩证逻辑思维的发展水平。而且,他们的形式逻辑思维发展较为稳定而匀速,而辩证逻辑思维的发展则比较迅速。形式逻辑思维和辩证逻辑思维毕竟是一个人抽象逻辑思维的两个不可分割的组成部分,前者是后者的基础,后者是前者的发展,两种思维形式的相互促进,使得高中生的思维水平更高、更成熟、更完善。

六、促进高中生智力的发展

高中生智力发展最主要的体现在于思维过程的训练,应该在教育教学中实现。

(一)课前教师精心备课

高中教师课前需要认真了解学生情况,精心备课。好的课堂需要各方面的精心准备,只有这样才能真正把握住学生的思维特点,促进高中生智力的发展。

(二)课上抓住学生,促进高中生智力的发展

课上,高中教师要抓住学生。通过精心设问、巧妙组织活动,培养学生的思维能力。在这一过程中,教师先不要打断学生的思路,哪怕错误的也不要马上纠正,而应及时进一步设问,逐步把学生引导到正确的思维上来。注重让学生自己体验学习成果,切忌直接告知学生答案等。高中生应该培养三种思维习惯,分别是:

1. 站在系统的高度掌握知识的思维习惯

很多高中生在课堂上进行学习时,习惯于跟着教师按部就班地进行学习,不太在意章节与学科整体系统之间的关系,只见树木,不见森林。随着所学知识内容的不断增加,高中生就会感到所学内容繁杂,思路不清,且记忆负担增加,学习吃力。事实上,每门课程都有其自身的知识体系,学习一门课程前,首先应了解这一知识体系,从系统上把握所学知识,弄清每一部分在整个知识系统中的位置,学习课程知识后,教师应引导高中生对所学知识进行总结,使知识形成有组织的系统,这样做往往能起到事半功倍的学习效果。

2. 追根溯源,寻求事物间的内在联系的思维习惯

高中阶段的学习,由于知识量的增加,最忌死记硬背,特别是对于理科的学习,重要的是要弄清楚道理,不论学习什么内容,都要问为什么。好奇往往是培养学习兴趣的重要途径,养成爱追根溯源这种思考习惯,有利于思维品质的训练。高中生在学习过程中通过独立思考,对信息进行加工,增强对所学知识的理解,促进了智力发展,提高了学习效果。

3. 养成联想的思维习惯

知识的学习主要通过思维活动来实现,知识的掌握固然重要,但更重要的是通过

知识的学习提高智力水平,智力水平提高了,知识的学习就会变得容易。教学中引导学生注意新旧知识之间、学科之间、所学内容与生活实际等方面的联系,不要孤立地对待知识,要养成多角度地思考问题的习惯,有意识地训练思维的流畅性、灵活性及独创性,长期坚持下去,必然会促进智力水平的发展。

(三)课下及时沟通,促进高中生智力的发展

教师在课下还要及时和高中生进行沟通,了解学生学习中遇到的困难,不断使用各种方法激励学生,促进高中生主动学习,掌握学习的方法,从而促进智力的发展。

第二节 高中生个性和社会性发展与教育

与其智力发展的情况相呼应,高中生的各种个性品质也已趋于稳定和成熟,而且随着认知水平的提高及生活经验的积累,高中生在个性发展上出现了一些新的特点。

一、高中生自我意识的高度发展

高中阶段,正是一个人必须明确自己个性的主要特征,开始考虑自己的人生道路的时候,所以,一切问题既是以"自我"为核心而展开的,又是以解决好"自我"这个问题为目的的。这些主客观上的需求使得高中生的自我意识获得了高度发展。高中生自我意识的发展对于其形成稳定的人格特征以及价值观确立等方面均具有决定性的作用。

(一)高中生自我意识的特点

高中生自我意识的特点体现在许多方面,主要体现在以下五个方面。

第一,自我意识中独立意向的发展。高中生已能完全意识到自己是一个独立的个体,因此要求独立的愿望日趋强烈,并且,这种独立性要求是建立在与成人和睦相处的基础上的,与初中时期的反抗性特点有所区别。多数高中生基本上能与其父母或其他成人保持一种肯定的尊重的关系,反抗性成分逐渐减少。

第二,自我意识成分分化。高中生在心理上把自我分成了"理想的自我"和"现实的自我"两个部分。正是由于这种分化,才形成了他们思维或行为上的主体性,产生了按照自己的想法去判断和控制自己言行的要求和体验,同时也出现了自我矛盾。如果他们能合理地建立理想的自我形象,并能付诸实现,就能使他感觉到"喜欢"自己,别人也能欣赏他可爱的特质,他就能够接受自己。相反则会使他讨厌现实中的自己,他的行为也很难受到他人的欢迎,很难被他人接受。

第三,强烈地关心着自己的个性成长。高中生十分关心自己个性特点方面的优缺点,在对人对己的评价中,也将个性是否完善放在首要位置。在高中结束以前,他们都已晓得自己个性的优点及缺点,他们以朋友也具有的类似的特征来互相评价,他们也晓得个性对社交关系的重要性。所以,为了获得社会的接受,他们有很强的动机想改善自己的个性。

第四,有较强的自尊心。高中生在其言行受到肯定和赞赏时,会产生强烈的满足感;反之,易产生强烈的挫折感。自尊心是社会评价与个人的自尊需要之间相互关系的反映。自尊需要包括要求独立、自由、自信、被人认可,对成就、地位、名誉的向往等。与青年自尊关系最密切的领域是学业能力、体育运动能力、社会认可、容貌外表以及行为举止,在这些领域中的能力越大,产生的自尊也就越大。

第五,道德意识高度发展。高中生在自我观察、自我评价、自我体验、自我监督、自我控制等方面都获得了高度的发展,并趋于成熟。表现出以下几个特点:

(1) 开始能够通过现象揭露道德行为的本质,即对别人的行动能够以一般的道德标准和抽象的道德概念去进行评价。

(2) 开始注意比较全面地考虑问题,即对别人的行动不是根据一时一事来认定,而是能够比较全面地进行评价。

(3) 能够分清问题的主次,即对别人的行动能够一分为二,然后予以评价。

(4) 开始形成对具体问题进行具体分析的习惯,即对别人的行动能够注意从实际出发,考虑行动的时间、地点、条件,然后灵活地运用一般的道德准则,进行道德评价。

(二)高中生的自我概念

一个人是否具有适当的自我概念,对其个性的发展至关重要。

自我概念主要是指一个人对自身的态度,这个态度包括三个互相联系的成分:认识成分——对自己品质和特征的了解和认识;情感成分——对自身品质的评价及与此相关联的自尊体验;品行成分——从上述两个成分派生出的对自己行为的实际态度。

影响高中生自我概念的因素很多,主要有以下四个因素:

第一,生理因素,主要是身体外观形态上的特点,这些特点可以影响到高中生自我概念的积极性程度或消极性程度。

第二,认知水平,具有较高的认知水平、较成熟的形式逻辑及辩证逻辑思维特点的高中生,往往具有更恰当、更稳定的自我概念。

第三,父母的自我概念倾向对高中生自我概念的影响是同方向的。

第四,成功及失败经验的积累,也影响自我概念的性质。

据调查,自我形象在高中阶段已趋于稳定,一个人在高中阶段对自身的看法,有许多都持续终生。

(三)高中生自我评价的深化

自我评价是与个体认识能力发展相关的一种自我意识的表现,是一种包含社会行为准则的知识和主观经验的复杂的心理行为。具体指个体对自身的思想、能力、水平等方面所作的评价,它是自我调节机制的主要成分。自我评价的能力,只有在青年初期,即高中阶段才开始成熟。虽然个体在童年时就开始产生了一些简单的自我评价,但那时的自我评价多是由别人的态度和反应折射到自身而产生的,缺少内在性。到了高中阶段,由于抽象逻辑思维的进一步发展,知识经验的日益丰富,高中生逐渐学会较为全面、客观、辩证地看待自己、分析自己,自我评价的能力才变得全面、主动,而且对自我的评价日趋深刻,表现为他们不仅能分析自己一时的思想矛盾和心理状态,能认识到自己对某一具体行为起支配作用的个别心理特点,还能经常对自己的整个心理面貌进行估量,能认识到自己较稳定的个性心理品质。

自我评价能力的增长及对自我分析要求的提高,不仅是高中生个性高度发展的重要标志,而且也是有目的地进行自我教育的前提。高中生进行自我评价不完全是由于外力的推动,而在相当程度上是由于实现理想自我的愿望的驱动,或是对失败和挫折的反省。所以,自我评价能力发展的最终结果可以使高中生更好地实现自我监督和调控及进行自我改造和完善。

高中生在自我评价的发展上表现出个体差异,大部分高中生能够进行适当的自我评价,但相对而言,高中生易出现自我评价偏高的倾向,由此导致他们自负的行为表现,常常听不进别人的意见。但随着年龄的增长,这种情况会得到改善,自我评价与其实际表现会日趋一致。

二、高中生价值观的确立

价值观是个体对自然、社会、人生问题的带有根本性的总观点,它的形成是由人的知识水平、生活环境等方面决定的,同时受人的情感意志、理想动机、立场态度等个性因素所制约。心理学家的调查表明:到高中阶段人的价值观才初步形成。高中生价值观的确立与其自我意识的高度发展相联系。

(一)高中阶段确立价值观的主客观需求

当个体进入高中阶段以后,随着社会接触范围的扩大、生活阅历的积累及文化知识的增长,他们开始考虑价值观的问题。这主要是由以下几方面的原因导致的:

第一,随着高中生认知能力的发展,他们开始能够分析各类社会事件,能够掌握各类社会标准,并以此标准来衡量各种现象,能够有较正确的道德意识。因而,他们有能力以一种相对熟练的方式对待许多问题。

第二,进入高中以后,很快就要面临择业或在继续求学中进行专业选择等问题。对职业、生活方式以及个人发展方向等进行判断时,需以个人的价值观为前提,这样才能既可以在处理各种问题时保持内心准则的一致性,又可以较为灵活地应付各种变化,也将使以后人生的各个方面处于一种协调状态。

第三,高中生常体验到更为广泛的内心冲突和压力。高中生面临较多方面的价值取向。例如,同伴团体中可能倾向于一种价值内容,而父母则倾向于另一种价值内容。高中生既想选择与同伴团体相同的价值内容以获得同龄人的认可,又不想与父母的期望相背离,在这种内心冲突的情况下,就强迫他们确立某种属于自己的价值观。

第四,由于自我意识高度发展,高中生能更充分地认识自己,更正确地对待社会生活中所发生的一切,从而能按照机会的要求,开始设计自己的人生。所以,自我意识的发展也是确立价值观的一个不可缺少的条件。

(二)高中生价值观的特点

高中生在确立和调整自己的价值观的过程中,表现出许多特点:

第一,对理论问题产生了越来越浓厚的兴趣,喜欢把各种具体事实综合成若干系统的总原则,热衷于哲学探讨。

第二,高中生价值观的核心是人生意义问题,他们逐渐学会将个人的生活目标与社会发展的总体方向相联系,即不仅要说明自己对于社会的意义,而且还要找到社会对自身的意义。

第三,高中生的价值观反映其个性色彩。具有不同价值观的高中生的兴趣点、意志品质及归因方式均不一样。

第四,高中生的价值观尚缺乏稳定性,容易因外界环境的变化而改变对社会及人生的看法,改变自己的价值取向。因此,高中阶段个体的价值观仍有向不同方向发展的可能。

(三)高中生确立价值观的作用

对于高中生来说,初步确立正确的价值观,初步明确人生意义的最重要的作用是,使他们在日常的学习和生活中,能将近期计划和远期规划较好地结合起来。做到这一点并不容易,如一些高中生虽然能考虑自己的未来前途,但却不能将近期计划与未来理想结合起来,使理想难以实现。而正确的价值观的确立,则具有延缓直接满足的功能,使高中生逐渐地学会将自身努力作为实现目标的桥梁,使其在学习和生活中更加努力、勤奋。

三、高中生的自治需求

(一)高中生自治需求的表现

高中生的自治需求主要表现在以下几个方面。

1. 与父母的关系

从青春期开始,子女与父母的关系便发生了变化,子女减少了对父母的依赖,却增加了反抗性情绪,这种情况一般在初中高年级达到极致。进入高中后,虽然大多数高中生仍希望父母将他们作为独立的个体来对待,反对父母过多地干涉他们,但与初中阶段相比,减少了与父母之间的直接冲突。他们更希望能与父母站在同等的位置上探讨和决定某些问题,希望能与父母和睦相处。

2. 选择职业

选择职业,确定未来的生活道路,是高中时期的一项重要任务。高中生在毕业前至少要在两种社会定向上做出选择:继续上学,接受高等教育;还是参加工作,直接就业。而且不论是选取上述哪一条道路,都需在所学专业或职业种类上做出具体的挑选。大部分的高中生在这一选择过程中体现出了自主性,他们能对自己的兴趣、能力、适应性等做出评估,希望能按照自己的意愿做出自己的选择,当然在做某些重要决定时,他们也不拒绝接受父母或教师的指导和帮助,但对于父母的强行安排持反对态度。

3. 对现实社会的态度

高中生强烈要求自治的特点也体现在他们对现实社会的一种不满情绪中。高中生对现实社会产生不满情绪可归因于两个方面:一方面,是由于高中阶段仍处于理想主义的阶段,高中生对于社会和人生的期望都带有强烈的理想主义色彩,因此,对现实中存在的弊端极为敏锐和反感,有时甚至产生强烈愤怒或绝望的情绪;另一方面,是由于他们对问题的观察和分析还带有片面性及表面性,所以其思想认识易出现偏颇,对现实社会的看法只察一点而不及其余。

(二)影响高中生产生自治需求的因素

高中生在自治需求的表现及程度上均存在着个体差异,这受制于以下几方面因素:

第一,认知水平,包括高中生思维品质的特点和智力发展的程度,例如,一个具有较强的批判性思维品质的高中生往往具有更强的自治需求。

第二,性格特点,那种性格外向、性情刚烈、攻击性强的高中生常表现出更明显的自治倾向。

第三,家庭教育方式。父母的教育方式过于专制,或父母对子女的态度过于保护,或父母在教育态度上不一致等都会使高中生自治的需求更强烈。

第四,心理成熟水平,心理成熟水平过于滞后的高中生的自治需求相对微弱。

高中阶段是个体在成熟之前所度过的最后一个阶段,在这个阶段所形成和发展的许多个性特点将对完成以后几个人生阶段的发展任务产生直接的影响。

四、高中生社会认知的发展

高中生社会认知的发展不是一般认知的一种简单的表现或反映,它的发展与非智力因素有着密切的关系。这要求在课堂教学中,教师需努力创造一种和谐的师生互动关系,充分调动学生的非智力因素来发展他们的社会认知。

高中生的社会认知水平与其行为具有更为密切的关系。社会认知是学生在成长过程中,不断发展起来的对社会、对人与人之间关系的认知,因此,这一认知水平高的学生,在与别人的交往中或者在公开场合的表现中更成熟,更有信心。

从具体内容来看,高中生社会认知的特点主要包括以下几个方面:

1. 观点采择能力

该能力是指个体能够认识别人对事物或对人的看法不同,进而能够从他人的立场来分析思考问题,这种能力可以在交往(如课堂讨论)中体现出来,也可以在学生阅读时体现出来。高中生已经能够考虑别人的观点看法,但个体的差异较大,同时中学阶段也正是青少年由自我中心的认识阶段,向客观性认识阶段迅速发展的时期,因此,在教学中应当尽可能地增加课堂讨论、辩论,发展他们的观点采择能力及宽容的精神。

2. 对权威的认知能力

达蒙(Damon,1977)的研究表明,9岁以上的儿童对权威的服从既可以是自觉自愿的,也可以是被迫的。国内有关高中生权威认知能力与教学的研究几乎是空白,但是,不容否认的是师生间的特殊关系常常对学生的人格发展产生影响。

3. 对友谊与冲突的认知

不容否认的是,友谊与冲突属于儿童同伴关系中的两种相对的表现,友谊体现的是合作、信任、互助的双向关系;冲突体现的则是与之相反的诸如怀疑、嫉恨、争斗等双向关系。达蒙认为11岁的儿童可以相互理解、共享内在的思想与感情,甚至还包括秘密。中学教学中有一种现象,即上课时不许要好的同学在一起讨论,好朋友必须分开坐,以避免两个人讲话,在各科教学计划中,根本没有发展学生合作精神的教学目标,更没有注重培养友谊、解决矛盾的教育。

4. 高中生社会认知的发展易受环境、教育、文化等外在因素的影响

这一特点要求教师一方面要充分发挥课堂教学的主渠道作用,另一方面要充分运用环境因素与社会因素,将课堂延伸到社会。同时,也应当对不同文化背景的学生一视同仁,保持客观与公正,并采用不同的教学方法区别对待。

五、促进高中生个性和社会性的发展

通过学校的教育教学活动可以有效促进高中生个性和社会性的发展。

(一)促进高中生个性的发展

教师要顺应时代的要求,转变观念,一切从实际出发,研究新时期高中学生的个性

心理特点，努力探索新型的管理方法，使自己的工作更科学、更有效，从而更好地服务人民的教育事业。教师应不断激发高中生的潜能，帮助他们提高认知技巧，帮助他们把握好自我，不骄不躁，避免孤芳自赏。同时，不要压抑高中生的创造个性，为他们提供表达新思想、新观点的机会和舞台。教师应根据高中生的个性特点存在的个体差异，进行针对性的培养。高中生主要有叛逆厌学型、封闭自固型、活泼调皮型、勤奋好学型四种类型。针对这四种类型，教师可以采取以下方式促进其个性发展。

1. 促进叛逆厌学型高中生个性的发展

叛逆厌学型高中生的特点是个性很强，做事以自我为中心，经常有许多无礼的行为，行为自由散漫，语言不文明，不注意小节，有好斗的倾向，不服教师的正当管理，专门与学校规章制度和教师的教导唱反调，且易冲动，好扰乱正常的教育教学秩序，自我控制力弱。此类学生活动能力强，自控力弱。针对这样的高中生，教师可以采取接纳学生的方法，以尊重、肯定、关注、理解、公平、敏感和温暖为基础，这意味着承认并且赞赏学生的内在价值，这并不是说教师就应该无视学生的缺点，就存在的问题及错误教师应与学生多沟通，多交流，并详细了解学生的家庭环境背景，摸清学生逆反厌学的深层次原因。教师应主动帮助学生解决学习过程中遇到的各种问题，特别是非智力的问题，努力培养学生克服困难、战胜挫折的勇气。教师应帮助学生树立自信心，鼓励他们努力改善和同伴、教师的关系，教师应冷静面对他们出现的违纪行为。

2. 促进封闭自固型高中生个性的发展

封闭自固型高中生的特点是沉默寡言，很少参加集体活动，平时很不易引起教师的注意；不关心身外事，很少与人交往，沟通能力不强，属孤独型；认知过程慢，学习好死记硬背，没有良好的学习方法，学习目标不明确，学习成绩普遍较差；这类学生往往有一定的心理障碍，如自卑、自闭。针对这类高中生，教师应采取重视学生的方法，让学生感觉到自己在教师的心目中是重要的。教师应帮助他们设计小梯度、多层次的奋斗目标，让他们经常有"我能行"的积极心理体验。教师应帮助他们敞开心扉，让其敢于倾诉其心所想，及时刺激对内在、外在信息的接受能力。鼓励他们适当交友，尤其是与一些思维灵活，善于开拓进取的同学交朋友，在友好交往中改正自身的弱点。要鼓励他们有勇猛精进的精神，高中生应该有一种敢想敢为的锐气，敢于拼搏、勇于奋斗、敢于付出、敢于牺牲、独立果断，自己能解决的事情，自己去办，自己的未来，自己去把握。无论家庭穷富，他们的未来都应该由他们自己去争取，家庭不应该成为他们的依赖，成为他们成功与否的借口，依靠家庭取得所谓成功的人没出息。一个人只要健康，只要智力正常，就是上帝送给你的最大资本，就是父母留给你的最大财富。只要你有志气、骨气、勇气，就能获得你想要的成功。只要你有爱心、公心、事业心，你就不能不成功。

3. 促进活泼调皮型高中生个性的发展

活泼调皮型高中生的特点是思维活跃、敏捷而深刻,有独特见解,接受能力强,但思维无规律,缺乏层次和条理性,行为随便,不拘小节,耐性不足。教师要帮助他们认识到,要学有所成,就应苦行励志,耐得住寂寞。要养成良好的生活习惯,应制定切合实际的学习计划。积极鼓励他们发扬优点,加强其学习习惯的培养,促使他们学会在一定时间内认真完成某一项学习任务。要不断督促他们遵守日常行为规范,培养严谨的思维方式。要注意加强意志训练,用坚强的意志战胜学习中的困难,最终取得成功。

4. 促进勤奋好学型高中生个性的发展

勤奋好学型高中生的特点是较有自信心,做事可靠,责任心强,积极进取,意志坚定,易于合作,能进行创造性思维,有较强的灵活性,认知方法正确,学习成绩优良,常常为教师和其他学生所喜欢,在班集体中有较大的影响和较高的声誉。根据他们的水平教师可尝试适当地加压,提高作业的难度,多让他们参加各类活动及竞赛,引导他们参与校学生会活动。处理好学习中的自由和纪律、教育中的控制与释放这对辩证矛盾,寻找到能最有效地发展学生综合能力的方法,是每一位教师在日常工作中都必须积极思考、不断思考的,唯其如此,才能真正做好高中生的个性培养工作,才能促进高中生个性的发展。

(二)促进高中生社会性的发展

高中生的社会性发展的核心是社会交往能力的发展,由于生理的变化很多学生遇到了异性交往的问题。下面讲述高中生异性交往的方法,提升高中生的异性交往能力,促进高中生社会性的发展。

1. 引导高中生与异性交往时掌握适度原则

所谓适度原则,是指教师在教育教学活动过程中教会高中生与异性交往的程度和与异性交往的方式要恰到好处,应为大多数人所接受。既不因为异性交往过早地萌动情愫,又不因为回避或拒绝异性而给对方造成心灵伤害;既不过多地参与异性之间的"单独活动",也不在异性面前如临大敌,拒不接纳异性的热情与帮助。在集体中广泛交往,言行举止要大方,得体,应注意场地和时间,不可随意打闹,与特定个体保持一定的距离,特别是心理距离。

2. 引导高中生与异性交往时掌握自然原则

所谓自然原则是指教师在教育教学活动过程中教会高中生在与异性交往时,最好选择在公共场合。要在异性同学面前保持自然、举止大方,不过分严肃或轻佻。把异性同学当成"同性朋友"相处。保持一颗平常心,不必过分拘谨。男女学生的思维方式、学习方法、应变能力各不相同,异性同学之间正常、适当的交往不仅有利于了解异性,获得情感上的交流,而且也有利于智力上的取长补短,互帮互助,缓解学习压力,取得学习上的进步;不仅有利于提高自身人际交往能力,交流情感,避免孤独,而且也有利于个性的全面发展和心理健康水平的提高。

第三节　高中生品德发展与教育

素质教育是学生德、智、体、美等全面发展的教育,培养学生良好的道德品质是素质教育的重要任务和内容之一。而学生良好的道德品质的形成与发展具有一定的规律与特点,学生道德品质形成与发展的规律是我们在道德品质教育中提出恰当的教育措施和方法的心理学基础和依据。因此,认识和掌握学生道德品质形成与发展的规律具有重要的意义。

一、高中生品德发展的基本特征

了解中学生态度与品德发展的基本特征,是进行道德教育和培养良好态度的依据与出发点。在国外品德发展的研究中,皮亚杰、柯尔伯格的品德发展阶段论和班杜拉的社会学习论是最具代表性的两种理论,从不同的侧面来揭示个体态度与品德的形成、发展的基本规律,前者侧重于道德认知发展规律的探索,后者侧重于道德行为方面的研究。这两种理论对于培养学生的道德品质都很富有启发性。

(一)品德发展的阶段理论

1. 皮亚杰的道德发展阶段论

瑞士著名心理学家皮亚杰早在20世纪30年代就对儿童道德判断的发展进行了系统研究,提出儿童的道德发展大致分为两个阶段。

10岁以前,儿童对道德行为的判断主要是依据他人设定的外在标准,称为他律道德。在该阶段,道德判断受外部的价值标准所支配和制约,表现为对外在权威的绝对尊重和顺从的态度。他们认为规则是必须遵守的,是不可更改的,只要服从权威就是对的。例如,听家长的话就是好孩子。这个阶段的儿童对行为的判断主要根据客观结果,而不考虑主观动机。事实上,在个体达到他律道德之前,还有一个无道德规则的阶段(五六岁以前),社会规则对他们没有约束力,他们没有必须怎样做的观念、认识。在游戏中也没有合作、没有规则,只是自己独立活动,按自己的想象去执行规则。

10岁以后,儿童的判断主要是依据自己认可的内在标准,称为自律道德。在这一阶段,他们开始认识到规则不是绝对的、一成不变的,而是可以与他人合作,共同决定或修改的。这时儿童的思维已经从自我中心解脱出来,能站在他人的立场上考虑问题。皮亚杰认为,从他律到自律的发展过程中,个体的认知能力和社会关系具有重大影响。道德教育的目标就是使儿童达到自律道德,使他们认识到道德规范是在相互尊重和合作的基础上制定的。而要达到这一教育目标就必须注意培养同伴之间的合作,注意成人与儿童的关系不应是权威和服从的关系;在儿童犯错误时,要使他了解为什么这样做不好以及应该怎样做,以发展儿童的道德认识。

2. 柯尔伯格的道德发展阶段理论

柯尔伯格是美国心理学家,他继皮亚杰之后对儿童品德发展问题进行了大量的、卓有成效的研究,提出了系统的道德发展阶段理论。

柯尔伯格对皮亚杰的研究方法进行了改进,应用道德两难论的方法研究道德的发展问题,这种方法也称两难故事法。故事包含了一个在道德价值上具有矛盾冲突的情境,让被试听完故事后对故事中的人物行为进行评论,从而了解被试进行道德判断所依据的原则及其道德发展水平。代表性的道德两难故事是"海因茨偷药的故事"。这个故事的大意是:欧洲有一位妇女患了癌症,生命危在旦夕。医生告诉她的丈夫海因茨,只有本城的一个药剂师最近发明的一种药可以救他的妻子,但该药价钱十分昂贵,要卖到成本价的十倍。海因茨四处求人,竭尽全力也只借到了购药所需钱数的一半。万般无奈之下,海因茨只得请求药剂师便宜一点儿卖给他,或允许他赊账。但药剂师坚决不答应他的请求,并说他发明这种药就是为了赚钱。海因茨在走投无路的情况下,为了挽救妻子的生命,在夜间闯入药店偷了药,治好了妻子的病。但海因茨因此被警察抓了起来。柯尔伯格围绕这个故事提出了一系列问题,让被试参加讨论,如海因茨该不该偷药?为什么该?为什么不该?海因茨犯了法,从道义上看,这种行为好不好?为什么?通过大量的研究,柯尔伯格提出了三水平六阶段理论。三水平是指前习俗水平、习俗水平及后习俗水平。六阶段是指每个水平中又可划分为两个不同的阶段。

(1) 前习俗水平(0~9岁)

处在这一水平的孩子,其道德观念的特点是纯外在的。他们为了免受惩罚或获得奖励而顺从权威人物规定的行为准则。根据行为的直接后果和自身的利害关系判断好坏是非。这一水平包括以下两个阶段。

第一阶段:惩罚与服从取向阶段。在这一阶段,儿童根据行为的后果来判断行为是好是坏及严重程度,他们服从权威或规则只是为了避免惩罚,认为受赞扬的行为就是好的,受惩罚的行为就是坏的。他们还没有真正的道德概念。处在这一阶段的儿童对海因茨偷药的故事可能会作出这样两种不同的反应:赞成者认为,他可以偷药,因为他先提出请求,又不偷大的东西,不该受罚;反对者则会说,偷药会受到惩罚。

第二阶段:相对功利取向阶段。这一阶段的儿童道德价值来自对自己需要的满足,他们不再把规则看成是绝对的、固定不变的,评定行为的好坏主要看是否符合自己的利益。如他们对海因茨偷药的故事可能会有这样的说法：赞成者会说，他的妻子需要这种药，他需要同他的妻子共同生活；反对者则会说，他的妻子在他出狱前可能会死，因而对他没有好处。

柯尔伯格认为，大多数9岁以下的儿童和许多犯罪的青少年在道德认识上都处于前习俗水平。

(2) 习俗水平(9~15岁)

处在这一水平的孩子，能够着眼于社会的希望与要求，并以社会成员的角度思考道德问题，已经开始意识到个体的行为必须符合社会的准则，能够了解社会规范，并遵守和执行社会规范。这时的规则已被内化，按规则行动被认为是正确的。习俗水平包括两个阶段。

第一阶段：寻求认可取向阶段，也称"好孩子"取向阶段。处在该阶段的孩子，个体的道德价值以人际关系的和谐为导向，顺从传统的要求，符合大家的意见，谋求大家的赞赏和认可。总是考虑到他人和社会对"好孩子"的要求，并总是尽量按这种要求去思考。他们认为好的行为是使人喜欢或被人赞赏的行为。这一阶段的孩子听了海因茨偷药的故事，赞成者会说，他做的是好丈夫应做的事；反对者则说，他这样做会给家庭带来苦恼和丧失名誉。

第二阶段：遵守法规和秩序取向阶段。处于该阶段的孩子其道德价值以服从权威为导向，他们服从社会规范，遵守公共秩序，尊重法律的权威，以法制观念判断是非，知法懂法。这时的他们认为准则和法律是维护社会秩序的。因此，应当遵循权威和有关规范去行动。该阶段的孩子听了海因茨偷药的故事，赞成者会说，不这么做，他要为妻子的死负责；反对者会说，他要救妻子的命是应该的，但偷东西犯法。

柯尔伯格认为大多数青少年和成人的道德认识处于习俗水平。

(3) 后习俗水平(15岁以后)

这一水平又称原则水平，达到这一道德水平的人，其道德判断已超出世俗的法律与权威的标准，而是有了更普遍的认识，想到的是人类的正义和个人的尊严，并已将此内化为自己内部的道德命令。后习俗水平包括两个阶段。

第一阶段：社会契约取向阶段。处于这一水平阶段的人认为法律和规范是大家商定的，是一种社会契约。他们看重法律的效力，认为法律可以帮助人们维持公正。但同时认为契约和法律的规定并不是绝对的，可以应大多数人的要求而改变。在强调按契约和法律的规定享受权利的同时，认识到个人应尽义务和责任的重要性。对于海因茨偷药的故事，赞成者认为，法律没有考虑到这种情况；反对者认为，不论情况多么危险，总不能采用偷的手段。

第二阶段：普遍伦理取向阶段，也称为原则或良心取向阶段。这是进行道德判断的最高阶段,以普遍的道德原则作为自己行为的基本准则,能从人类正义、良心、尊严等角度判断行为的对错,并不完全受外在法律和权威的约束,而是力图寻求更恰当的社会规范。在根据自己选择的原则进行某些活动时,认为只要动机是好的,行为就是正确的。在这个阶段上,他们认为人类普遍的道义高于一切。对于海因茨偷药的故事,赞成者认为,尊重生命、保存生命的原则高于一切;反对者认为,别人说不定也像他妻子一样急需这种药,要考虑所有人生命的价值。

柯尔伯格道德发展论给予教师的启示为:第一,有效的道德教育或品德陶冶必须根据各时期道德观念发展的特征而实施。第二,对儿童教条式地说教,忽略儿童对权威的看法与对需求的满足,很容易造成表面道貌岸然实则功利横行的现象。第三,负责教养者不应抱"亡羊补牢,为时未晚"的想法,让"趁热打铁"的各时期荒废过去,因为某一时期的道德观念若不能充分发展而打算后来设法补救,其功效可疑。

(二) 高中生品德发展的基本特征

高中阶段或青年初期的品德发展进入了以自律为主要形式、应用道德信念来调节道德行为的成熟时期。这表现为能自觉地应用一定的道德观点、信念来调节行为,并初步形成人生观和世界观。初中生的伦理道德已开始形成,但具有两极分化的特点,高中生的伦理道德发展具有成熟性,可以比较自觉地运用一定的道德观念、原则、信念来调节自己的行为。教育者应以中学生态度与品德发展的基本特征为德育工作的出发点,在德育的内容、形式、评价标准等方面都应该遵循发展规律,重视发展过程中的关键期,采取合理的教育措施,有的放矢,因材施教。

高中生品德的发展是随着其身体的发育、心理的完善而逐渐成熟起来的,与个人的认知发展水平、心理发展水平、所处的社会环境、家庭教养以及学校教育都有密切的联系。归纳起来,高中生品德发展具有以下几个基本特征。

1. 形成道德信念与道德理想

高中阶段是道德信念和道德理想形成并以其指导行为的时期。高中生逐渐掌握伦理道德并服从于它,表现出独立、自觉地依据道德信念、价值标准等去行动,他们的道德行为更有原则性、自觉性。

2. 自我意识增强

在品德发展的过程中,高中生更加关注自我道德修养,并努力加以提高。可以说高中生对自我道德修养的反省和监控有明显的提高,这为产生自觉的道德行为提供了可靠的前提。

3. 道德行为习惯逐步巩固

由于不断地实践、练习,加之较为稳定的道德信念的指导,高中生逐渐形成了与道德伦理相一致的、较为定型的道德行为习惯。

4. 品德结构更为完善

高中生的道德认识、道德情感与道德行为三者相互协调，形成一个较为完善的动态结构，这使他们不仅按自己的道德准则去行动，而且其品德结构也逐渐成为稳定的个性心理结构的一部分。

二、高中生品德形成的心理过程

中学生道德品质的形成和发展有其自身的特点和心理活动的规律性。道德品质教育的效果，不仅依赖于学校教育的严格要求与具体措施，还依赖于社会、学校和家庭要求的一致性；不仅依赖于各种外部条件，同时也依赖于中学生本身的各种内部条件。所以说，中学生品德的形成和发展是各种内因和外因相互作用的结果，是一个十分复杂的过程。中学生品德的形成是社会通过舆论和教育把道德规范传递给下一代的过程，也是中学生通过自己的实践由被动到主动去掌握（领会、巩固、应用）这些规范并形成道德品质行为习惯的过程，即中学生个体社会化的过程。实际上道德品质是品德认识、品德情感、品德意志、品德行动这几种基本心理成分共同发生作用的综合过程。

（一）道德认识的形成

道德认识是指人们对社会道德规范及其意义的理解，以及在此基础上形成的道德观念和评价能力。道德认识水平的状况对品德的形成与发展具有重要作用，因为人们的大部分行为是受认识支配的，只有认识深刻，情感体验才会丰富强烈，才能知道为何行动、怎样行动，并把道德行为坚持下去。因此，道德认识始终贯穿于品德形成的各个方面。而道德认识形成发展的过程，主要包括道德概念的掌握、道德评价能力的培养、道德信念的确立三个方面。

1. 道德概念的掌握

学生掌握道德概念，主要表现为通过道德知识的学习，对道德准则、规范具有了准确的理解。学生的道德概念是在家庭、学校、社会影响下，在已形成的道德表象的基础上，经过有关道德知识的学习，通过分析、综合、比较、抽象、概括、具体化等思维活动而形成的。道德概念的掌握，在学生道德认识以至整个道德品质的形成发展过程中起着非常重要的作用。它表明学生已不是直观感性地去认识道德现象，而是能概括地掌握是非、善恶、美丑的道德标准，知道什么是道德的，什么是不道德的。认识是行为的基础与指导，学生就依据他所掌握的道德概念去指导行动，去评价别人和自己。道德概念的掌握，主要表现为道德观点的形成。道德认识教育的重点也就应着重于培养学生正确的道德观点。为此，应从以下几方面帮助学生形成正确的道德概念。

(1) 教师"晓之以理"的艺术。道理要讲得真切感人,联系实际。要生动形象,重视道德知识的讲解与学生的道德经验相结合,具体形象与抽象道理相结合。

(2) 培养学生的道德分析能力,引导学生领会道德概念的本质。引导学生区分事物的本质属性与非本质属性是形成道德概念的关键。因此,教育学生时,要注意"变式"方法的运用。例如,很多青少年学生都想当英雄,但什么是英雄行为?对此的认识是多样的,教师运用变式,举出各个历史时期的英雄事例,让学生知道英雄行为的本质是为大众的事业具有献身精神,教育学生懂得,当今的时代是英雄辈出的时代,在革命和建设发展的不同阶段,有不同的英雄行为。

(3) 在个体的道德实践中发展学生的道德概念。从根本上讲,学生的道德概念是在道德实践中形成与发展的,道德知识的学习必须与个体的道德实践相结合。应创造条件,让学生有道德实践的机会,有计划地指导学生应用道德知识来观察和处理问题。教育实践表明,小学生与学龄前儿童的模仿成人的象征活动是行之有效的。除了组织校内的道德实践活动外,还应组织学生参加社会上的道德实践活动,以促进学生道德的发展和成熟。

2. 道德评价能力的培养

道德评价是运用已掌握的道德标准对别人和自己的行为进行道德分析判断。道德评价是一个运用道德概念,进行道德推理,作出道德判断的逻辑思维过程。学生的道德评价能力主要表现为学生在思想品德方面明辨是非,鉴别美丑、善恶的能力。

学生的道德评价能力是逐步发展起来的。心理学家通过研究发现,道德评价能力发展的一般趋势是:

(1) 从他律到自律。即从重复别人的道德评价,到逐步学会独立进行道德评价。

(2) 从效果到动机。即从效果性评价向动机性评价,从对外部行为的评价向对内心世界的评价发展。

(3) 从注重行为的直接后果过渡到注重行为和后果的性质。其中,又从注重行为的直接后果过渡到注重行为的长远后果,从注重个人后果过渡到注重社会后果。

(4) 从情境性的道德评价向原则性的道德评价发展。

(5) 从片面到全面发展。

(6) 从评价他人到评价自己,道德评价的对象逐渐趋向自我化。

(7) 由从"自我"利益出发过渡到以社会效果、社会利益出发进行道德评价。

思想品德教育应该依据中小学生道德评价的发展趋势,有意识、有步骤地来培养和发展学生的道德评价能力,使他们的道德评价水平逐渐由他律到自律,从效果到动机,从现象到实质,从片面到全面,从情境到原则,从别人到自己,从自我到社会得到充分发展。

3. 道德信念的确立

道德信念就是坚定的道德观点。当人们把道德认识变成个人行为准则,就会引起情感上的体验,这时道德认识就转化为道德信念。道德信念是道德品质形成的关键因素。正确道德信念的形成表现在:

(1) 不仅懂得道德规范,掌握道德知识,而且相信它的正确性,形成了坚定的道德观点。

(2) 把道德信念作为自己行动的指南与原则。

(3) 道德观点的实现会引起强烈的积极的情感体验。对与自己信念相近的思想、言行,会表现出极大的兴趣与热情;对违反自己道德信念的事情则会产生强烈的消极情感体验。

(4) 用坚强的意志行动去努力实现自己的道德信念,维护自己道德观点的正确性。

(二) 道德情感的激发

道德情感是情感的高级形式,是人的高级社会性情感。道德情感是人的道德需要是否得到满足时所引起的内心体验,道德情感是在道德认识基础上产生的,同时也是道德认识的具体表现。

教师激发学生的道德情感,应注意以下几方面。

1. 要重视通过美育来培养道德情感

美感和道德感紧密联系,美育是德育的深化。中国著名教育家蔡元培先生认为,实行美育,可以"陶吾人之感情,使有高尚纯洁之习惯"。美和美育,可以陶冶人的性格,净化情感,深化道德认识,调剂精神生活,促进心理健康。苏霍姆林斯基认为,"美是一种心灵的体操——它使我们精神正直,良心纯洁,情感和信念端正","经过长期美的陶冶,会在不知不觉之中,突然使人感到不良的、丑恶的东西是不能容忍的。让美把恶与丑挤出去,这是教育的规律性之一。"美育以一系列独特的教育手段触及人的情感深处,起到潜移默化的教育作用。

2. 丰富学生的道德观念,并且使这种观念与一定的情绪体验联系起来

这要求教师一方面通过言语启示激起学生的情感,使他们在领会道德要求的同时,伴有积极或消极的情感体验;另一方面应创设实践的条件,利用舆论及时地进行表扬与批评,使学生获得道德上的肯定或否定的体验。

3. 提供榜样的具体形象和生动事例,引起情感上的共鸣

青少年学生正处在积极地探索人生之路,寻找自己所崇拜榜样的时期,而英雄的道德形象是社会道德准则的典范,因此,教师要选择具有时代特征的榜样,组织学生开展学习榜样的活动,这有助于培养高尚的道德情操。

4. 激发和保持学生健康的情感,预防和消除不健康情感

学生中经常出现一些诸如为自己或集体的成就兴高采烈,遇到失败或挫折而伤心难过,对他人的不幸遭遇深表同情等现象,这些都是健康的情感。学生中也出现对同伴的成就、进步嫉妒,对同伴的不幸或失败幸灾乐祸,对自己偶而获得的好成绩得意忘形,遇到一点失败就灰心丧气等情绪,这些是不健康的情感表露。当学生处于消极心境时,应关心、同情他们,可使用活动转移、注意转移等方法帮助学生摆脱消极体验,而不要急于向他提出要求,更不宜指责呵斥,要培养学生控制情感的意志力,养成耐心、自制的能力及习惯。

(三) 道德意志的锻炼

道德意志是人在道德行为过程中所作出的意志努力。它是人们按照道德原则和要求进行道德抉择和行动时调节行为和克服困难的道德能力,是在履行道德义务过程中所表现出来的决心和毅力。缺乏道德意志的学生,其道德行为往往难于一贯坚持。道德意志形成之后,则能不以外部环境为转移,而由道德意志支配自己,去坚定地履行道德义务。这时,学生品德的形成过程,就由从外向内的转化过程改变为从内向外,即由道德意识向道德行为转化的过程。锻炼学生道德意志,就是要使学生在道德实践中,在道德意识外化为道德行动的过程中,学会用自己的道德意志支配、调节自己的行动。

道德意志的实现是一个复杂的心理过程,它表现为如下三个阶段。

第一阶段,决心。按照一定道德规范的要求,经过动机冲突,激发正确的道德动机,战胜不正确的道德动机,引导学生将水平较低的道德动机转化为较高级形式的道德动机,促使情况软弱动摇的动机转化为强烈、坚定的动机。

第二阶段,信心。下决心之后,还须坚持一系列复杂的心理活动,从而树立进行道德行为的信心。通过分析自身情况与客观情况,相信自己能完成道德行为,树立自信心。

第三阶段,恒心。这是最重要的一个阶段。仅有决心和信心,而没有恒心,就不能算有坚强的道德意志。恒心支持人们经过长期努力,积极地调节自己的活动,克服内外困难,制止不正确的行动,坚持正确的行动,坚持不懈地去实现既定的目的。

道德意志过程的三个阶段是密切联系,互相促进的。

实践表明,道德意志的培养与锻炼,对学生良好品德的形成与发展有极其重要的意义。教师应根据道德意志的基本过程和道德认识转化为道德行动的规律,锻炼学生的道德意志。为此,应注意以下几个方面。

第一,提高道德认识,发展道德情感。坚定的道德意志是正确的道德认识与深厚

的道德情感的表现,因此帮助学生提高道德认识,培养学生深厚而积极的情感是锻炼学生道德意志的前提。

第二,组织实践锻炼。坚强的意志,要在实践中加以锻炼才能形成。整个学校教育活动都是锻炼学生意志力的实践活动,是锻炼学生意志力的最基本的途径。如从专心上课到认真完成作业,从参加劳动、体育锻炼到各项政治思想教育活动,教师都要自觉地、有意识地针对学生特点,不失时机地培养学生的意志力。

第三,从小锻炼学生意志。坚强的意志需从小锻炼。让学生从小培养独立生活能力,独立学习能力,独立工作能力,对意志的培养锻炼具有重要意义。长期要亲人照顾,要成人的监护,多会形成依赖心理,独立生活能力差,当然形成不了坚强的意志。

第四,针对不同的意志类型,采取不同的锻炼措施。对冒失而轻率者,就需培养其沉着、冷静与克制和约束自己的能力;对虎头蛇尾、有始无终、缺乏坚毅者,则需培养其"恒心""毅力""韧性"。教师及家长要正确了解学生意志品质的优点与弱点,机智地采取为学生所乐于接受的锻炼措施。

(四) 道德行为的训练

道德行为或称道德行动,是人在一定的道德意识的支配下表现出来的,对他人和社会有道德意义的活动;它是人的道德认识的外在的具体表现。思想品德教育不仅应该教育学生懂得什么是道德的,更重要的是应组织学生对道德行为的培养训练,让学生在实践中培养起道德行为,并转化为道德行为习惯。道德行为的培养训练和习惯的养成对道德品质的形成具有十分重要的意义。

道德行为的训练,主要包括道德行为方式的掌握和道德行为习惯的培养两方面。

1. 道德行为方式的掌握

掌握道德行为方式是产生道德行为的必要条件,如果学生只在道理上懂得道德规范,而未在实际上掌握相应的道德行为方式,就难于实现知与行的转化。指导学生掌握道德行为方式有多种方式。例如,可以通过道德行为方式的讲解、道德行为方式的典型分析、道德行为方式榜样的展示、道德行为行动步骤的讨论、道德行为方式的练习、道德行为方式的总结等活动,让学生掌握道德行为方式。在道德行为方式的指导中,应注意以下几方面:明确训练意义,激发学生掌握道德行为方式的道德动机;教给学生行为方式时应由近及远,由简及繁,循循善诱;提高学生道德认识水平,使他们具有独立地、主动地或创造性地选择合理的道德行为方式的能力。

2. 道德行为习惯的培养

著名教育家叶圣陶曾强调指出:"什么是教育,简单一句话,就是要养成良好习惯。"习惯是逐渐养成的,不需要任何意志努力和监督的自动化了的行动方式。道德行为习惯是一个人不需要外在监督和自己意志努力即可实现的道德行为。道德行为习惯的养成是品德形成的重要标志之一。道德行为习惯一经养成,就能成为一个人道德行为的内部动力。

学生的道德行为习惯是在生活和教育过程中形成和发展起来的,其形成方式有以下几种。

第一,行为重复。创设道德教育的情境和条件,让良好的行为经常重复发生,不给重复不良行为以机会。

第二,榜样模仿。提供良好的榜样,让学生进行模仿,但要注意不让学生进行不良行为练习,以培养其良好的行为。

第三,与坏习惯作斗争。要及时纠正学生中的不良风气,不能使之养成坏习惯,对已形成的坏习惯可采取必要的措施,如合理地运用奖惩措施,必要时可组织集体舆论谴责等,以根除坏习惯。在根除坏习惯时,要使学生懂得坏习惯的害处和加强克服坏习惯的信心。

三、学生品德不良的矫正

(一)学生品德不良的心理分析

品德不良是指学生经常违反道德准则或犯有比较严重的道德过错,如说谎、偷盗、打架斗殴等。品德不良常常有经常性、倾向性、有意性等特点。品德不良既不能等同于道德过错,也不同于违法犯罪。道德过错是品德不良的前奏,其严重性、稳定性还没达到品德不良的程度。违法犯罪是指触犯刑律的犯罪行为。品德不良属于人民内部矛盾,违法犯罪大多属于敌我矛盾。但两者之间又存在着一定的联系:品德不良常常是违法犯罪的前奏,违法犯罪则又常常是品德不良进一步发展的必然结果。

1. 品德不良学生的类型

(1)顽固型。这是一些在学校里表现差,教育难度较大的学生。他们常常打架闹事,无事生非,屡教不改,无羞耻心、自尊心可言。他们通常是一伙落后学生的"头头"。他们认识糊涂,是非颠倒,不知荣辱、美丑,不分公私。他们有两大精神支柱:封建主义的江湖义气,剥削阶级的享乐主义;三大错误观点:亡命称霸的英雄观,无政府主义的自由观,低级下流的乐趣观。这些学生,人数不多,能量甚大,在同伙中有一定的号召力、威慑力,是学校和班级不安定因素的主要根源。

(2)随流型。这是一些未定型的品德不良学生。他们没有坚定的道德,其行为、观点、评价,完全取决于当时当地的情境,取决于影响他们的势力。当他们暂时没有遇到不良影响时,往往比较平静,但遇到不良影响时,就随流而下。他们对不良影响没有辨别力、抵抗力,常不知不觉糊里糊涂地犯下了错误。

(3) 忏悔型。这是一些由于受自己直接需要的刺激、诱惑而犯道德错误的学生，他们缺乏自制力，抵抗不住自己的直接需要的冲动，常常采取不道德的手段满足自己的需要。但一旦犯了道德错误之后，便悔恨不已，受到良心的责备。他们懂得什么是好的、什么是坏的，并且犯了错误之后，自己也体验到道德堕落的痛苦。但当直接需要再次受刺激的时候，还是难以控制自己，而重犯错误，结果又用忏悔、悔恨的形式来减轻良心的谴责。

(4) 冲动型。这是一些难教的学生。他们情绪激昂，不善于在集体中找到自己的位置。他们经常受到批评羞辱，因而觉得人们对他们不公平，只看他们的缺点。因此常常愤愤不满，十分敏感，只要别人稍有轻视他们的表示，或他们觉得自己受辱时，就火冒三丈，怒不可遏。这些学生自尊心特强，有正义感，"路见不平，拔刀相助"，往往好心办坏事。

2. 学生品德不良形成的原因

学生品德不良的出现，既有客观的原因，又有主观的原因。

在客观原因中，首先是家庭的不良教育和影响。家庭环境在年轻一代的成长过程中起着十分重要的作用。家庭的社会地位、家庭的生活环境、家庭成员的思想意识、生活习惯、教育态度、教育方法、行为作风等无不在有意或无意地塑造着少年儿童的个性品质。

对品德问题学生的家庭情况调查结果，反映出下列情况：

(1) 家庭缺乏正常的生活秩序和健全的生活方式。如家庭成员之间不和睦、父母离异等，因此对孩子缺乏关心和照顾，使学生失去正常的家庭教育。

(2) 父母教育不力，缺少正确管教子女的原则、方法；家庭成员道德要求不一，使学生无所适从，对道德规范迷惑不解，甚至形成表里不一、见风使舵的习气。

(3) 家风不正。家庭成员行为不检点，有不良的恶习，给学生提供了直接模仿的不良榜样，长期潜移默化，养成不良品德。

(4) 社会环境的不良影响。社会环境是指家庭和学校以外的一些关系，如朋友、邻里、里弄街道、非正式群体以及各种社会生活场所、文化传播媒介等。社会环境对学生品德不良的影响主要表现在以下几个方面：第一，社会上的不良风气。如走后门、官僚主义、贪污受贿、损人利己、损公肥私等。这些现象都会对学生的品德产生不良影响。第二，各种文化产品（如小说、电影、电视录像等）中的消极的、不健康的、有害因素的影响。例如反动书刊、淫秽小说、黄色歌曲等，都会腐蚀青少年学生的思想。第三，社会上具有各种恶习的人对学生的影响。社会上有些反动分子和坏分子，常常利用青少年学生的无知和好奇，采取欺骗、引诱、教唆等手段对学生进行腐蚀和拉拢，使学生沾染上恶习，有的甚至走上犯罪道路。

(5) 学校教育不当。学校是培养年轻一代的专门机构,学生的良好品德主要是通过学校教育来培养的。但是学校及教师不正确的教育要求、教育态度及教育方法等,会对学生品德的形成带来影响。突出问题是:第一,学校的压力。如升学压力、考试压力、学习负担过重等引起学生心情过分紧张或情绪剧烈波动,会加重学生的不良品德。第二,不尊重学生、不热爱学生。如教育中的强迫命令、简单粗暴、动辄就训斥或变相体罚等。第三,对学生要求过高、过急、过严。忽视学生年龄特征和个性特征,或者放任自流;或者忽视学生的心理需要,把成人的心理需要强加给儿童少年等。

最后,学生本身的主观原因。家庭、社会、学校等方面存在的不良因素,都是造成学生品德不良的外部原因。这些外因之所以能产生消极的作用,是由于学生在心理上存在着一定的心理弱点,这些心理弱点会在不良条件影响下转化为不良品德。从学生本身来分析,主要有以下一些原因:第一,缺乏正确的道德观念。研究表明,学生的某些不良品德常常是由于"道德上的无知"所造成的。学生常常是"有错不知错"。第二,缺乏正确的道德情感。道德情感能推动道德认识转化为道德行动,如果缺乏相应的情感,即使有了某种道德认识也将停留在口头上。在德育过程中,应当重视培养学生的道德情感,激发他们对道德行为的敬佩、爱慕之情,对不道德行为的憎恨之情。第三,道德意志薄弱。他们不能用道德意志战胜不合理的欲望。如有的学生不能抵御各种诱惑而出现过错行为或品德不良行为等。要使学生形成良好的品德,必须重视道德意志的培养和磨炼,增强抵制诱惑的能力。

此外,不良的行为习惯、接受错误的道德观点、精神上的空虚、人际关系紧张及青少年学生所具有的模仿性、幼稚性、依赖性等特点都是造成学生品德不良的主观原因。

(二) 学生品德不良的矫正

1. 品德不良学生的转化过程

品德不良学生的转化是有规律可循的,转化过程一般可以划分为以下三个阶段。

(1) 萌发阶段。学生萌发上进的愿望,开始向前迈进的阶段。此阶段是品德不良学生道德观念开始战胜非道德观念的阶段。教育影响是引起学生改过的主要条件,如先进人物事迹的感染、推心置腹的交谈、接受深刻的教训等都能激起改过上进的愿望。但这种愿望或不稳固、易消逝,或稳而显。教育者必须有高度的敏感性,发现萌芽,抓住时机,积极引导。

(2) 转化阶段。这是品德不良学生转化的关键阶段。所谓转化,是指品德不良学生在萌发改过愿望的基础上,行动上开始有改正错误的表现。此阶段有两个特点,第一个特点是:学生心理复杂,处于矛盾之中,一方面对过错行为感到羞愧,想将功补过,希望得到他人的尊重与信任,这些要求是推动他们实现转化的动因;另一方面他们又很自卑,对错误认识不深,与集体有对立的情绪,这些因素使他们徘徊、犹豫,阻碍行为转化。第二个特点是：出现反复。品德不良学生在转变过程中出现反复有两种情况，一是前进中的暂时后退，二是反复中出现倒退，这些都是正常现象。因为品德的转化中经历着新旧道德认识、情感和行为习惯的冲突和斗争。认识上的动摇、情感上的留恋、老朋友的引诱、周围人们的偏见都是反复现象出现的原因。教育的关键在于把反复当作转化时机，分析原因，循循善诱，有针对性地做好品德不良学生的转化。

（3）稳定、巩固阶段。在此阶段，学生的不良行为习惯已基本改正，不再出现反复，或很少有反复。积极因素在品德行为总体中逐渐占主导地位，自信心、责任感、集体荣誉感代替了消极情感。作为教育者，要加倍爱护、关心、信任、尊重他们；要有计划地提高他们的道德认识水平，防止骄傲和停步不前，及时地提出高一层次的行为标准，鼓励他们再接再厉，不断前进。

2. 品德不良学生矫正的心理学策略

（1）改善人际关系，消除疑惧与对立情绪。一般说来，品德不良学生在集体中的地位和角色体验是不佳的，他们与周围人的关系是不正常的，因为他们自身的不道德行为危害了他人，常受到批评，甚至是严厉的惩罚，他们常常处于怀疑、惧怕、戒备的心理状态，对学校、教师、家长、社会的帮助，常持以沉默、回避和对抗的态度，作为教育工作者一定要关心、爱护他们，尊重、理解他们，把教育品德不良学生作为自己的责任；二是要引导集体中的每个学生认识到关心、帮助品德不良学生是自己的道德义务；三是教师应机智地捕捉或者创造机会，让品德不良学生得到能表现其优点的机会，从而促进其人际关系的改善。

（2）善于发现学生优点，保护与激发学生的自尊心与自信心。优点是一个人前进的力量，是自信心的源泉。只有发挥优点，才能克服缺点。能否发现品德不良学生的优点是能否促进其转变的一个关键。品德不良学生的自尊心极为敏感，又特别脆弱。教师要依据他们的特点，善于保护他们的自尊心，教师要善于发现并重新点燃他们自尊心的火种，使学生获得克服缺点的勇气和自信。

（3）提高学生辨别是非的能力。辨别是非能力差，是学生品德不良的重要原因之一。辨别能力差的学生不能在出现错误举动的企图时，及时加以辨别和制止，在行动之后也不可能产生忏悔与改正的意向，因而，错了不知错，是非不分。解决这类问题，需要向他们反复讲解道德规范，提高他们的理论修养、认识水平。

（4）合理运用奖励与惩罚。奖励与惩罚是矫正学生不良品德的强化手段，运用得当，可以加快学生的转变，否则有害无益。学生犯了错误，不应动不动就惩罚。运用惩罚时要采取和善、友好、亲切的态度，应以对学生人格的尊重，对学生的关心和爱护为基础。此外，惩罚必须公正，还要考虑学生的年龄特征。

（5）针对学生的个别差异采取灵活多样的教育方式。学生品德不良的性质、程度不同,他们的年龄、性别、个性不同。因此,在教育他们时应因材施教,采取灵活多样的教育方式。如对低年级学生可采用正面诱导法,指出怎样做才对,对了要给予表扬,激励其养成好的行为习惯。对于初中学生可采取活动矫正法,即通过实际活动来纠正不良行为习惯。对于高中生可采用信任委托的方法,使他们在完成任务的过程中克服自身的不良品德和行为习惯。

【阅读材料】

高中生心理问题的表现形式

当前高中生的心理问题主要表现在十个方面:

一是学习压力感。由学业带来的心理压力。一听说考试等,心里就紧张。

二是偏执。偏于固执,总觉得大多数人不可信任,自以为是。

三是敌对。经常与人抬杠或者有打人冲动。

四是人际关系敏感。与人相处时,感到别人对自己不友善,不喜欢自己;和异性在一起时,非常不自在,说话脸红。

五是抑郁。精神苦闷、低落、闷闷不乐。对学业、前途、未来没有希望,整日没精打采。

六是焦虑。心里烦躁,总觉得有什么事要发生。

七是自我强迫现象。明知没必要做还要做。

八是适应不良。对学校的生活不适应。不习惯教师的教学方式,或者不喜欢学校的各项活动。

九是情绪不稳定。忽高忽低。

十是心理不平衡性。为他人比自己强或获得了高于自己的荣誉而感到不平。

其中,学习压力感是当前中学生存在的最严重的心理问题。

推荐读物

1. 方富熹,方格.儿童发展心理学[M].北京:人民教育出版社,2005.
2. 沈贵鹏.高中生心理成长[M].北京:电子工业出版社,2009.
3. 蔡志红.心理减压室——完美高中生活指南[M].广州:中山大学出版社,2012.
4. 钟志农,刘鹏志,周波.高中生心理辅导案例解析[M].上海:华东师范大学出版社,2007.

思考与练习

1. 高中生抽象逻辑思维、形式逻辑思维、辩证逻辑思维有哪些发展特点？
2. 高中生自我意识有哪些特点？
3. 高中生个性、社会性发展有哪些特点？
4. 如何矫正学生的不良品德？

第六章 学习心理及教学应用

学习目标

理解学习的含义与学生学习的特点,了解各派学习理论的基本观点;明确学习动机对学习的影响,掌握学习动机的激发与维持的途径与措施;理解学习策略的含义与要素,掌握学习策略教学的原则与方法;了解学习迁移的种类,掌握促进学习迁移的教学原则与教学策略。

案例导读

　　超市出口,等待收银的人们在静观一场"意志的战争":一位年轻的妈妈和她五六岁的儿子。儿子手中拽着一袋巧克力糖:"妈妈,我要这个。"妈妈一开始只是小声地跟他说:"不能吃糖,这个吃了会长虫牙的,我们不买。"儿子用委屈的眼神看着妈妈,把糖拽得更紧了……几个回合之后,只听妈妈放大了声音:"说不能买就是不能买,你这孩子怎么这么不听话呢。"儿子也不示弱,带着哭腔说:"可是我就想要这个,就一个。你说过如果我乖的话就会奖励我的。"最后,妈妈下了最后通牒:"我说最后一遍,不买!不然你就继续待在这儿,妈妈要回家了!"话音刚落,小孩便大声哭了起来,哭声吸引了更多的顾客。妈妈环顾四周,弯下身子小声地对儿子说:"如果你现在听话不哭了,我就给你买这袋糖,但这是最后一次了!"小孩点点头,马上止住了哭声,撕开糖果,终于,妈妈和儿子以及所有围观的群众都松了一口气,露出了满意的神情。

　　年仅五六岁的小孩是如何学会"操控"妈妈的行为的?或者这只是由于他的天性?阅读完本章内容之后,你将会找到答案。

第一节　学习概述

学习心理是教育心理学的重要组成部分。古今中外,众多教育家、心理学家都特别重视对学习问题的研究。20世纪二三十年代以来,西方国家已经形成了一些重要的学习理论派别。中国传统的学习心理思想也是十分丰富的。从春秋时起,历代不少思想家、心理学家、教育家都提出了许多有价值的见解。师范生理解与掌握一些基本的学习心理理论,有助于教育教学的科学设计,有助于促进青少年学生形成正确的学习心理过程,有助于科学实现教育教学目标。

一、什么是学习

(一)学习的一般概念

什么是学习?这是一个人人都能回答,又都回答不清的问题。若凭借经验和直觉,很容易列举一些学习的典型例证,比如看书、听课、做作业,比如学游泳、学弹琴、学驾驶等等人类的学习行为。如果进一步提出"动物是不是也能进行学习"这一问题的话,人们也许会感到不可思议。

实质上,学习是动物和人所共有的心理现象。人和动物的行为有两类:一类是本能行为,一类是习得行为。本能行为是通过遗传而获得的种族经验,是生来就有的。习得行为是在后天环境中通过学习而获得的个体经验。人类语言的习得,知识技能的掌握,生活习惯的养成,宗教信仰、价值观念的获得,甚至人的情感、态度和个性,无一不是后天学习的结果。因此,通俗地讲,学习是人与动物在生活过程中获得个体经验、并由经验引起行为较持久变化的过程。包括动物在内都能进行的学习是一种广义的学习,而狭义的学习是指学生的学习。

根据学习心理学的研究,对学习概念的理解需要掌握以下几个要点。

第一,学习是有机体通过观察、思考、练习等途径获得个体经验,从而表现出的相对持久的行为变化。因此,并不是所有的行为变化都是学习造成的,如成熟、疾病、疲劳、适应、药物所带来的行为变化就不属于学习。

第二,学习过程可以是有意的,也可以是无意的,有很多行为和态度都是在无意中不知不觉、潜移默化地形成的。

第三,学习带来的行为变化可以是外显的,也可以是内隐的。如知识、态度、兴趣这些潜在能力和行为倾向也是因学习而变化的。

第四,学习的结果不全都是积极的,也有消极的。如错误的知识、不良的行为习惯、社会所不容许的态度等也都是学习的产物。

上述学习定义是从现象上对学习进行了描述,它通过观察外部行为、比较学习前后行为的差异来推测学习的发生。当学习现象发生之时,有机体内部将发生变化,即可观察的刺激事件导致学习者的内部变化,基于这种内部变化,学习者才能表现出可观察的行为反应。因此,只有分析研究学习的内部过程才能揭露学习的本质。不同理论对学习的本质有不同看法(详见本章第二节)。

(二)人类学习的特点

学习是人和动物普遍存在的现象,但人类的学习在形式、内容和功能上都与动物学习有着本质的区别。人类的学习是在生活实践中,在与其他人的交往中,通过语言的中介作用进行的。人类的学习是有目的、自觉的、积极主动的过程。

第一,人类的学习是在社会生活实践中通过思维活动产生和实现的。人一出生,就生活在一个特定的社会中,并逐渐从一个自然人转变成一个社会人。在这个过程中,人逐步掌握和运用语言进行思维,从而认识自然界和社会现象及其规律,并根据这些规律对自然和社会进行改造。个体的社会化,既是人的社会实践活动过程,也是人类的学习过程。

第二,人类的学习是掌握社会历史经验和个体经验的过程。在人的社会化过程中,一方面要学习人类几千年来所积累的社会历史经验,同时也在自身的实践中积累个体的经验。其中,人对社会历史经验的学习,在人类的学习中具有重要地位。

第三,人类的学习是以语言为中介的。人对语言的掌握,扩大了个体学习和掌握社会历史经验的可能性。借助于语言这一工具,个体能通过学习把别人的经验转化为自己的经验,把人类的社会历史经验转化为个体的精神财富。

第四,人类的学习是自觉的、有目的的、有计划的。人的意识在人类的学习中起着支配和调节作用。

综上所述,人类学习是在社会活动中,以语言为中介,通过思维积极地、主动地掌握人类社会历史经验和积累个体经验的过程。

(三)学生学习的特点

学生的学习是整个人类学习的重要组成部分。学生的学习通常指学生在学校里进行的学习,是学习的一种特殊形式,是狭义的学习。它既不同于人类历史经验的积累过程,也不同于人们在日常生活环境中所进行的学习。学生的学习主要以掌握间接知识经验为主。当然,学生为了更好地理解、巩固和运用所学知识,有时也会通过实践去获取一定的直接经验,但学生的实践是服从于一定的学习目的的,与科学家探索尚未发现的客观真理的实践活动是有区别的。具体说来,学生学习的特点表现在以下几个方面。

1. 学生的学习是有目的、有计划的学习

学生的学习是在学校教育情境中进行的。学校教育的目的是使学生的潜在能力尽可能得到全面和谐的发展,它根据社会的需要和学生的心理特征、知识水平系统地规定了学习内容,循序渐进地组织学习。因此,学生的学习必须根据培养目标的要求,按照一定教育的具体要求来进行。学习安排具有严密的计划性。

2. 学生的学习是在教师指导下的高效的学习

学生的学习是在教师指导下进行的。教师是经过教育和训练的专职教育工作者,能自觉按照教育目的和要求有计划地安排学习活动。虽然学习发生在每个学生自己的身上,但学习的时机、课题、进度都由教师根据一定的计划,有系统、有组织地进行教育,以保证学生达到高效、准确的学习。教师的指导和传授,可以使学生的学习避免反复探索的曲折道路,而能够在较短的时间内取得更有效的学习成果。

3. 学生的学习是以掌握间接知识经验为主的学习

根据学校教育的特点,学生要在有限的时间内掌握人类最基本最主要的知识、技能和技巧,因此,学生的学习活动,既没有必要也不可能时时事事直接参加实践,而必须以学习间接知识为主。在掌握这些间接知识经验的过程中,学生的认知能力和个性品质也得到了发展。因此,学生学习的结果仍然是积极的。

4. 学生的学习是在班集体的交往中进行的学习

学生学习是在班级集体这种特有的社会群体条件下进行的。在这种条件下的交往与合作既属于学习的内容,也是学生学习的途径之一。班集体中的人际交往、人际关系以及班集体的个体差异等,对学生的学习都有重要影响。

二、学习的类型

学习是一种相当复杂的现象,因而学习的类型也是多种多样的。根据不同的标准,从不同的角度,心理学家对学习进行了各种类型的划分。

(一) 根据学习目标的不同进行的分类

美国心理学家布鲁姆将教育目标分为认知领域的目标、情感领域的目标和动作技能领域的目标三大部分,每一领域的目标又从低到高分为若干等级。其中认知领域的目标可以分为知识、理解、运用、分析、综合、评价六类。

(二) 根据学习结果的不同进行的分类

美国心理学家加涅认为学生学习之后要获得五种习得的能力即五种学习结果,它们是:言语技能、智力技能、认知策略、态度和动作技能。

(三) 根据学习方式的不同进行的分类

美国心理学家奥苏伯尔根据学习方式以及学习内容与学习者原有知识的关系不

同对学习进行了分类。

根据学习方式的不同,奥苏伯尔将学习分为接受学习和发现学习两种。接受学习是将学生要学习的概念、原理等内容以结论的方式呈现在学生面前,教师传授,学生接受。发现学习是指学生要学习的概念、原理等内容不直接呈现,需要学生通过独立思考、探索、发现而获得。

根据学习内容与学习者原有知识的关系不同,奥苏伯尔将学习分为机械学习和有意义学习两种。机械学习是指当前的学习没有与已有知识建立某种有意义的联系;有意义学习是指当前的学习与已有知识建立起实质性的、有意义的联系。

(四)根据学习内容不同进行的分类

中国心理学家潘菽主编的《教育心理学》(1980)中根据学习内容的不同,将学习分为四种:知识的学习;智力的学习;运动和动作技能的学习;道德品质与行为习惯的学习。

第二节　几种主要的学习理论

学习理论是指有关学习的实质、学习的过程、学习的规律以及制约学习的各种条件的理论探讨和解释。近百年以来,心理学家在探讨学习理论的过程中,由于各自的哲学基础、理论背景、研究手段的不同,自然形成了各种不同的理论观点,并形成了各种不同的理论派别,主要包括行为主义学派、认知学派、人本主义学派和建构主义学派。

一、行为主义学派的学习理论

行为主义学派的学习理论强调可观察的行为,认为行为的多次愉快或痛苦的后果塑造或改变了个体的行为。桑代克的联结主义、巴甫洛夫经典条件反射学说、斯金纳的操作条件反射学说以及班杜拉的社会学习理论可作为行为主义学派的代表学说。

(一)桑代克的联结主义的学习观

桑代克是动物心理学研究的先驱,他从 1896 年始,在哈佛大学用鸡、猫、狗、鱼等动物作为实验研究的对象,系统地研究动物的学习行为,从而提出了学习心理学中最早也最为完整的学习理论。

【阅读栏】

猫的学习实验

1898年,桑代克做了关于猫的学习实验。他把一只饿猫关入迷笼(问题箱)(见图6-1)中,笼外有鱼和肉。笼中有一踏板用绳子和门钮连在一起,只要踏下踏板,笼门就可打开。猫在笼中用爪够不到食物,于是乱咬、乱蹦。后来偶然碰到踏板,笼门打开,吃到食物。然后又将猫放回笼中,猫仍然需要经过乱咬、乱跳等过程才能打开笼门,逃到笼外,但随着实验次数的增加,猫的无效动作逐渐摒除,打开笼门所需的时间逐渐减少。最后,猫一入笼内,就能打开笼门而获取食物。由此桑代克提出了他的学习理论。

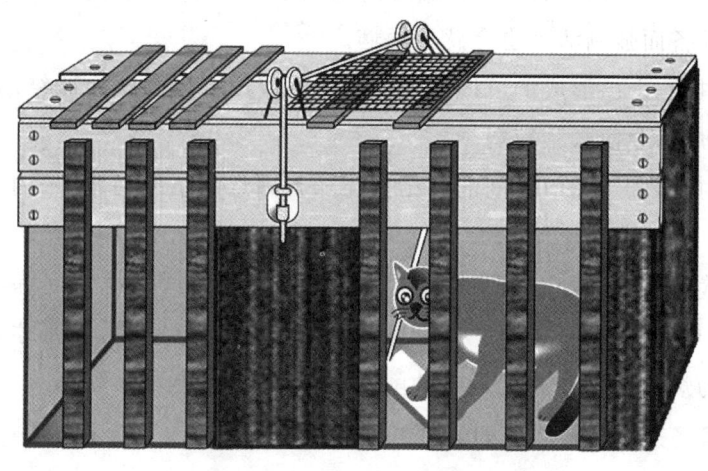

图6-1 迷笼实验

1. 学习的联结说

桑代克认为学习的实质在于形成情境与反应之间的联结。他认为,情境(S)有时也叫刺激,包括外界情境和思想、情感等大脑内部情境。反应(R)包括肌肉和腺体的活动以及观念、意志、情感和态度等内部反应。所谓联结,就是结合、关系、倾向,指的是某种情境只能唤起某种反应,而不能唤起其他反应的倾向。联结的公式:S-R。情境与反应之间是因果关系,是先天决定的原本趋向。他把联结的观点运用到人类的学习上,认为人类所有的思想、行为和活动,都能分解为基本的单位刺激和反应的联结。人与动物学习的区别在于:动物的学习过程是盲目的,无须观念为媒介,而人类的学习是以观念为媒介,是有意识的。

2. 学习过程的试误说

桑代克还强调联结是通过尝试与错误的过程而建立的。学习的进程是一种渐进的、盲目的、尝试与错误的过程。在此过程中,随着错误反应的逐渐减少和正确反应的逐渐增加,而终于在刺激与反应之间形成了联结。桑代克用不同的动物进行了实验,结果相当一致,由此,他认为联结的形成是遵循着一定规律的。

3. 学习的规律

桑代克提出三个学习的规律即准备律、练习律、效果律。

准备律是指当学习者有准备而给以活动就感到满意,有准备而不活动则感到烦恼,学习者无准备而强制活动也会感到烦恼。

练习律是指一个已形成的可以改变的联结的应用会增强这个联结的力量,而联结的失用(不练习)则会使联结减弱。

效果律是指情境与反应之间的联结因伴随着满意的结果而增强,因伴随烦恼的结果而减弱。

后来,桑代克对练习律和效果律做了修改。对于练习律,他认为练习并不能无条件地增强情境与反应之间联结的力量,而只有伴随着满意感时,练习才有作用。对于效果律,他认为烦恼对联结并无直接的削弱,只承认满意能增强联结。

(二)巴甫洛夫经典条件反射学说的学习观

俄国生理学家巴甫洛夫是经典条件反射学说的创立者。巴甫洛夫在研究狗的消化生理现象时,把食物呈现在狗面前,并测量其唾液分泌。通常狗吃食物时才会分泌唾液。然而,巴甫洛夫偶然发现狗还未吃到食物,只是听到送食物的饲养员的脚步声,便开始分泌唾液。巴甫洛夫没有放过这一现象,他开始做一个实验。先给狗呈现铃声,狗没有反应,然而在给狗呈现铃声之后紧接着呈现食物,并经反复多次结合后,狗在单独呈现铃声而没有食物的情况下也分泌了唾液。铃声与无条件刺激(食物)的多次结合使得铃声从一个中性刺激变成了一个条件性刺激,引起了分泌唾液的条件性反应,巴甫洛夫将这一现象称为条件反射,即经典条件反射。巴甫洛夫认为条件反射的生理机制是暂时神经联系的形成,并认为学习就是暂时神经联系的形成。

巴甫洛夫的经典条件反射学说的影响是巨大的。在俄国,以巴甫洛夫的经典条件反射学说为基础的理论在心理学界相当长的时间内曾占统治地位。在美国,行为学派的心理学家华生、斯金纳等均受到巴甫洛夫的条件反射学说的影响。

(三) 斯金纳的操作条件反射学说的学习观

斯金纳是行为主义的代表人物之一,是操作性条件反射的创始人,是美国当代著名的心理学家。斯金纳在特制的实验箱(斯金纳箱)内研究了白鼠的学习。箱内装有一个杠杆,杠杆与传递食物的机械装置相连,只要杠杆一被压动,一颗食丸便滚进食盘。白鼠被放进箱内,自由活动,当它踏上杠杆时,有食丸放出,于是吃到食物。它一旦再压杠杆,食丸又滚出,反复几次,白鼠就学会了按压杠杆来取得食物的条件反射。斯金纳将这种条件反射叫作操作性条件反射。此外,斯金纳还做了鸽子啄圆窗反应的实验,由此提出了操作条件反射的学习理论。

1. 行为分为应答性和操作性两种

斯金纳认为条件反射有两种,即巴甫洛夫的经典条件反射和操作性条件反射。巴甫洛夫的经典条件反射是应答性(或刺激型)条件反射过程,是先由已知刺激物引起的反应,是强化物和刺激物相结合的过程。操作性条件反射是反应型条件反射的过程,是没有已知的刺激,是由有机体本身自发出现的反应,是强化物和反应相结合的过程。

斯金纳认为一切行为都是由反射构成的。反射有两种,行为也必然有两种,即应答性行为和操作性行为。因此,学习也分为两种,即反射学习和操作学习。斯金纳更重视操作学习,他认为操作行为更能代表人在实际中的学习情况,认为人的学习几乎都是操作学习。

2. 操作性行为形成的重要手段是强化

斯金纳认为强化是操作性行为形成的重要手段。强化在斯金纳的学习理论中占有极其重要的地位,是他学习理论的基石和核心,有人称它的学习理论为强化理论或强化说。

操作学习的基本规律是:如果一个操作发生后,接着呈现一个强化刺激,则这个操作的强度(反应发生的概率)就增加。认为学习和行为的变化是强化的结果,控制强化就能控制行为。强化是塑造行为和保持行为强度的关键。塑造行为的过程就是学习过程。教育就是塑造行为。只要安排好强化程序,就可以随意地塑造人和动物的行为。

3. 提出了程序教学

程序教学的提出是斯金纳学习理论在教学中的具体应用。

1954年,斯金纳在《学习科学与教学的艺术》一文中,根据他的强化理论,对传统教学进行了批评,指出:传统教学在控制学生行为的手段上是消极的,多为负强化(如发脾气、惩罚、训斥等);行为和强化之间的时间间隔太长;缺乏连续的强化程序;强化太少。由此,斯金纳强力主张改变传统的班级教学,实现程序教学和机器教学。根据操作性条件反射原理把学习的内容编制成"程序"安装在机器上,学生通过机器上的程序显示进行学习。后来还发展了不用教学机器,只使用程序教材的程序学习。

程序学习的过程是将要学习的大问题分解成若干小问题,按一定顺序呈现给学生,要求学生一一回答,然后学生可得到反馈信息。问题相当于条件反射形成过程中的"刺激",学生的回答相当于"反应",反馈信息相当于"强化"。

(四) 班杜拉的社会学习理论

班杜拉的社会学习理论是美国新行为主义的一个派别,创立于1977年。班杜拉认为,除了从自身的行动结果中获得学习之外,人类很大一部分学习是通过观察其他个体的活动而进行的观察学习。

观察学习是社会学习的一种最重要的形式,所谓观察学习是指通过观察他人的行为及其后果而发生的替代性学习。其中,被观察者即为榜样。一方面,相比于从实际的行为中学习,观察学习加速了学习过程;另一方面,观察学习还可以避免学习者经历有负面影响的行为结果。比如,我们只需通过听他人描述、阅读、影视资料等就可以了解到毒蛇的危险性,而不必亲自体验。

班杜拉在研究中发现年幼儿童常常会模仿电影中的攻击行为,对此,他曾发出警告,大量的媒体,尤其是电视和电影提供了许多社会学习的影响源:"在塑造行为与社会态度上,大量媒体发挥了重要的影响作用,随着象征性的榜样的使用,家长、教师以及其他传统角色所发挥的榜样作用在社会学习上占的比重越来越小了。"

班杜拉提出观察学习可分为四个阶段进行,即注意过程、保持过程、复制过程和动机过程。

注意过程:学习者在大量示范影响中选取一定的行为作为观察、知觉、吸收的目标。

保持过程:将注意过程中获得的榜样示范行为模式以视觉表象、言语编码等符号形式贮存在大脑。

复制过程:在一定社会情境中练习获得的示范行为,通过自我修正的调整,形成熟练的运动技能,达到正确再现榜样的示范行为。

动机过程:特定社会情境对行为动机的驱动作用,决定是否将所习得的行为认知模式外显操作。

二、认知学派的学习理论

认知派学习理论强调整体观,注重内部心理过程,注重学习过程中内部心理结构、认知结构或图式的建构。格式塔学派的学习理论、托尔曼的认知—目的说、皮亚杰的图式理论、维果茨基的内化论、布鲁纳的认知—发现说、奥苏伯尔的有意义学习理论、加涅的信息加工学习理论以及建构主义的学习理论均可作为认知派的代表性学说。

（一）格式塔学派的学习理论

格式塔学派又称完形学派，1912年产生于德国，代表人物是韦特海默、考夫卡、苛勒。这一学派的学习理论是研究知觉问题时针对桑代克的学习理论提出来的。他们强调经验和行为的整体性，反对行为主义的"刺激—反应"公式，于是重新设计了动物的学习实验。

【阅读栏】

黑猩猩的学习实验

苛勒（K. Kkhler）从1913—1917年在一个岛上进行黑猩猩的学习实验。

在一个典型的实验中，把黑猩猩关在笼中，笼外放有香蕉和一长一短的两根木杆。黑猩猩在笼内不能直接够到香蕉。当黑猩猩用"手"够香蕉失败后，停止活动，四处张望，若有所思。之后，它突然起身，用短杆取得长杆，再用长杆够到了香蕉。这一系列动作是一气呵成的。由此，苛勒认为，黑猩猩对问题的解决是由于突然领悟即顿悟而实现的，学习不是逐渐地试误过程，而是对知觉经验的重新组织，是对情境关系的顿悟。

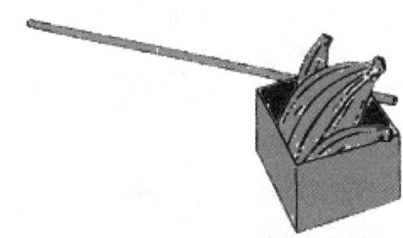

图 6-2　大猩猩解决接竿问题

1. 学习是组织的一种完形

完形派认为,学习是组织的一种完形。完形或称"格式塔",指的是对事物的式样和关系的认知。学习过程中问题的解决,是由个体通过理解情境中的事物关系,从而构成一种完形来实现的。完形派认为,无论是运动的学习、感觉的学习、感觉运动的学习和观念的学习,都在于发生一种完形的组织,而非各部分间的联结。

2. 学习是通过顿悟实现的

完形派认为学习的成功完全是"顿悟"的结果,即突然地理解了,而不是"试误""尝试与错误"。顿悟是对情境全局的知觉,是对问题情境中事物关系的理解,也就是完形的组织过程。

完形派用来证明学习过程是领悟而非试误的主要证据是:从不能到能之间突然转变;学到的东西能良好地保持,而不是重复出现错误。

(二) 托尔曼的认知—目的说

托尔曼是美国加利福尼亚大学教授,曾任美国心理学会主席。托尔曼受格式塔学派的影响,强调整体行为是指向一定目的的,有机体对环境的认知是达到目的的手段。他不同意把情境(刺激)与反应之间看成是直接的联系,即 S-R。他提出了"中介变量"的概念,认为中介变量是介于实验变量和行为变量之间并把二者联系起来的因素。S-R 的公式应为 S-O-R,O 代表中介变量。

托尔曼于 1930 年设计并进行了白鼠高架迷津方位实验。在这种迷津中设置了白鼠通向食物箱的长短不等的三条通道(见图 6-3)。通道按长短分成等级。通道 1 优于通道 2,通道 2 优于通道 3。首先让白鼠在迷津内经过探索,熟悉这三条通道,然后将白鼠放进起箱内,观察它们的行为。结果发现,白鼠首先选择通向食物距离最短的通道 1,当通道 1 在 A 点被堵时,则白鼠走通道 2,而当通道 2 必经的 B 点也被堵时,它们就走通道 3。

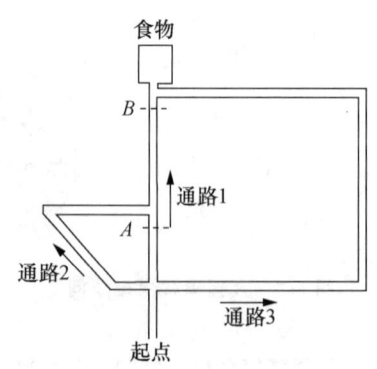

图 6-3 用于检验白鼠位置学习实验的迷津

托尔曼的学习理论就是从上述观点出发,并通过考察动物学习的行为全过程而提出的。

1. 学习是有目的的

托尔曼认为动物学习是有目的的,其目的就是获得食物。他不同意桑代克等人认为学习是盲目的观点。动物在迷津中的试误行为是受目标指引的,是指向食物的。不达目的是不会罢休的。他认为学习就是期望的获得。期望是个体关于目标的观念。个体通过对当前的刺激情境的观察和已有的过去经验而建立起对目标的期望。

2. 对环境条件的认知是达到目的的手段或途径

托尔曼认为有机体在达到目的的过程中,会遇到各式各样的环境条件,他必须认知这个条件,才能克服困难,达到目的。所以,对环境条件的认知是达到目的的手段或途径,(托尔曼用"符号"代表有机体对环境条件的认知)。学习不是简单的、机械的形成运动反映,而是学习达到目的的符号,形成"认知地图"。所谓认知地图是动物在头脑中形成的对环境的综合表象,包括路线、方向、距离,甚至时间关系等信息,是个较模糊的概念。

总之,目的和认知是托尔曼学习理论中的两个重要中介变量,所以称他的学习理论为认知—目的说。

(三) 布鲁纳的认知—发现说

布鲁纳(T. S. Bruner)是美国当代著名的认知心理专家。1960 年,他同乔治·米勒一起创建了哈佛大学认知研究中心。

1. 学习的实质在于主动地形成认知结构

布鲁纳的学习理论强调学习是认知结构的组织和重新组织。学习的实质在于主动地形成认知结构,认知结构是人的认识活动赖以形成的心理结构。认知结构是递进的、多层次的,由低级向高级水平发展。布鲁纳认为认知结构是人对外界物质世界进行感知和概括的一般方式,是在过去经验的基础上形成的,并在学习过程中不断变动。认知结构的形成是人进一步学习和理解新知识的重要内部因素和基础。

布鲁纳非常重视人类学习的主动性,认为人类的学习是主动学习。布鲁纳认为,学习者总是在已有经验的基础上,对输入的新思想进行组织和重新组织。他强调学生学习的内在动机,认为学习的最好动机是对所学材料本身的兴趣,不宜过分重视奖励、竞争之类的外在刺激。

2. 对学习过程的观点

布鲁纳认为,学习一门学科,包含着三个差不多同时发生的过程,即新知识的获得、知识的转化、评价。新知识的获得是与已有知识经验、认知结果发生联系的过程,是个体主动认识理解的过程,个体通过"同化"或"顺应"使新知识纳入已有的知识结构。知识的转化是指对新知识进一步分析和概括,使之转化为另一种形式,以适应新的任务。评价是对知识转化的一种检验,即检验个体对知识的分析、概括是否恰当,运算是否正确等。布鲁纳认为学生学习任何一门学科都涉及一连串的新知识,每一知识的学习都要经过获得、转化和评价三个过程。

3. 提倡发现学习

布鲁纳提倡发现学习,发现学习就是让学生独立思考,改组材料,自行发现知识,掌握原理、原则。布鲁纳说:"发现不限于那种寻求人类尚未知晓的事物的行为,正确地说,发现包括用自己的头脑亲自获得知识的一切形式或方法。"可见,他强调发现是一种方法。布鲁纳认为:不论是在校儿童凭自己的力量所做出的发现,还是科学家在日趋尖端的研究领域所做出的发现,按其实质来说,都不过是把现象重新组织或转换,使人能超越现象进行组合,从而获得新的领悟而已。即学生也要像科学家那样通过发现的方法进行学习。

布鲁纳之所以强调发现学习,首先应归因于他对教学目标的看法。他认为,教学不仅应当尽可能使学生牢固地掌握科学内容,还应当尽可能使学生成为自主且自动的思想家;这样的学生在完成正规的学校教育之后,将会独立地向前迈进。

(四)奥苏伯尔的有意义学习理论

奥苏伯尔是美国纽约州大学研究院的教育心理学教授,是认知派的代表人物之一。他从20世纪50年代中期开始致力于有意义言语材料的学习与保持的研究。

1. 强调学生的学习主要是有意义的接受学习

奥苏伯尔从两个维度对学习做了区分:从学生学习的方式上将学习分为接受学习和发现学习;从学习内容与学习者认知结构的关系上又将学习分为有意义学习和机械学习。奥苏伯尔认为学生的学习主要是接受学习,而不是发现学习。接受学习是教师将学习内容以定论的形式直接呈现给学生,教师传授,学生接受。自实行班级授课制以来,接受学习一直是课堂学习的主要形式。奥苏伯尔认为接受学习既可以是有意义的,也可以是机械的。同样,发现学习既可以是有意义的学习,也可以是机械学习,那种只发现点滴的事实,而不理解其中的规律的发现学习便是机械的发现学习。奥苏伯尔认为学校中的学习应该是有意义的接受学习和有意义的发现学习,但他更强调有意义的接受学习,认为它可以在短时间内使学生获得大量的系统知识,这正是教学的首要目标。

2. 有意义学习的实质与条件

奥苏伯尔认为,有意义学习的实质就是以符号代表的新观念与学习者认知结构中原有的适当观念建立起非人为的和实质性联系的过程。奥苏伯尔认为有意义学习必须具备以下三个条件：第一，学习材料本身必须具有逻辑意义。所谓逻辑意义是指学习材料可以和学习者认知结构中的适当观念建立起非人为的和实质性的联系。第二，学习者必须具备有意义学习的心向，即积极主动地把新知识与学习者认知结构中原有的适当知识联系起来的倾向性。第三，学习者认知结构中必须具有同化新知识的适当观念。以上三个条件必须同时具备，才能实现有意义学习。学习者必须积极主动地使具有逻辑意义的新知识与其原有认知结构中的有关的旧知识发生相互作用，以使旧知识得到改造，新知识获得实际意义。

（五）加涅的信息加工学习理论

加涅是美国佛罗里达州大学的教育心理学教授。他的学习理论是在行为主义和认知观点相结合的基础上，运用现代信息论的观点和方法，通过大量实验研究工作建立起来的。他认为学习过程是信息的接收和使用过程。学习是主体和环境相互作用的结果，学习者内部状况与外部条件是相互依存、不可分割的统一体。

1. 学习结构模式

加涅将学习过程看作是信息加工流程，来自环境的刺激作用于学习者的感受器，然后到达感觉记录器，信息在这里经过初步的选择处理，停留的时间还不到一秒钟，便进入短时记忆，信息在这里也只停留几秒钟，然后进入长时记忆。以后当需要回忆时，信息从长时记忆中提取而回到短时记忆中，然后到达反应发生器，信息在这里经过加工便转化为行为，作用于环境，这样就发生了学习。

2. 学习过程的阶段性

加涅认为学习的外部条件和内部条件应加以区别。发生在学习者头脑里的内部活动是学习过程，它是在外部影响下发生的。教学是有目的、有计划地发动、激发、维持和提高学习者学习的一整套外部条件。在此基础上，加涅提出了学习过程的八个阶段及相应心理过程的假设。这八个阶段为动机产生阶段、了解阶段、获得阶段、保持阶段、回忆阶段、概括阶段、作业阶段、反馈阶段。

（1）动机产生阶段，与之相应的心理过程是期望。学习要先有动机，动机可以与学习者的期望建立联系。期望是目标达到时所能得到的报酬、结果或奖励，是完成任务的动力，能给学习者指明方向和道路。

（2）了解阶段，与之相应的心理过程是注意、选择性知觉。加涅认为注意是一个短暂的内部状态，对学习有定式作用，也起着执行控制作用。教学要引起学生的这种注意，通过口头指导语把注意引向与学习有关的某一方面，可使学生有选择地知觉其所处情况中的某些刺激。

(3) 获得阶段,与之相应的心理过程是编码、存入。在这一阶段,所学知识到达短时记忆,并转入长时记忆。编码就是对获得的信息进行加工整理,以便和原有信息相联系并形成系统,存入长时记忆。

(4) 保持阶段,与之相应的心理过程是记忆贮存。知识到达长时记忆后,还要对材料继续加工,使之能永久保持。

(5) 回忆阶段,与之相应的心理过程是检索。回忆是指能将所学材料准确地重现出来,是通过检索实现的。检索是在外部刺激作用下,按一定方向进行的寻找过程。

(6) 概括阶段,与之相应的心理过程是迁移。对学习材料进行总结、整理、归纳,形成体系或结构,并能将知识和技能应用到各种新的情境中,这实质为学习的迁移。

(7) 作业阶段,与之相应的心理过程是反应。是学习者将学习付诸行动,通过新作业和新操作的完成,表现出学习者学到了什么。

(8) 反馈阶段,与之相应的心理过程是强化。在这一阶段,学习者完成了新作业并意识到自己已达到预期目标,从而使第一阶段所建立的预期和动机,在最后阶段得到证实和强化。加涅认为,强化主宰着人类的学习。

3. 指导法——加涅学习理论在教学上的应用

所谓指导法是指教师要给学生以最充分的指导,引导学生沿着仔细规定的学习程序,一步一步地循序渐进地进行学习。加涅认为教学的主要目标是发展能力,而发展能力的关键在于掌握大量有组织的知识,即一个金字塔型的知识系统。教学目标确定之后,教师首先应进行任务分析,任务分析是自上而下进行的。为使学生获得终极行为,学生需要学会做哪一些事?必须表现出什么起点行为?等等。在任务分析的基础上,进行实际教学时,教师应从学习层次的底层出发,自下而上地引导学生循序渐进地进行学习,最后达到教学目标,使学生表现出终极行为。

三、人本主义的学习理论

人本主义心理学是 20 世纪 60 年代在美国兴起的一个心理学学派。其主要代表人物是美国心理学家马斯洛和罗杰斯等人。

人本主义心理学的主要理论是"自我实现"论。他们认为有机体都有一种内在倾向——以有助于维持和增强机体的方式发展自身的潜能。人与一般有机体的区别在于除一般潜能外,还有人所特有的心理潜能。心理潜能也是人体的遗传构成,具有求得发展的内在倾向。"自我实现"论就是指人有这种尽其所能的内在倾向。

人本主义的学习论者认为学习就是学习者获得知识、技能和发展智力,探究自己的情感,学会与教师及集体成员的交往,阐明自己的价值观和态度,实现自己的潜能,达到最佳的境界的过程。人本主义学习论者以潜能的实现来说明学习的机制。他们反对刺激—反应这种机械决定论,强调学习中人的因素。他们认为必须尊重学习者,把学习者视为学习活动的主体;必须重视学习者的意愿、情感、需要和价值观;相信正常的学习者都能自己指导自己,都具有"自我实现"的潜能。所以,罗杰斯在教育改革领域提出了"以学生为中心"的教学理论,并倡导"非指导性教学"。

1. 人本主义的学习原则

罗杰斯根据大量的事实与实验,在《学习自由》一书中概括了人本主义的学习原则:

(1) 人类具有学习的自然潜能。人对外界充满好奇心,这会促进人的学习和发展。罗杰斯指出,在适当的条件下,想学习、想发现、想扩展知识经验的潜能和愿望就能够释放出来。学生具有想学习的愿望,教育必须建立在这种愿望之上。

(2) 学习内容必须在学生感到与自己的目的有关时,才会产生意义学习。一个人只有对自认为有价值的事情,才会大量投入精力,并加速完成,对学习来讲也是如此。

(3) 要求改变自我组织及自我知觉的学习具有威胁性并会被抵制。例如,青年人留长发是符合同伴之间审美标准的,这时如果让他们接受留长发不好的价值标准,就会对他们原来的审美标准产生威胁,而强制接受则往往效果不佳。

(4) 当外部威胁降至最低程度时,学生就比较容易接受与同化那些威胁自我的学习内容。罗杰斯认为理解与支持的学习环境能够消除外部威胁,教师要鼓励学生自发参与学习活动,在学生参与学习活动时给予适当的建议,而不是要求学生必须参加哪些活动。

(5) 当对自我的威胁降低时,学生就会以不同的方式来接受经验,学习才能取得进展。嘲笑、羞辱、轻视都会威胁到学生的自我,威胁到学生对自己的看法,从而严重干扰学习。在一种对自我没有多少威胁的环境中,学生就会抓住各种机会学习,以便增强自我。

(6) 多数意义学习是从做中学到的,即让学生直接面临实际问题,做错了也会有利于学习。

(7) 当学生主动参与学习过程时,学习才能进行。只有当学生自己确定学习方向、寻找学习资源、阐述问题、计划行动方案、获得结果时,才是真正的意义学习。

(8) 学习者的情感与认知都参与,而且是由学习者自我发动的学习才能取得持久的、深刻的效果。罗杰斯强调,学习是情感认知都参与的活动,而不仅仅是一种只涉及认知的活动。由自我发动的学习是学生自己的学习,他自己决定学不学与如何学。

(9) 当以自我批评和自我评价为主、而他人评价居于次要地位的时候,学生的独立性、创造性和自信心才会得到促进。罗杰斯明确指出,只有在自由的气氛之下,创造性才能得到发展,要发展儿童的独立性与自信心,必须让学生进行自我判断。

（10）现代社会最有用的学习是学习过程的学习，是一种对经验开放并不断将其整合于自我的变化过程。现代社会不断变化，学生必须面对当前所处的情境，不断成长，不断进行新的挑战性的学习，从而成为独立自主、积极主动、自由而自律的人。

上述十条原则似乎很松散，但包含了罗杰斯对学习的基本看法。

2. 对学习本质的看法

学习是个人潜能的充分发展，是人格的发展，是自我的发展。得到充分发展的人具有如下特性：自发进行活动并能负起责任，能进行明智的选择，进行自我指导；具有评价能力，为自己的目标而非他人赞许而工作；能适应新的问题情境，能获得解决问题的资料，能将适应问题的方式内化，自由、创造性地运用经验；能与他人合作进行活动。

所以，学习对每个学习者来讲是有个人价值的，学习是具有情感的，学习与整个人相关联，而不仅仅是发生在"颈部以上"。这就是罗杰斯所说的意义学习。它不同于奥苏伯尔提出的有意义学习，它强调的是学习内容与个人之间的关系，而不是新旧知识之间的联系。

3. 对学习过程的看法

罗杰斯认为，意义学习就是一个没有结论的过程，或者如第十条学习原则所说的那样是"学习过程的学习"。

首先，在学习过程中，学习者要不断感受经验，在活动中学习；第二，学习者自发参与学习的过程，教师不教知识，也不教怎样学，只是为学生提供学习的条件，由学生自己来决定学习内容；第三，整个人都要参与学习，特别是情感在学习过程中具有重要作用；第四，学习者的行为、态度、整个人格都参与学习过程并得以发展；第五，在学习过程中，学习者进行自我评价，他们知道自己想学什么，自己学到了什么。

4. 非指导性教学

非指导性教学，也被称为学生中心教学，它是非指导性治疗在教学中的应用，是一种个别化教学。

"非指导性"不是取消指导，而只是反对传统的指导性教学。罗杰斯认为，传统教学有几个特征：教师是权威，是知识的拥有者，在教学中处于中心地位；学生只有服从，是知识的容器，无权选择课程与教师；考试与讲课是教学的核心；师生之间相互不信任，顶多是学生对教师的钦佩；随着年级的增高，学生的好奇心日益受到限制，而恐惧却与日俱增。非指导性教学是针对这些传统教学的特点而提出的，它不是无指导，而是强调学习不能教，只能促进，教师要作为促进者积极地参与教学的组织活动，教师的任务是促进学生的自我指导。

非指导性教学的特点表现在四个方面：

（1）是一种无结构的教学，教学前无明确具体的目标，也无完整详细的计划。

（2）课堂上具有无拘无束的气氛，教师要能够接受学生。

（3）鼓励学生进行思考，教师可根据学生的活动随时随地设置一些问题。

（4）多采用小组自由讨论的形式进行。

以上几个特点说明，非指导性教学不是对学生放任自流，而是不替代学生思考，并充分考虑学生的要求。

人本主义学习理论重视人的内在价值，重视个人潜能的成长，鼓励人们自我实现、积极向上，这相对于学习理论来说，是一种进步。但其学习的机制无疑异常复杂，尚待进行系统的大量研究，且人本主义学习观过于强调实现先天的潜能的内在倾向，忽略了时代条件和社会环境对于先天的潜能的制约和影响，这是它的一个重要的不足方面。

四、建构主义的学习理论

建构主义是学习理论中行为主义发展到认知主义以后的进一步发展，即向着与客观主义更为对立的另一方面发展。建构主义者认为知识是个体对现实世界建构的结果。根据这种观点，学习发生于规则和假设的不断创造，以解释观察到的现象。

1. 建构主义的认知论

建构主义的核心观点认为：第一，认识并非主体对于客观实在的简单的、被动的反映，而是一个主动的建构的过程，即所有的知识都是建构出来的。第二，在建构的过程中主体已有的认知结构发挥了特别重要的作用，而主体的认知结构亦处在不断的发展之中。

皮亚杰和维果茨基是建构主义的先驱者。尽管皮亚杰高度强调每个主体的新创造，而维果茨基更关心知识的工具即文化和语言的传递，但在基本方向上，皮亚杰和维果茨基都是建构主义者。

2. 建构主义的学习观

（1）学习是学习者积极主动建构的过程

建构主义认为学习者对外部世界的理解是他自己积极建构的结果，而不是被动地接受别的什么人呈现给他们的东西。而当学习者对现实世界的原有观念与新的观察之间出现不一致，原有观念失去平衡时，便产生了创造新的规则和假设的需要。学习是学习者运用自己的经验去积极地建构对自己富有意义的理解，而不是去理解那些用已经组织好的形式传递给他们的知识，学习活动是一个创造性的理解过程。相对于一般的认识活动而言，学习主要是一个"顺应"的过程，即认知结构的不断变革或重组，而认知结构的变革或重组又正是新的学习活动与认知结构相互作用的直接结果。按照建构主义的观点,"顺应"或认知结构的变革或重组正是主体主动的建构活动。建构主义强调学习者的积极主动性、强调新知识与学习者原有知识的联系、强调将知识应用于真实的情境中而获得理解。

（2）学习是一种高度化了的社会行为

建构主义学习理论认为,学生的学习是在学校这样一个特定的环境中,在教师的直接指导下进行的,主要是一种文化继承的行为,即学习这一特殊的建构活动具有明显的社会性质,是一种高度化了的社会行为。学习并非一种孤立的个人行为,适当的环境不仅是学习的一个必要条件,而且也在很大程度上决定了智力的发展方向。

根据建构主义的基本立场,教师和学生以及学生和学生之间的相互作用对学习活动有重要影响。小组合作学习近年来受到普遍的重视,因为它为更充分地实现"社会相互作用"提供了现实的可能性。正是基于这样的认识,人们提出了"学习共同体"的概念,即认为学习活动是由教师和学生所组成的共同体共同完成的。也就是说,学习不能被看作孤立的个人行为,而是"学习共同体"的共同行为,或者说共同行为与个人行为之间存在着一种相互依赖、相互促进的辩证关系。此外,我们还应看到整体性的社会环境和文化传统对于个人的学习活动亦有十分重要的影响。

（3）学习的结果是围绕着关键概念建构起来的网络结构的知识

建构主义认为学生学习的结果是建构围绕关键概念的网络结构知识,包括事实、概念、概括化以及有关的价值、意向、过程知识、条件知识等。其中的关键概念是结构性知识。因此,建构主义学习理论认为学习的结果既包括结构性知识,也包括非结构性知识,而且认为这是高级学习的结果。斯皮罗等人认为学习可以分为初级学习和高级学习。初级学习是学习的低级阶段,在该阶段,学生习得了一些重要的概念和事实,在测验中能将所学的东西按原样再生出来,这里所涉及的内容主要是结构良好的领域。高级学习要求学生把握概念的复杂性,并广泛而灵活地运用到具体情境中,这时所涉及的是大量结构不良领域的问题。概念的复杂性和概念实例间的差异性是结构不良领域的两个主要特点。斯皮罗认为结构不良领域是普遍存在的,只要将知识运用到具体情境中去,就会遇到结构不良领域的问题。因此,在解决实际问题时,往往不能靠简单地提取出某一个概念原理,而是要通过多个概念原理以及大量的经验背景的共同作用来实现。美国心理学家维特罗克提出的学生学习的生成过程模式较好地说明了学习的这种建构过程。维特罗克认为学习的生成过程是学习者原有的认知结构域与从环境中接受的感觉信息（新知识）相互作用,主动地选择信息和注意信息,以及主动地建构信息意义的过程。

3. 建构主义的教学观

建构主义者以其对学习的理解为基础,对教学过程中的教学目标、教师的作用、促进教学的条件、教学方法、教学设计等问题提出了自己的观点,进而形成了建构主义的教学观。

(1)教学并非传递客观世界的知识,而是教育者根据明确的知识目标,指导和促进学生按自己的情况对新知识进行建构活动,最后建构起关于知识的意义。

(2)教师不应被看成是"知识的传授者",而应成为学生学习活动的促进者。在肯定学生的主体地位的前提下,教师应在教学活动中充分发挥主导的作用。这种主导作用具体表现在教师应在以下几个方面促进学生的学习:

第一,教师应努力调动学生学习的积极性,激发学生学习的内、外动机。

第二,教师要发挥教学活动组织者的作用,包括根据教学的具体情况在"小组学习""个人学习"和"全班讨论"等多种形式之中适当地很好地加以组织,以及培养出一个好的"学习共同体",创造一个良好的学习环境等。

第三,教师应当发挥"启发者""质疑者"和"示范者"的作用,教师要善于引起学生观念上的不平衡。

第四,教师应努力帮助学生获得必要的直接经验和先备知识。

第五,教师应充分注意各个学生在认识上的特殊性和差异性,以便因材施教。

(3)学生主体、实际情境、协作学习和充分的资源是促进教学的重要条件。建构主义认为:第一,学习要以学生为中心,注意学生主体的作用,教师的作用只在于协助学生建构意义。第二,学习情境要与实际情境相符合,因为只有在实际情境中,学生才能接触结构不良领域的问题,学生才能进行高级的学习。第三,学习要注重师生之间以及学生与学生之间的协作,强调讨论和合作学习。第四,要注重教学环境的设计,为教育者提供充分的资源。

(4)教师要超越单纯讲座或讲授式的教学方法,灵活采用随机通达教学、情境性教学、支架式教学及交互式教学等方法。

建构主义者提出了随机通达教学,认为对同一内容的学习要在不同的时间多次进行,每次的情境都是经过改组的,且目的不同,分别着眼于问题的不同侧面,以便学习者从不同角度建构所学知识的意义。

建构主义者批评传统教学使学习去情境化的做法,提倡情境性教学,认为学习应在与现实情境相类似的情境中发生,学习内容要选择真实性任务,以解决学生在现实生活中遇到的问题为目标,指导学生探索并解决问题。

支架式教学是以维果茨基的最近发展区理论及"辅助学习"为基础而提出来的,强调通过教师的帮助(支架)将学习的任务逐渐由教师转移给学生自己,最后撤去支架,使学生达到独立学习的目标。

交互式教学是一种通过教师与学生之间的相互作用,指导学生通过自我提问、总结、澄清和预言等步骤,监控学习的过程,并建构起对所学知识的理解的教学方式。

第三节 学习动机的激发与教学

一、学习动机概述

(一)学习动机的概念

学习动机是直接推动学生进行学习的内部动力。一个学生是否想要学习,为什么而学习,喜欢学习什么,以及学习的努力程度、积极性、主动性等,都能够通过学习动机加以说明。

学习动机是由多种心理成分构成的,其中,学习自觉性和认识兴趣是两种重要的心理成分。学习自觉性是指学生意识到自己学习的目的或学习的社会意义,并表现出积极的学习态度和学习行为。学习自觉性是逐渐形成的,它与学生认识能力的发展、家庭和学校所进行的学习目的教育、个人学习的成功或失败的经验密切相关。认识兴趣又称求知欲,是力求认识世界、渴望获得文化科学知识、探求真理并伴随着愉快的情绪体验的认识倾向,认识兴趣是学习动机中最现实最活跃的成分。学习自觉性和认识兴趣都可以看作是内驱力,是后天习得的学习内驱力。

当然,学习动机也离不开诱因和目标。如知识、分数、考大学、父母表扬、竞赛等。

(二)学习动机对学习的影响

1. 学习动机对学生的学习行为起着激发、定向、维持和强化等功能

例如,考大学这一目标,可以激起学生适当的学习行为,并使学生的学习指向这一目标,坚持不懈地学习,直至目标实现。

2. 学习动机直接关系到学习的效果

一般而言,学习动机与学习效果是统一的,表现在学习动机可以促进学习,提高成绩。而且,学习动机不同,学习效果也不一样。研究表明,学生的学习动机是存在差异的。优等生的学习动机不但内容较广,而且水平亦较高,他们既有近期的具体目标,又有远期目标,两种目标有机结合,使得学习成绩较好,优良的成绩又强化了原有的学习动机,成为进一步搞好学习的动力,使学生更加积极进取。差等生的学习动机内容较窄,水平较低,往往只有近期目标,或者只有空泛的远大目标,两种目标的脱节,造成学习成绩不良。不良的学习成绩导致学生丧失学习兴趣和信心,原有学习动机削弱或消退,出现厌学或自暴自弃等现象。

学习动机强度过低很难产生高的学习效率,这是显而易见的。但并不是动机强度越高,学习效率也就越高。动机强度与学习效率之间的关系并不是简单的直线关系。

耶尔克斯与道德逊、伯奇等人的研究均已表明:对于难度适中的学习课题,中等强度的动机为最佳水平,学习效率最高。在动机强度低于最佳水平时,随其强度的增加,学习效率不断提高。而动机强度超过最佳水平时,随其强度的增加,学习效率不断下降。可见,高度强烈的学习动机与低强度的学习动机一样会降低学习效率。这是因为,在过分强烈的动机状态下,焦虑水平也过高。在焦虑状态下,个人的注意力和知觉范围变得过分狭窄,思维效率降低,因此,正常的学习活动受到限制,学习效率下降。

(三) 学习动机的分类

学习动机是在社会生活条件和教育的影响下逐渐形成起来的,不同的社会和教育对学生的学习有着不同的要求,所以反映在学生头脑中的学习动机是复杂而多样的。根据不同的标准,学习动机可划分为不同的类型。

第一,根据学习动机的社会意义不同,可以把学习动机分为正确的或高尚的学习动机和错误的或低下的学习动机。

第二,根据学习动机起作用时间的长短不同,可以把学习动机分为直接的近景性动机和间接的远景性动机。

第三,根据动机起作用的大小不同,可以把学习动机分为主导型的学习动机和辅助性的学习动机。

第四,根据动机的来源不同,可以将学习动机分为外来动机和内在动机。外来动机指由学习结果或学习活动以外的因素作为学习的目标而引发的推动学生学习的动力,学习活动只是达到目标的手段。内在动机是指由学习活动本身作为学习的目标而引发的推动学生学习的动力,学习者在学习活动过程中获得满足感。

二、学习动机理论

由于学习动机的多样化,导致对学习动机作用的解释也是多种多样的,由此派生出多种不同的动机理论。

(一) 行为主义的学习动机理论

行为主义心理学认为学习是刺激—反应的联结,而引起学习的最重要的因素就是外部强化。桑代克的效果律、斯金纳的操作性条件反射的强化规律以及班杜拉的社会学习理论对学习的解释都离不开强化的概念。因此,行为主义的学习动机理论就是强化论,强调对学习的外部控制,认为外部强化是激发学生学习的必要条件。由外部强化所引起的动机属于外来动机。行为主义对外来动机的研究主要是围绕着强化的有关变量展开的。

1. 强化及其变量

强化是指在行为发生频率或持续时间上的增加,如当学生得到表扬、奖励或好的分数时,就会产生对学习行为的强化。

强化可分为正强化和负强化两种类型。

正强化也叫积极强化,是指当某一刺激出现时所产生的行为增强的效果。这时所呈现的刺激叫作正强化物,它们通常是一些人们所喜爱的或有价值的刺激,当这些刺激伴随在某一行为之后出现时,就会使行为发生的频率或持续时间增加。

负强化也叫消极强化,是指当某一刺激消除或避免时所产生的行为增强的效果。这一被消除或被避免的刺激叫负强化物。当这些刺激在某一行为之后,立即被除去时,就会使该行为发生频率或持续时间增加。

2. 强化的依随性

强化总是伴随在反应之后而出现,强化与反应之间的这种依随关系被称之为强化的依随性。

与强化的依随性密切相关的一个现象由普雷马克提出,叫作普雷马克原理,即一个经常出现的或较喜爱的活动可以作为强化物去强化一个较少出现的或较不喜欢的活动。普雷马克原理也被称为"奶奶的规则",即"先吃了你的蔬菜,然后就可以吃甜点。"

3. 强化程序

对于学生的学习,并不是给予一次强化就万事大吉。事实上,在学生的学习过程中,为了激发并维持他们的学习行为,常常需要多次强化,这就涉及强化程序的设计和实施。

所谓强化程序是指在强化频率和可预见性上的各种模式。强化程序可以分为连续强化和间歇强化两大类。连续强化是指每次反应都给予强化,也叫全部强化,比如,教师对学生每次回答都给予表扬。间歇强化是指对某些特定的反应给予强化,也叫部分强化,比如,教师只对真正圆满的回答给予表扬。连续强化能够迅速建立起某种学习行为,但强化一旦停止,原有的学习行为就很容易消退,缺乏坚持性。间歇强化正相反,学习行为建立的速度较慢,但强化停止后,学习行为消退得也慢。因此,连续强化适用于某种新学习刚开始阶段的使用,而后就要尽可能转入间歇强化。间歇强化还可以进一步区分为不同的程序。

从强化的时间间隔上,可将部分强化分为固定时间间隔强化和变化时间间隔强化。固定时间间隔强化是指学习者在一个可以预知的固定时间间隔内受到强化。比如期末考试。变化时间间隔强化是指学习者在一个不可预知的、任意变化的时间间隔内受到强化。比如预先不通知的抽查考试。

根据强化与反应次数之间的关系,可将部分强化分为固定比率强化和变化比率强化。固定比率强化是指学习者达到一个可以预知的、固定的反应次数后,即可得到强化。比如,每做完10道题就可以自由活动10分钟。变化比率强化是指学习者在达到一个不可预知的、不固定的反应次数后,可以得到一次强化。

4. 外部强化的副作用

外部强化虽然能够提高外来动机,但也存在着明显的副作用——损伤某些活动的内在动机。对于人们本来有兴趣的活动,或者说本来能够由内在动机激发的行为,由于外部强化的介入,而且这种奖赏又太过显眼,简直成为一种贿赂时,使人们行为的结果似乎就是为了获得外部奖赏,从而损害了内在动机和对活动本身的兴趣。外部奖赏的破坏效果主要出现在所奖励的只不过是完成任务本身,而不是出色地完成任务的情况。如,只要交了卷就可以得到A等成绩,传递了这样一种信息:不需要付出努力,无论水平高低,都可以被接受。因此,学生们就会认为只要做了就会有奖赏,而不是因为付出了努力、有能力或答卷质量高,进而损害了内在动机。另外,外部强化的使用还易使学生的注意范围变窄,只关心考试、分数和奖赏,而忽略对所学内容本身的掌握。所有的讲师都会遇到学生提出的一个令人尴尬的问题,即:"老师,你讲的这个内容会考吗?"

根据上述分析,运用外部强化激发学生学习一定要慎重。对于学生本来有内在兴趣的学习活动,要避免由于使用外部奖赏而损害其内在动机;对于学生缺乏兴趣的学习活动,教师可以运用外部强化去激发学习动机并使学生最终对学习活动本身产生兴趣。

(二)人本主义的学习动机理论

人本主义心理学认为动机是人成长发展的内在原动力。康布斯认为人是永远有动机的,只是某些人对他所不愿做的事缺乏动机,而对其他的事仍有动机。因此,所有学生都有学习动机,只是学生的学习动机必须专注于教师所教的科目上而已。是否能使学生的学习动机专注于教师为其设定的学科上,是教学成败的关键。

人本主义心理学家认为教育的作用是帮助学生心理成长,而其关键是让学生能认识到自我成长与所学知识之间的密切关系。因此,教师在教学生任何知识之前,要使学生认识到"为什么要学习这些东西?"当学生认识到学习是有意义和有价值的,所学习的内容符合他们成长的需要,而且学生也觉得自己有能力达到教师的期望时,学生自然会努力学习,而且不经外力控制,就会自动维持强烈的学习动机。可见,人本主义心理学所研究的是学生学习的内在动机。

在众多的人本主义动机理论中,马斯洛的需要层次理论有着广泛的影响。他在解释动机时强调需要的作用,认为所有的行为都是有意义的,都有其特殊的目标,这种目标来源于人的需要。马斯洛认为,人的多种需求,可按其性质由低到高分为7个层次:生理需要;安全需要;归属与爱的需要;自尊的需要;求知的需要;美的需要;自我实现的需要。

显然,其中求知的需要就是学习动机。马斯洛认为只有低层次的需要获得满足之后,高层次的需要才能产生。马斯洛又将七层次需要分为两大类,前四层称之为基本需要,是由于生理上或心理上的缺失而导致的,因此,又称为缺失性需要。后三层称为成长需要。基本需要一旦获得满足,其需要强度就会降低,而成长需要不但不会随其满足而减弱,反而因获得满足而增强。因此,求知、求美、追求自我实现都是永无止境的。成长需要以基本需要为基础,同时又对基本需要具有引导作用。

学习动机属于成长需要中的求知需要。要使学生产生求知需要,首先要满足学生的基本需要或缺失需要。当学生的缺失需要获得满足后,从理论上讲,学生会随之出现求知的需要。然而,现实并非如此,一些学生在基本需要获得满足后,却未必产生学习动机。对此,马斯洛认为,学生本身具有两股潜力,一股使其进取向上,另一股使其退缩逃避,究竟何者能够发挥作用,教师无法强制,只能靠学生自己选择。不过,良好的师生关系,可能会影响学生的选择。如果学生感到没有被人爱,或认为自己无能,他们就不可能有强烈的动机去实现较高的目标。那些把握不准自己是否讨人喜欢或不知道自己能力高低的学生,往往会做出较为"安全"的选择,随大流,为测验而学习,而不是对学习本身感兴趣。因此,为了对学生的学习动机产生积极的影响,教育者除了要与学生建立良好的师生关系外,还要考虑学生的个别差异。

(三)成就动机理论

所谓成就动机是指对自认重要或有价值的工作或活动,个人愿意去做,并力求成功的一种内在推动力量。成就动机是由成就需要所引起的。默里将成功需要定义为"克服障碍、施展才能,力求又快又好地完成困难的任务"的驱动力。

阿特金森认为,最高的成就动机来源于孩子生活的家庭或文化群体,特别是幼儿期的教育和训练的影响。个人的成就动机可以分为两部分,其一是力求成功的意向;其二是避免失败的意向。也就是说,成就动机涉及对成功的期望和对失败的担心两者之间的情绪冲突。如果一个人在一种特定的情境中力求成功的需要大于避免失败的需要,那么他就敢于冒风险去尝试并追求成功。根据这一理论,如果一个学生获取成就的动机大于避免失败的动机,那么他们为了要探索一个问题,在遇到一定量的失败后,反而会提高他们去解决这一问题的意愿。而且另一方面,如果获得成功太过容易,反而会降低他们的动机。研究表明这类学生最有可能选择成功概率约为50%的任务。因为这类选择能给他们提供最大的现实挑战,他们能抵制不可靠的意见,有自己独特的见解,在学校进行的智力测验中能取得较好的分数。他们对成功完全不可能或稳操胜券的任务,动机水平反而下降。相反,如果一个学生对失败的担心大于获取成就的动机,那么,他就有可能由于失败而灰心丧气,由于成功而得到鼓励。这种学生在选择任务时,倾向于选择非常容易或非常困难的任务。选择容易的任务可以使他们免遭失败,而选择极其困难的任务,即使失败,他们也可找到适当的理由,从而减少失败感。

(四)自我效能感理论

自我效能感是由美国心理学家班杜拉提出的,指一个人对自己在某一活动领域中的操作能力的主观判断或评价。

当学生感到自己有能力达到自己所希望达到的目标或取得某一水平的行为结果时,就表明他们具有高水平的自我效能感。自我效能感总是和某一特定领域相关联。有的学生在数学学习领域有较高的自我效能感,但在写作方面的自我效能感却很低。有些学生在文化课学习上有较高的自我效能感,但在体育活动中的自我效能感却很低。

研究表明,自我效能感对学生的心理和行为有着多方面的影响:

第一,影响活动的选择。自我效能感水平高的人会选择富有挑战性的任务,并期望获得成功。学生在某一方面的自我效能感水平越高,成功的可能性越大,就会越多地选择从事这方面的活动。反之,学生会逃避那些自己感到不能胜任的活动。比如,数学自我效能感较高的学生,会更多地选择数学学习活动。

第二,影响努力的程度和坚持性,决定在困难面前的态度。具有高度自我效能感的人自信心强,有助于激发和维持向困难挑战的精神,努力实现目标。相反,自我效能感低的人,怀疑自己的能力,在困难面前缺乏自信,畏首畏尾,不敢尝试。

第三,影响活动时的情绪。自我效能感高的人在活动时情绪饱满,信心十足,体验到的紧张、焦虑和恐惧水平低;而自我效能感低的人则是垂头丧气,充满紧张、焦虑和恐惧。

第四,影响任务的完成。自我效能感高的学生确信自己能够很好地掌握有关知识和技能,从而集中注意力,适当运用有关学习策略,取得最佳学习效果,完成各种学习任务;自我效能感低的学生则总是担心失败,把思想纠缠在个人不足之处上,因此,不能很好地完成学习任务。

总之,自我效能感影响学生的行为。自我效能感将影响学生面临什么样的挑战、付出多大的努力、坚持多久以及愿意承受多大的压力。

三、学习动机的激发与教学

影响学生学习动机的因素是复杂的、多方面的。下面,根据影响学生学习动机的因素和学习动机的有关理论,谈谈在实际教育教学活动中激发和维持学生的学习动机的途径和具体措施。

(一)激发与维持外来动机的措施

外部强化可激发外来动机,影响学生的学习行为。在课堂情境中,教师可以运用目标、反馈、评价、表扬、批评、竞赛等各种强化手段激发与维持学生的外来动机。

1. 向学生提出明确、具体的学习目标

学习目标具有指引学习的动机作用。长远目标的动机作用较为稳定和持久,但离开近期具体目标,其功能是无法实现的。所以,在学习的各个环节,教师都要向学生提出明确而具体的目标要求。目标的高低要因人而异。要尽力与学生学习能力相一致。过高的目标,与学生已有的知识和技能差距较大,学生可望而不可即;过低的目标,又缺乏挑战性。只有在学生能力范围之内,又具有一定挑战性的目标,才能有最佳的动机激发作用。将近期目标与长远目标相结合,也将进一步提高实现目标的动机。

2. 利用学习结果的反馈作用

让学生及时了解自己学习的结果,例如,看到批改的作业,知道考试的成绩等,既可以及时看到自己的进步,又可以通过反馈看到自己的缺点不足,可以激发起进一步努力学习的动机。

3. 正确评价,适当表扬与批评

教师对学生的学习结果进行适当的评价具有强化作用。表扬、批评作为学习的外部诱因,能够给学生的学习活动以肯定或否定的强化,从而巩固和发展学生的学习动机。教师的批评与表扬,要考虑学生的个别差异。对学习成绩较差、自信心较低的学生,应以表扬鼓励为主,使其获得更多的成功机会,逐步树立起学习信心。对于成绩较好,但有些自傲的学生,要提出更高的要求,在表扬的同时还应指出其不足。

4. 适当开展竞赛

竞赛是激发学习积极性的有效手段,但必须适当。过于频繁的竞赛不但会失去激励作用,反而会造成紧张气氛,加重学生负担,有损学生的身心健康。学习成绩差的学生可能会因为竞赛失败而丧失学习信心。因此,为使竞赛能对大多数人起到激励作用,必须注意以下几点:竞赛要适量;选择竞赛的方式,使不同学生在竞赛中都有获胜的机会。

(二)激发与维持内在动机的措施

1. 创设问题情境

创设问题情境是指在教学中提出一些学生用现有的知识和习惯的方法不能立即解决的问题,从而在教材内容和学生的求知心理之间制造一种不协调,引起学生的认知矛盾,把学生引入与问题有关的情境中,从而激起学生求知的欲望和积极的思维。

创设问题情境是通过"设疑"引起认知矛盾的方法。问题的设置要注意:小而具体;新颖有趣;有适当的难度;富有启发性。

2. 倡导发现学习

布鲁纳认为,发现学习有助于使外来动机向内在动机转化。他认为最好的动机莫过于学生对所学材料本身具有一种内在兴趣,具有发现的兴奋感和发现的自信感。如果学生把"有所发现"作为学习的主要任务,那么就有可能把发现本身作为一种自我奖赏而推动自己的学习活动。发现学习是以学生收集、加工、分析信息为主的学习方式,因此,需要学生在具备一定的信息加工能力的基础上才能进行发现学习。

3. 培养学习兴趣

孔子说"知之者不如好之者,好之者不如乐之者"。当学生对学习产生了内在兴趣时,就会渴望获得知识,并在学习过程中伴有愉快的情绪体验。教学中可以通过帮助学生明确学习知识的社会意义,通过组织学生参加课内外实践活动及学科兴趣小组,使所学知识学以致用等做法来培养学生的学习兴趣。

4. 利用动机迁移

动机迁移是指在学生缺乏学习动力,没有明确的学习目的的情况下,把学生从事游戏等其他活动的兴趣和动机迁移到学习上来,从而使学生产生对学习的需要。为此,教师应仔细观察班级中不愿学习的学生,发现他们的兴趣点,然后巧妙地组织有关的活动,将这些兴趣和学习联系起来,转化为学习需要和学习兴趣。

(三) 成就动机训练

成就动机是人的社会性动机的一种,是在一定的社会、文化、教育条件下形成的,因而能通过一定的方法来培养和提高。

第一,意识化。与学生谈话、讨论,以使学生注意到与成就动机有关的行为。

第二,体验化。让学生进行游戏或其他活动,从中体验成功与失败、目标选择与成功的关系、成败与感情上的联系,特别是体验为了取得成功所必须掌握的行为策略。如根据自己的水平选择目标,了解不同目标的难度、达到目标的途径及自己的行为结果等。

第三,概念化。让学生在体验的基础上理解与成就动机有关的概念,如"成功""失败"本身的含义。

第四,练习。实际上是体验化与概念化两个阶段的重复,通过重复练习使学生不断加深体验和理解。

第五,迁移。使学生把学到的行为策略应用到学习场合,不过往往是一些特殊的学习场合,这些场合要具备自选目标、自己评价,并能体验成败的条件。

第六,内化。让取得成功的要求成为学生自身的需要,学生可以自如地运用所学的行为策略。

很多研究证明,成就动机训练的效果直接表现为:受过训练的学生对取得成就更为关心,并能够根据自己的实际情况去选择所追求的目标,它的间接效果是能够提高学生各学科的学习成绩。成就动机训练对成就动机较低、学习成绩较差的学生尤为有效。

(四) 增强自我效能感

第一,让学生在学习活动中体验到更多的成功。教师在教学中应避免使学生尽量直接体验失败经验,而让学生在学习活动中更多体验到成功。

第二,为学生提供适当的榜样示范。首先,教师自己在课堂上要为学生提供良好的榜样示范,不但要讲清所学知识,而且要具体示范如何运用所学知识解决问题。其次,为学生提供多个不同水平、不同层次的榜样。

第三,指导学生树立适当的学习目标和作业目标。平时课堂练习或做作业时,为学生规定一个具体的作业目标,并指导学生学会为自己设定适当的学习目标,使学生在实现目标时获得效能信息。

第四,给学生积极的归因反馈,并指导学生学会适当地自我归因。将成功与能力和努力相联系,将失败与缺乏努力而不是无能相联系,这样归因将增强学生的自我效能。

第五,给学生以适当奖励。当学生取得进步时,对学生进行奖励,奖励便成为学生进步的标志,学生从中获得自己进步的信息,会增强自我效能。

第六,给学生以学习策略的指导,使学生学会自我监控。学生在学习活动中能否掌握正确的学习策略,获得相应的学习技能,直接影响到学生的自我效能感。教师要经常对学生进行学习策略指导,使学生逐步学会对学习进行自我监控,掌握自我调节学习的有关技能。

第四节 学习策略与教学

学习策略是影响学生学习质量的一个重要因素,因此,越来越受到教育理论和实践工作者的重视。一方面,掌握学习策略已成为衡量学生学会学习、学会思考的根本标志;另一方面,作为指向认知目标的一种心理操作,学习策略既是问题解决个体过程中的重要组成部分,同时也是促进自身认知发展的重要途径。因此,帮助学生学会学习,掌握有效的学习策略,使之成为策略型学习者,增强其问题解决能力,已成为教育实践中亟待解决的一个重要问题。

一、什么是学习策略

（一）学习策略的概念

"策略"一词源于希腊语，是指行为或行动计划，以及为解决某问题以达到某目标而有意识地做出的一套活动。由于研究者的视角和方法不同，人们对学习策略这一概念的界定也很难统一，概括起来大致有四种：

第一，把学习策略视作学习活动和步骤。如，梅耶认为学习策略是"在学习中用以提高学习效率的任何活动"，是"学习者有目的地影响自我信息加工的活动"；琼斯等人认为学习策略是"被用于编码、分析和提取信息的智力活动或思维步骤"；丹瑟洛认为学习策略是"能够促进信息的获得、存储和利用的一套过程或步骤"等。

第二，把学习策略视作学习的规则、能力或技能。如：杜菲认为学习策略是"内隐的学习规则系统"；温斯坦认为学习策略"在广义上指由实践工作者和研究工作者所假设的，对有效地学习和保持信息有帮助的，并且是必需的各种不同能力"。

第三，把学习策略视作学习计划。如，德瑞认为学习策略是学习者"为完成学习目标而制订的复杂的计划"。

第四，把学习策略视作是学习方法和学习的调节与控制的有机统一体。如，蒯世英认为，学习策略的本质属性是对学习进行自我调节和控制。史耀芳认为，学习策略是学生在学习过程中为达到一定的学习目标，有意识地调控学习环节的操作过程，它在一定程度上表现为学习方法或技巧。

全面理解学习策略的基本含义应注意把握以下几点：首先，凡是有助于提高学生学习质量和学习效率的程序、规则、方法、技巧及调控方式均属于学习策略范畴；其次，学习策略既有内隐、外显之分，又有水平层次之别，学习策略既可以是外显的程序，也可能是内隐的思维方式；再次，学习策略是衡量个体学习能力的重要尺度，是制约学习效果的重要影响因素之一。据此，我们可以将学习策略定义为，学习者为了提高学习的效果和效率，有目的有意识地制定有关学习过程的复杂方案。它既可以是内隐的规则系统，也可以是外显的操作程序和步骤。

（二）学习策略的特点

1. 主动性

学生学习活动有主动和被动之分，被动学习或称机械学习往往是以死记硬背的呆板的程序为特征的，谈不上学习策略；而主动学习或称有意义学习则非常强调学习策略。因此，学习策略总是与学习者积极主动的行为相联系的。

2. 艺术性

学习策略是学习者根据学习活动的发展变化而采取的适合于学习活动规律的方

式方法。尽管学习活动可以有一套规则、程序或步骤,学习策略也并不排除对规则的运用,但学习活动是因人而异、千变万化的,学习者只有探索、选择并运用富有创造性的、独特的、新颖的方式方法,才能顺利完成学习任务。从这个意义上说,学习策略是带有艺术性的。

3. 对策性

学习策略总是在学习者面对具体的任务时,为解决具体的学习问题而采取的行动方式,它具有非常明确的目的,带有很强的针对性和操作性。学习者在运用学习策略时,需要采用或借用一定的学习方法,并针对一定的情境、目的,以及材料的特点,有选择地把这些方法加以具体化,从而确定一种最优化的方法,并最终形成一套有效的对策和操作过程。

(三)学习策略的要素

1. 认知能力与学习方式

认知能力主要指一般的认知水平及其发展状态,如观察、记忆、思维等品质的特征;也指一些具体的技能技巧,如读、写、算的技能,组织、表达、操作、创造方面的能力等。而学习方式主要由一般的学习方法组成。

2. 认知策略与学习技巧

认知策略是一种特殊的、非常重要的技能,是学生用来指导自己注意、学习、记忆和思维的能力。如在认知信息加工模式中,认知策略对认知能力的调节作用可以有以下几个方面:注意哪些特征;如何编码以便于提取;如何开展问题解决过程;怎样才有利于迁移。学习技巧是学习者在学习活动中逐步形成的一系列用于提高学习效率、监控学习进程的方法。

3. 元认知技能与自我评价

元认知是作为一种监控系统而超然于学习过程之上的,是学生对自己学习系统的全面了解与整体的监控和协调。这里的自我评价主要是指学生对自己的学习过程或学习质量进行的评价,自我评价可以提高元认知能力。当学生认识到不同学科的学习活动的相似性时,他们就开始将学习策略迁移到新的学习情境了。

二、学习策略的类型

(一)认知策略

认知策略是加工信息的一些方法和技术。这些方法和技术能使感知、记忆及问题解决等信息加工活动有效进行。

1. 复述策略

复述策略是在识记过程中为了保持信息而对信息进行反复重复的过程。个体在完成某项简单的学习任务时,特别是学习的材料彼此之间不存在逻辑联系,或学习材料本身尽管彼此之间有逻辑联系,但学习者却不能理解时,往往采用复述策略来学习。此外,为了牢固掌握一些有意义的材料也会采用复述策略。

复述策略具体包括以下几种具体的方法策略:

(1) 重要任务安排在学习时间的首尾。依据系列位置效应,在安排复习时,为了排除干扰,应尽量考虑抑制和促进的作用,就不能把重要内容放到学习进程的中间去复述,而要把其放到学习时间的首尾来复述。

(2) 及时复习。依据遗忘进程先快后慢的规律,学习结束后要及时复习。不然,等到遗忘很多时再复习,需要复述的量很大,就需要花费很多的精力,有时无异于重学一遍。

(3) 分散复习。有研究表明,在学习程度相等的情况下一次学习的材料越多,遗忘越快;材料越少,则遗忘得越慢。因而,在复习时要做到分散复习,不要集中复习。

(4) 部分与整体相结合。将较长的学习内容分成许多部分,有助于记忆。待各个部分都记熟了,再将整体背诵几遍。采用部分与整体相结合的方法,背诵效果最好。

(5) 阅读与尝试回忆相结合。在学习过程中,采用阅读与尝试回忆相结合的方法进行复述,会产生较好的学习效果。另外,在复述中,自设问题,自问自答,对于理解和记忆材料也很有帮助。

(6) 过度学习。在达到掌握水平之后,继续进行过度学习,有助于加强记忆和保持记忆。

2. 精细加工策略

精细加工即学习者将所学的新信息和已有的各种知识联系起来,以增加新信息的意义,从而加深对学习材料的记忆和理解的一种学习策略。它和组织策略一样都属于加工的范畴,但组织策略的关键是构建或突出新知识之间的内在联系,使信息易于编码;而精细加工策略则是使新知识与已有知识取得联系,增进对新知识的理解。

(1) 首字连词。这种方法是将学习材料中每一个词的第一个字(或首字字母)连接起来构成有意义的词、词组或句子。

(2) 位置记忆。就是在头脑中创建一幅熟悉的场景,在这个场景中确定一条明确的路线,在这条路线上确定一些特定的点,然后将所要记的项目全都视觉化,并按顺序把这条路线上的每个点联系起来。回忆时,按这条路线上的各个点提取所记的项目。

(3) 勾画圈点。是指对于本身意义性强的书面化的信息材料,勾画圈点其中的重要部分,突出重要的信息,忽略次要的信息和无关信息。这样做不仅有助于对信息的加工,提高记忆效果,而且也有助于他们在以后的巩固性复习中很快地找到复习要点,节省复习的时间。

(4) 摘录提要。是指对于本身意义性强的信息材料,摘录要点、归纳总结。这样做有助于领会要点,提高学习效率。

(5) 笔记概述。是指对于本身意义性强的信息材料,通过做笔记的形式,区别主次,概括整理。这样做有助于进行更深层次的信息加工,提高记忆效果。

3. 解释策略

解释策略是在知识的学习过程中,学习者对材料理解的基础上,运用外部语言或内部语言对所学的材料加以解释的一种认知过程。解释策略主要运用于意义学习的过程中,意义学习是学习者根据所学知识的内在逻辑联系,在理解的基础上进行的学习。在学习中,运用解释策略不仅能加深对材料的意义的理解,进行意义学习,更能长久保持所学习的材料。

4. 组织策略

组织策略是指学习者按照材料的特征和类别对材料进行整理、归类和编码,其方法是将学习材料分成一些小的单元,并把这些小的单元归置于适当的类别中。

(1) 归类辨别。在学习过程中对学习材料的特征进行细致的归类辨别,使其在认识上产生分化,不仅有助于对学习的材料进行深层理解,而且更能使材料与材料之间的细微差别清晰可见,从而有助于长久保持对材料的记忆。

(2) 归类整理。研究和实践都证实,人们往往不容易记住杂乱无章的学习材料,而对于组织有序的材料则易学易记。因此,在学习过程中应善于分析学习材料,并进行科学的归类,以提高学习的效率。

(3) 列提纲。列提纲是以简洁的语词写下主要的观点,即以金字塔的形式呈现学习材料的要点。每一具体的细节都包含在高一级水平的类别中,学习和提取材料均以提纲为线索展开。

(4) 编码策略。编码策略是指个体在处理信息时,进行心理运作,将外在信息的特征(如声音、形状、颜色、语义等)转换成另一种抽象的形式,以便在大脑中储存和使用的一种策略。

(5) 做关系图。做关系图是指个体对学习材料进行归类整理,将主要信息归成不同水平或不同部分,然后形成一个系统结构图。复杂的信息一旦被整理成一个有规律的层次结构,就容易被人们理解和记忆。

(二) 元认知策略

元认知是对认知的认知,包括元认知知识、元认知体验和元认知监控三方面内容。元认知知识是指有关认知的知识,即人们对于什么因素影响人的认知活动的过程与结果,以及这些因素是如何起作用的,它们之间又是怎样相互影响的等问题的认识。元认知体验是指伴随认知活动而产生的认知体验或情感体验。元认知监控是指个体对认知行为的管理和控制,是主体在进行认知活动的全过程中,以自己正在进行的认知活动作为意识的对象,积极、自觉、不断地对其进行监视、控制和调节。元认知监控是元认知中的核心成分。元认知策略包括计划策略、监控策略和调节策略。

1. 计划策略

计划策略包括设置学习目标、浏览阅读材料、产生待回答的问题以及分析如何完成学习任务。制订学习计划是有步骤地提高学习成绩和学习效果的前提。

2. 监控策略

监控策略包括听课和阅读时对注意加以跟踪,对所学的内容进行自我提问,考试时对自己的答题速度和时间进行监控。集中注意和领会监控是两种最常见的监控策略。

3. 调节策略

调节策略是指学习者在学习过程中对自己的学习行为进行自我矫正时所采用的策略。调节策略与监控策略有关,如在看书时发现某一部分难以理解,就会从当前阅读的内容退回去查找相关的章节仔细阅读,直至搞懂为止。调节策略能帮助学习者有效地矫正自己的学习行为。

三、学习策略的教学

学习策略的使用可以促进学习效率的提高,但学习者并非天生就会使用学习策略,因此,开展学习策略的教学非常必要。

(一)学习策略使用的影响因素

弗拉维尔认为,当个体不能使用某种学习策略时,往往是因为存在可用性缺陷或产生性缺陷。

1. 可用性缺陷

可用性缺陷是指个体不知道某一策略,因而不会使用该策略。研究表明,5岁以下的儿童不能使用复述策略。这是因为他们根本不懂得复述策略是什么,这是一种由年龄阶段导致的可用性缺陷。5岁以下儿童的认知发展水平不足以让他们自己发现或习得复述策略。

2. 产生性缺陷

产生性缺陷是指个体不知道在何种条件下使用某一策略。这种现象的产生主要有两方面原因:第一,个体受自身的元认知和认知发展水平限制。第二,个体缺乏分析和练习。

(二)学习策略教学的原则

托马斯和罗瓦提出了一套使用于学习策略教学的具体原则。

第一,特定性原则。学习策略一定要适用于学习目标和学习的类型,即通常所说的具体问题具体分析。每种学习策略都有特定的适用范围,适用于特定年龄的学生并适合于特定的学习任务。超出了学习策略的特定使用范围,学习策略对学生的学习不仅不能起到促进作用,甚至还会起到干扰作用。

第二,生成性原则。指在学习过程中要利用学习策略对学习的材料进行重新加工,产生某种新的东西。这一过程要求学习者对学习材料进行深度的心理加工。

第三,有效监控原则。有效的控制是指在学习策略教学中,不仅应教给学生什么是某一学习策略,还要告诉学生具体学习策略的适用条件,教给学生何时、何地、为何使用该策略。教师的示范和分析很重要。在示范中,教师要用语言明确告诉学生在某种情况下为何使用某一策略,并要告诉学生使用步骤。然后让学生进行适当练习,教师要适时提供帮助和反馈,直到学生能够独立选择并使用适当的策略。

第四,注意个体效能感原则。个体的自我效能水平对学习策略的习得有重要影响。一般地,高自我效能会促进个体对学习策略的习得和掌握,因而,在进行策略训练的同时,做一些有助于提高个体自我效能水平的训练,对策略教学有促进作用。

第五,注意个体的年龄差异。不同年龄阶段的学生,学习策略的发展水平是不同的。因而,在进行学习策略教学时,要注意选择适合学生发展水平的策略,若所训练的策略超出了学生的发展水平,就很难有收效。

(三)学习策略的教学

第一,要确定需要学生重点掌握的学习策略并对其结构进行分析。教师要善于识别那些概括性较强、实用性较大的学习策略并对其结构进行分析,确定各种策略的步骤或心理成分及其联系与顺序,真正使策略的每个步骤具体化、可操作化。

第二,激发学生形成学习策略的认知需要。教学中应首先激发学生形成学习策略的认知需要,再确定适合于所学材料的学习策略。这些策略应具有有效性和可操作性,能够在接受指导后获得改进。然后指导学生在不同学习情境下进行训练,并对学习结果进行及时评价与反馈矫正。

第三,结合学科知识的教学进行训练。形成学生的学习策略应结合各科教学内容来进行,而脱离知识内容的单纯训练易导致形式化倾向,难以保证学生学习策略的改进。

第四,注重元认知策略的培养,教会学生如何运用学习策略。教师除教学生获得一般的学习能力外,还应让学生懂得为什么、何时、何处运用学习策略,知道自己策略的不足之处。一般地,学习能力强的学生,其元认知发展水平较高,具有较多有关学习策略方面的知识,善于监控自己的学习过程,能够灵活应用各种策略去达到特定的目标,可见元认知策略的训练很重要。

第五节　学习迁移

在学习的过程中,各种学科和各种技能之间,或同一学科和技能的各个不同部分之间,存在着某种程度的彼此相互影响的现象。这种相互影响的现象在心理学上称之为"学习的迁移"。迁移有时表现为先前学习对后继学习的影响,有时表现为后继学习改变了原有的学习;从效果方面看,这种影响有时是积极的,有时是消极的。因此,探讨迁移发生的规律及影响因素,以此作为教育教学的理论依据,从而有计划、有意识地通过各种教学活动促进学习的积极迁移,消除或尽量避免消极的迁移,对帮助学生更为高效地学习是必要的。

一、学习迁移概述

(一)学习迁移的概念

在日常生活中,我们随时会看到这样的现象:学会了骑自行车的人,学骑摩托车就很快;学会了一种外文,掌握另一种外文就较容易;在家爱好劳动的学生,在学校里也比较勤快。心理学上把一种学习对另一种学习的影响称为学习的迁移。即学生获得的知识经验、认知结构、动作技能、学习策略和方法等与新知识、新技能之间所发生的影响,统称为学习的迁移。现代认知心理学把知识的迁移看成是先前学习的知识在后继学习中的运用,因此,利用所学的技能、知识等去解决问题的过程也是一种迁移的过程。

(二)学习迁移的种类

学习的迁移可以从不同的角度进行分类。

1. 按迁移发生的领域分类,可以分为知识的迁移、动作技能的迁移、情感的迁移、态度的迁移等

从学习迁移发生的领域上看,迁移不仅发生在知识和动作的学习中,同时也发生在情感态度的学习和形成等方面。如掌握了加、减法的学生,容易学好乘除运算,这是一种知识的迁移;学会了弹钢琴可以有利于弹手风琴,会一种弦乐器的人,很容易掌握另一种弦乐器,这些是技能的迁移;而一个受到了教师不公正对待的孩子,每当上这位教师的课时就感到厌烦,这是一种情感态度的迁移。

学生在获得知识的过程中,他们的知识、技能、情感和态度是并行不悖的,因而由学习而产生的迁移也是多方面的。美国教育心理学家布鲁纳认为,情感态度的迁移是

教育过程的核心。而在教育实践中,人们看重的大多是属于知识方面的迁移,而忽略了情感态度方面的迁移,这对于激发和增强学生的学业成就动机是不利的。

2. 按迁移产生的方向分类,可分为顺向迁移和逆向迁移

从迁移产生的方向上看,迁移有顺向的,也有逆向的。顺向迁移是指先前学习对后继学习的影响;逆向迁移是后继学习对先前学习的影响。当学习者面临新的学习情境和问题情境时,学习者如果利用原有的知识或技能获得了新知识或解决了新问题,这种迁移就是顺向迁移;相反,学习者原有的知识技能不足以使其学习新知识或解决新问题,学习者需要对原有的知识进行补充、改组或修正,这种后来学习对先前学习的影响就是逆向迁移。

顺向迁移有助于新知识的理解和掌握,逆向迁移有助于已有知识的巩固和完善,因而在教育教学实践中要充分利用这两种迁移,促进学生学习的主动性,增强其学习效果。

3. 按迁移产生的效果分类,可分为正迁移和负迁移

从迁移的影响效果方面看,迁移的发生不总是产生积极的影响,它可以是积极的,也可以是消极的。积极的影响通常被称为正迁移,消极的影响被称为负迁移。

正迁移,即一种学习对另一种学习的积极影响或促进。如已有的知识、技能在学习新知识和解决新问题的过程中,能够很好地得到利用,产生"触类旁通"的学习效果。

负迁移,是一种学习阻碍或干扰了另一种学习,即一种学习对另一种学习产生了消极影响。如学生在学习新概念时,与原有的概念混淆,产生干扰现象,加大了新概念获得的难度,或者歪曲了原有概念。这种负迁移给学生带来的消极影响是很严重的。比如掌握了汉语语法的学生,在初学英语语法时,会因汉语的语法习惯影响对英语语法的学习,度过这个困难时期,英语学习才会顺畅。而一部分学生要花费很长时间、很大精力才能摆脱这种消极干扰,严重影响了学习效率,甚至影响了自信心。因而,学校的教育教学要促进积极的正迁移,预防消极的负迁移。

4. 按迁移产生的情境分类,可分为横向迁移和纵向迁移

横向迁移又称水平迁移,是指在内容和程度上相似的两种学习之间的迁移。例如,数学课上学习了三角方程式后能够促进物理课学习计算斜面上下滑物体的加速度。

纵向迁移是指不同难度、不同概括性的学习之间的相互影响。包括较容易、较具体化的学习对难度较高、较抽象的学习的影响和较高层次的学习对较低层次的、具体学习情境的影响。在学习中,我们常有这样的经历:遇到一部分较难的内容,怎么学都觉得没有学透,但由于时间的原因,只能往下学习新的更难的内容,出人意料的是,

学完了更难的内容回头一看,原来没学透的内容现在变得一点都不难了。这就是难度较高的学习对难度较低的学习所产生的一种纵向迁移。

5. 按迁移发生的方式分类,可分为特殊性迁移和一般性迁移(非特殊性迁移)

特殊性迁移是指某种学习的内容只向特定内容发生迁移。也就是说,特殊迁移是指内容相关的两种知识、技能学习之间的迁移,一般来说,特殊迁移发生在相同或相关的知识领域。

非特殊性迁移,又称一般性迁移,是指某种学习的内容向广泛范围内容的迁移。也就是说,一般性迁移是指与具体内容无关的领域的学习之间的迁移。常常表现为原则的迁移或者态度的迁移等。这种迁移可能由学习的动机、注意的因素引起,也可以由学习的其他准备活动和方法、学习策略引起。一些传统研究者认为,一般技巧、策略和方法有广泛迁移的可能性。因此,一般性迁移具有重要的作用。

(二)迁移在教育中的意义和作用

凡是有教育的地方就会有迁移,从来不存在相互间不产生影响的学习。而且,学生能把学到的知识应用到新的学习中或以后的生活和工作中,这也是教育和教学的根本目的之一,可以说迁移在学校教育教学中无所不在,并且发挥着重要的作用。

第一,迁移与培养学生解决问题的能力和创造性密切相关。解决问题就是运用已有的经验和知识对面临的问题情境进行分析,以发现问题的起始状态和结果之间的联系的过程。问题解决过程中的一个关键就是通过对当前问题的合理表征,将这种生成的问题表征与已有的知识经验中的问题类型进行类比,也就是问题的类化,然后将已有的知识经验具体运用到当前的问题情境中,这种问题的类化和已有知识经验的具体化的过程也就是迁移的过程。因此,学生解决问题的能力及创造性与已有技能和知识的积极迁移是密切相关的。学生迁移能力的提高会增强其解决问题的能力和创造性。

第二,认清迁移的实质和规律对教材的选择和编写、教学方法的选择以及教学过程的组织都有重要的实践意义和理论意义。充分认识迁移发生的规律,也有助于教师把教学实践中积累的教学经验迁移到新的教学中去。

二、学习迁移的理论

人们很早就认识到了学习迁移现象的存在,如中国古代的孔子提出"举一隅不以三隅反,则不复也"。这句话生动地描述了学习的迁移现象。但从理论上对迁移进行系统的解释和研究则始于18世纪中叶。在这之后,众多的研究者们对迁移的本质及其过程进行了不懈的探索,并形成了各种学习迁移理论。

(一)形式训练说

形式训练说当属最古老的迁移理论。该理论主张迁移要经过一个形式训练的过程才能产生。这种理论是以官能心理学为理论基础的。官能心理学认为,心智是由许多不同的官能组成的整体,这些官能包括注意、意志、记忆、知觉、想象、推理、判断等,每一种官能都是独立的实体,分别从事不同的活动。各种官能可以像肌肉一样,通过练习增强力量并获得发展。因此,形式训练说认为,若两种学习涉及相同的官能,则前次学习会使官能得到提高,并对后来涉及该官能的学习产生促进作用,从而表现出迁移的效果,迁移就是官能得到训练而发展的结果。

在形式训练说的观点看来,某些学科可能具有训练某一或某些官能的价值,如古典语言(拉丁语和希腊语)和数学的学习具有训练记忆、推理和判断的心理官能的作用,因此主张,学校应重视古典语言和数学教学,而不必重视实用的英、法语的学习或其他实用知识的学习。一旦心的官能在这些学科中得到训练,就可迁移到其他类似性质的问题的解决中。因此教育的目的仅在于进行这种形式的训练,而学习内容不甚重要,重要的是所学习的内容的难度和训练价值。

形式训练说在欧美盛行了两百多年之久,后来受到实验研究的挑战。詹姆士(James,W)于1890年首先用记忆实验来检验形式训练说的迁移理论,其结论是记忆能力不受训练的影响,记忆的改善不在于记忆能力的改善而在于记忆方法的改善。此外,桑代克等人的实验发现:训练可以迁移到类似的学习活动中,对不相似的学习活动却无迁移现象。因此,形式训练说所主张的官能可以因训练而得以普遍促进的假设缺乏足够的实验依据和现实依据,因而,终究被更新的学说所代替。

(二) 相同要素说

相同要素说是桑代克在质疑形式训练说的过程中,根据自己的实验结果解释学习迁移问题的学说。

1901年,桑代克进行了"形状知觉"实验。他以大学生为被试,训练他们判断各种形状、各种大小的图形的面积。他先让被试对10~100平方厘米大小不同的长方形的面积进行估计,在被试的估计水平有了很大的提高以后,他又让被试对面积更大的长方形(150~300平方厘米)进行估计。结果被试在小的长方形估计训练上取得的进步在大的长方形估计上表现并不明显。此后,他又在长度和重量方面也做了知觉实验,也得到了类似结论,即被试的估计能力并不因在前面训练中取得的进步而有所增进。

桑代克的实验结果证明:形式训练说的迁移理论显然与实际情况不相符。特殊的训练确实存在着一定的迁移,但是,这只是特殊经验的事实、技能、方法乃至态度的迁移,训练并不能提高一般的观察力、记忆力、注意力等一般能力。

那么迁移是如何发生的呢?在这些实验的基础上,桑代克提出了迁移的相同要素说。他认为,只有当两种训练机能具有相同的要素时,一种机能的变化才能改变另一种机能的习得。也就是说,只有当两种学习在某些方面有相同之处时,才有可能进行迁移。并且,两种情境相同的因素越多,迁移的可能性就越大。后来,伍德沃斯又将桑代克的相同要素说修改为共同成分说,也就是说在两种活动中有共同的成分才能发生迁移。

桑代克的相同元素说在当时的教育界曾起过积极的影响,使学校脱离了形式训练说的影响,在课程设置上开始重视应用学科,教学内容也开始与实际应用相结合。桑代克的相同元素说也揭示了迁移现象中的一些事实,对迁移理论的研究作出了巨大贡献。但相同要素说事实上是从联结主义的观点出发的,所谓相同要素也就是相同联结,那么学习的迁移不过是相同联结的转移而已,这种未能充分考虑学习者的内在训练的观点,仍然具有一定的局限性。相同要素说用来解释动物学习和人的机械学习有一定的正确性,但用来解释有意义学习,就很困难。

(三) 概括说

概括说是心理学家贾德(Judd)经过实验提出的迁移理论,他强调原理、原则的概括对迁移的作用。

贾德于1908年做过一个著名的水中打靶实验。他把十一二岁的小学高年级学生分成A、B两组练习水中打靶。对A组被试先教以光在水中的折射原理而后进行练习,B组则只进行练习、尝试,而不教原理。当他们达到相同的训练成绩以后,增加水中目标的深度,结果继续打靶时,学过折射原理的一组的练习成绩明显优于未学过原理的一组。贾德认为这是因为学过原理的一组已经把折射原理概括化,从而对不同深度的靶子都能很快作出调整和适应,把原理运用到不同程度的特殊情境中去。由此,他认为,两种活动之间存在共同成分只是产生迁移的必要前提,而迁移产生的关键在于学习者能够概括出两组活动之间的共同原理。而且,概括化的知识是迁移的本质,知识的概括化水平越高,迁移的范围和可能性越大。概括说又称概括原理说。

后来,亨得瑞克森(Hendrickson,1941)、奥弗林(R,L,R,Overing 1967)等人,在贾德"水中击靶"实验的基础上,进行了更为严格的控制实验。他们的实验进一步证明了概括说理论的正确性。并进一步指出:概括化不是一个自动化的过程,它的发生与教学方法有密切的关系。

概括说这一原理解释了原理、法则等概念化知识在迁移中的作用,已涉及较高级的认知领域中的迁移问题,为迁移理论的发展作出了重要的贡献。但概括化经验只是影响迁移成功与否的条件之一,并不是迁移的全部。

根据概括原理说,教师在课堂讲授教材时,最主要的是鼓励学生对基本概念、基本原理进行概括。面对同样的教材内容,由于教学方法不同,教学结果会大相径庭,学生的迁移效果也不尽相同。

(四) 格式塔关系理论

格式塔心理学家进一步发展了迁移的概括说理论,重视学习情境中对原理原则之间关系的顿悟在迁移中的重要作用。他们认为学到的前一经验能否迁移到新的经验的获得中,关键不在于有多少共同的因素,也不在于是否掌握了原理,而在于所有要素组织成的整体之间的关系,在于能否了解到手段—目的之间的关系。在他们看来,水中打靶实验中迁移的原因不在于了解了光的折射的概括化原理,而在于了解了靶的位置、水的深度、射击的方法以及光的折射原理之间的关系。因此,这种理论被称为关系理论。

格式塔心理学家苛勒(kohler 1929)用"小鸡啄米"实验论证了这一假说。他以小鸡和一个三岁小孩为被试,训练他们在两张颜色深浅不同的纸上找食物吃。这两张纸一张是浅灰色,另一张是深灰色,食物总是放在深灰色的纸上。先让被试对深灰色纸和浅灰色纸形成分化性条件反射,即对深灰色纸产生食物条件反射,对浅灰色纸不产生食物条件反射。小鸡需400～600次练习,小孩需45次练习能形成这种条件反射。然后,用一张比原来的两张纸颜色都深的黑灰色纸来代替那张浅灰色纸,以此来观察小鸡是到过去总放着食物的那张深灰色纸上觅食,还是到新放的黑灰色纸上觅食。如果被试到过去总放着食物的那张深灰色纸上觅食,就证明迁移是因两种情境中存在相同要素产生的;如果被试到两张纸中颜色较深的一张纸上觅食,那就证明迁移的产生不是由于相同要素的存在,而是因为事物间相同关系的存在。结果,小鸡对新纸的反应为70%,对原来深灰色纸的反应为30%;而小孩100%对两张纸中颜色较深的那张纸产生反应。这表明,被试的反应并不是根据刺激物的绝对性质做出的,即迁移的产生并不是因为相同要素的存在,而是因为他们顿悟了事物之间的关系。也就是说,在第一个情境中获得了选择颜色较深的地方觅食经验的小鸡,在第二个情境中迁移的是颜色相对关系的经验。据此,格式塔心理学家们提出了迁移的"关系转换理论"。

苛勒认为,个体越能发现事物之间的关系,则越能加以概括和推广,迁移的产生也就越普遍。而对事物间的关系的发现是建立在对事物理解后的顿悟的基础上的,对事物的理解力越强,概括的可能性越大,越容易顿悟事物间的关系。

(五) 认知结构说

认知结构说或称认知结构的迁移理论,是奥苏伯尔根据他的有意义言语学习理论发展而来的。奥苏伯尔对认知因素及其影响新的学习主要变量,以及如何操作认知结构变量来影响新的学习技术进行过长期的理论和实践方面的研究,提出了下列关于学习迁移的观点:

1. 迁移的产生

奥苏伯尔认为,所谓认知结构就是学生头脑内的知识结构。广义地说,它是学生已有的观念的全部内容及其组织;狭义地说,它是学生在某一学科的特殊知识领域内的观念的全部内容及其组织。奥苏伯尔认为,学生原有的认知结构是实现学习迁移的"最关键的因素"。当学生已有的认知结构对新知识的学习发生影响时,就产生了迁移。

2. 影响迁移的因素

一切有意义的学习都是在原有学习的基础上产生的,过去经验对当前学习的影响不是直接发生的,而是通过认知结构的特征发生影响的,这些特征是指学生在一定知识领域内认知的组织特征,如清晰性、稳定性、概括性和包容性等。如果学生在某一领域认知结构的清晰性、稳定性、概括性和包容性高,迁移发生的可能性就大。这说明迁移的发生不仅取决于前后两种学习在刺激和反应方面的相似程度,还取决于学生的认知结构和组织特征。

认知结构的组织特征和内容方面的特征合起来,称为认知结构变量。奥苏伯尔认为,认知结构有三个变量会影响新的学习,它们是:可利用性、可辨别性和稳定性。可利用性是指在认知结构中是否有适当的起固定作用的观念可以利用。在认知结构中处于较高抽象概括水平的起固定作用的概念,对于新的学习能提供最佳关系和固定点。可辨性是指新的有潜在意义的学习任务与同化它们的原有观念系统可以辨别的程度。稳定性指原有的,起固定作用的观念的稳定性和清晰性。

3. 设计"先行组织者"促进学习迁移

根据影响迁移的因素,奥苏伯尔提出,设计适当的"先行组织者"来影响认知结构变量,这样就可以促进学习的迁移,这是一种重要的教学策略。

所谓先行组织者就是先于学习任务本身呈现的一种引导性材料。它要比学习任务本身有较高的抽象、概括和综合水平,并能清晰地与认知结构中原有的观念和新的学习任务相联系。也就是说,先行组织者能充当新旧知识联系的"知识桥梁"。

"先行组织者"可分为两类:一类是"陈述性组织者",其目的在于同新的学习产生一种上位关系,为新的学习提供一个适当的类属关系。另一类叫"比较性组织者",它的目的是增强新旧知识间的可辨性。它一般是以比较新材料和已有认知结构中相似材料间的异同的形式呈现的。

通过设计适当的"先行组织者",可以提高学生原有认知结构的可利用性、可辨别性和稳定性,从而促进学习迁移的实现。具体说来,"先行组织者"的作用主要有以下几方面

(1) 对认知结构可利用性的影响

奥苏伯尔于1960年做了一项实验,比较两组被试在学习有关钢的性质的材料时的成绩。实验组在学习新材料前,学习了一个"陈述性组织者",其中强调了金属与合金的异同,各自的利弊和冶炼合金的理由。控制组被试在学习有关钢的性质的材料之

前,先学习了一个关于炼钢和炼铁方法的历史说明材料。虽然这个材料可以提高被试的学习兴趣,但没有提供可以作为理解钢的性质的观念框架。结果两组在学习钢的性质的材料之后,其学习成绩差异显著(见表6-1)。

表6-1 "陈述性组织者"对学习成绩的影响

组 别	先学习的材料类别	平均成绩
实验组	陈述性"组织者"	16.7
控制组	历史介绍	14.1

该研究表明,"陈述性组织者"通过加强认知结构的可利用性变量,促进了知识学习的迁移。对言语分析能力较低的学习者,其效果尤为明显,因为这些学习者自身不能发展一种适当的图式将新旧材料关联起来。

巴恩斯在博士论文中指出,"组织者"不仅对学习施加了一种有统计意义的影响,而且产生了实质性的影响。通过实质研究,她发现同未使用"先行组织者"的组相比,利用了"先行组织者"的被试,概念迁移所增加的百分数,按不同的材料性质,分别达到16%～50%不等。

梅耶的研究认为,"陈述性组织者"影响知识的学习、获得及保持阶段,而不影响知识的再现阶段。

(2) 认知结构可辨别性的影响

奥苏伯尔和约瑟夫利用"比较性组织者"促进了对虽相似但有矛盾的材料的学习。他们在实验中把被试分为实验组和控制组两个组,实验组和控制组都是先学习一般佛教材料,后学习一个禅宗佛教材料。实验组在学习一般的佛教材料前,先学习一个"比较性组织者",它指出了佛教与基督教的异同。实验组在学习禅宗佛教材料之前,也先学习了一个"比较性组织者",该组织者指出了佛教与禅宗佛教的异同。控制组在学习第一个材料之前先学习一个历史材料,在学习第二个材料之前先学习一个传记材料。实验结果见表6-2。

表6-2 "比较性组织者"对学习成绩的影响

组 别	平均测验分数	
	佛教	禅宗佛教
实验组	19.4	14.8
控制组	17.6	14.2
差异显著性水平	显著	不显著

研究者认为,前一个"比较性组织者"对佛教知识的学习与保持起到显著的促进作用;后一个"比较性组织者"对禅宗佛教的学习与保持未起显著作用,其原因可能是先前学习过的佛教知识的巩固本身为后继的禅宗佛教学习起到了"组织者"的作用,从而部分抵消了外加的"比较性组织者",能有效提高新、旧知识的可辨别性;当原有的知识本身已清晰并巩固时,提高可辨别性的唯一方法就是过渡到学习新知识。在概念学习中呈现一系列刺激,以便连续地比较概念特征,有利于促进概念的形成,形成一种比较新旧知识的心向,而未实际呈现"比较性组织者"也可以促进学习与保持。另外,"比较性组织者"的运用对促进认知结构的稳定性也能起到积极作用。

三、学习迁移的影响因素

由于迁移是学习过程中普遍存在的一种现象,可以说影响学习的所有因素都会直接、间接地对迁移产生影响。因此,了解这些影响因素并依据这些影响因素来促进学习中正迁移的产生就显得非常必要。

(一)主观因素

主观因素就是学生本身的一些能影响迁移的特质或状态。

1. 智力

智力对迁移的质和量都有重要的作用,因为广义的智力包括一个人的概括能力、分析能力和推理能力等,智力较高的人能较容易地发现两种学习情境之间的相同要素及其关系,易于总结学习内容的原理、原则,能较好地将以前习得的学习策略和方法运用到后来的学习中。1934年,桑代克所做的有关学科迁移价值的实验也发现智力越高的学生,迁移越明显。

2. 年龄

年龄不同的个体由于处于不同的思维发展阶段,学习迁移产生的条件和机制有所不同。例如,处于具体运算阶段的学生,其学习迁移的发生有赖于具体事物的支持和协助,学习的迁移更多地表现在先后学习内容间较为具体的相同要素之间的相互影响;处于形式运算阶段的学习者由于已经具备抽象思维能力,不必依赖两种学习情境间的具体的相同要素的支持,就能概括出共同的原理、原则,产生学习的积极迁移。

3. 认知结构

在学习中,认知结构一般是指个人在以前学习和感知客观世界的基础上形成的,由知识经验组成的心理结构。其质量,如知识经验的准确性、知识经验间联系的丰富性和组织性等,影响学生在学习新知识、解决新问题时提取已有知识经验的速度和准确性,从而影响迁移的发生。

4. 学生对学习和学校的态度

一方面,学生学习知识时的态度和心向影响他们把知识应用到社会工作和生活中的学习,如果学习知识时能认识到所学知识对以后生活和学习的重要意义并能联想到当前知识可能的应用情境,会有助于他们在以后的具体情境中运用已有知识来学习或解决问题。另一方面,学生对学校教师及其他学生的态度影响其学习和学习的迁移,如果学生认为学校是一个令人愉快的、能获得有益知识的地方,而且与教师和同伴建立了融洽的关系,将对他们的在校学习及迁移有良好的影响。反之,如果学生养成一种害怕或厌恶学校和教师的态度,则对其学习及迁移都是有害的。

5. 学习的心向和定式

心向是一种心理准备状态,具有利用已有知识去学习新知识的心理准备状态比没有这种准备状态更有利于已有知识对新的学习的迁移。H. B. 理德曾经让被试学习无意义音节,结果发现事先被告知用有意义的概念去学习的被试学习效果要好得多。学习定式是一种特殊的心理准备状态,是由先前学习引起的,对以后的学习活动能产生影响的心理准备状态,对学习具有定向作用,定式既可以成为积极迁移的心理背景,又可以成为消极迁移的心理背景。关键在于学习者能否具体地分析当前的学习情境,从中找出哪些是可以利用已有知识和策略来学习和解决的,哪些需要打破已经形成的反应定式。

(二) 客观因素

1. 学习材料的特性

学习材料的特性指所学知识、技能之间有无共同的要素或成分,学习材料或新知识的组织结构和逻辑层次以及知识的使用价值等。那些包含了正确的原理、原则,具有良好的组织结构的知识以及能引导学生概括总结的学习材料有利于学习者在学习新知识或解决新问题时的积极迁移。

2. 教师的指导

教师有意识的指导有利于积极迁移的发生。教师在教学时有意识地引导学生发现不同知识之间的共同点,启发学生去概括总结,指导学生监控自己的学习或教会学生如何学习,都会对学生的学习和迁移产生良好的影响。

3. 学习情境的相似性

学习的情境,如学习的场所、环境的布置、教学或测验的人员等越相似,学生就越能利用有关的线索,促进学习或问题解决中迁移的出现。

4. 迁移的媒体

有时,两个学习情境并不能直接发生联系或产生迁移,需要借助一定的媒体才能使两种学习间产生迁移。此时,能否选择能引起正迁移的媒体会对迁移的发生和性质产生影响。

四、促进学习迁移的教学原则与教学策略

由于认识到迁移现象在学习中的普遍性和重要性,教育界提出了"为迁移而教"的口号。为促进迁移的发生,教学过程中应注意以下教学原则。

(一) 树立明确、具体、现实的教学目标

在每个新的单元教学之前为学生确立明确具体的教学目标,如有可能可让学生一起参与教学目标的制定,并要求学生了解某一阶段的学习目标。明确而具体的教学目标可以使学生对与学习目标有关的已有知识形成联想,即有一个先行组织者,会有利于迁移的发生。

(二) 注意教学材料和教学内容的编排

在教学内容和教学材料的编排上,要注意在各个教学单元相对独立的前提下,体现出各单元和各部分内容之间的内在逻辑联系和前后衔接,切忌造成各部分之间的相互割裂。教学层次要合理,在选择教材和教学内容时也应注意避免内在逻辑性差的教材和内容。教学中充分利用教学材料中的内在联系,引导学生产生积极的迁移。对缺乏内在联系的教材,则利用教学进行弥补。

(三) 在进行教学时,应具体分析所要教授的内容适合何种迁移

各派迁移理论各有价值。因此,在教学中要分清教材内容是易于产生共同要素的迁移,还是原理、原则间的迁移。在要学习的新内容与已经学习的内容间有共同要素或成分的,可引导学生利用这些共同要素进行学习,例如,小学中学习的加、减、乘、除和四则运算的知识与初中代数中有关"0"和正数的知识是共同的,可以对代数的学习产生积极的迁移。在适合利用相同成分或要素进行教学迁移时,要了解学生是否已经掌握了这些知识或要素。除了正式的测验和考试外,教师教授新课前有针对性地提问既可以判断学生掌握这些知识的情况,又可以唤起学生的有关知识,可与测验结合使用。但利用这种迁移进行教学时,应注意消除刺激相似、要求的反应相异时造成的负迁移,如形近字之间的负迁移等。

(四) 在教学中应注意启发学生对所学内容进行概括总结

一方面,在教学中注意引导学生自己总结出概括化的原理,培养和提高其概括总结的能力,充分利用原理、原则的迁移。另一方面,在讲解原理、原则时,要列举最大范围的例子,枚举各种变式,使学生正确把握其内涵和外延;同时应结合原理、原则具体运用情境进行讲解和学习,准确地运用原理、原则去学习新知识或解决新问题,即达到

对原理、原则的去背景化,以防止学生对某一原理、原则的理解和运用仅局限于习得该原理、原则时的情境的情况。在允许的情况下,尽量让学生在真实情境中去观察、实践原理、原则的应用,如亲自动手操作的教学实验、实习、见习等;条件不允许或无法亲自观察实践的,教师也应利用直观教具或生动的教学语言、计算机模拟等手段,让学生尽可能地增加感性认识。在这方面,计算机及其附属设备所提供的虚拟现实环境具有较大优势。总之,要将所学与所用的情境联系起来。

(五)有意识地教学生学会如何学习,帮他们掌握概括化的认知策略和元认知策略

布朗等人在阅读理解的实验中,用矫正性反馈训练法教给学生元认知策略,结果不仅使学生对阅读理解问题正确反应的百分数明显提高,而且使其学到的元认知策略迁移到了他们的常规课堂的其他学习中。可以说,认知策略和元认知是可教的,教师在教学中有意识地教学生一些认知策略和元认知策略将有助于学生学会如何学习,从而促进学习的迁移。

(六)通过反馈和归因控制等方式使学生形成关于学习和学校的积极态度

除了结合学生年龄特点,创设和改造学校的环境和气氛,增加学校对学生的吸引力外,教师还可以通过反馈和归因控制等方式使学生形成关于学习和学校的积极态度。在每次学习前,也应注意帮助学生形成良好的心理准备状态,避免不良情绪、反应定式等消极心态产生的消极迁移。

上述教学原则仅仅提供了一种"为迁移而教"的思路,以期帮助教师树立在教学中和日常生活中都注意促进学生积极迁移的观念。教师必须结合具体学科领域的特点和具体教学对象的特点,灵活地创设和利用教育契机去促进积极迁移的发生。其实,真正把"为迁移而教"升华为自己的一种教学思路和教学观念并能结合具体情境灵活运用的教师也就是"专家"教师:他们从经验中形成了丰富的教学图式,面临某一教学情境时,便会立刻激发自己记忆中的某一图式,并采用合理的教学策略,这也是教师教学知识的一种迁移。

【阅读材料】

习得性无助

"习得性无助"是美国心理学家塞利格曼1967年在研究动物时提出的。他用狗做了一项经典实验。起初把狗关在笼子里,只要蜂音器一响,就给予难受的电击。狗关在笼子里逃避不了电击。多次实验后,蜂音器一响,在给电击前,先把笼门打开,此时狗不但不逃而且不等电击出现就先倒地开始呻吟和颤抖。本来可以主动地逃避却绝望地等待痛苦的来临,这就是习得性无助。

随后的实验证明了习得性无助在人身上也会发生。习得性无助的个体经历了某种学习后,在情感、认知和行为上会表现出消极的心理状态。习得性无助的学生会形成自我无能的策略,最终导致他们努力避免失败。他们拖延作业,或只完成不费力气的任务。他们沮丧,并以愤怒的形式表现出来。美国国家阅读委员会的报告描述这类学生是"懒散、怠慢,有时是破坏性的。他们不完成作业。他们面临困难的作业很快就放弃。他们在被要求大声阅读、测验时变得焦虑"。

推荐读物

1. 皮连生.学与教的心理学[M].上海:华东师范大学出版社,1990.
2. 路海东.教育心理学[M].长春:东北师范大学出版社,2002.
3. 刘儒德.学习心理学[M].北京:高等教育出版社,2010.

思考与练习

1. 简述学生学习的特点。
2. 结合实例说明学习动机与学习的关系。
3. 举例说明外部强化对内在动机的副作用。
4. 成就动机训练的意义是什么?
5. 请你对十几年的学习生涯做一次回顾,总结出二至三个你认为有效的学习方法(促进知识的巩固和转化),并用学习策略的有关理论加以解释说明。
6. 在教学中,为促进学生学习迁移,应遵循哪些教学原则?

第七章　教学心理及应用

学习目标

理解教学设计的含义及作用、教学内容的选择标准与组织原则,能够根据实际需要选择并运用适当的教学方法或教学策略,运用具体的方法和技术提高教师的教学监控能力和效能感,能有效地对教学对象进行分析,并因材施教。

> **案例导读**
>
> 　　如今孩子很小就接受了各种各样的新生事物,脑子里千奇百怪的东西很多。有时候,他们会在课堂上或课后向你提一些稀奇古怪的问题。比如,你在课堂上讲太阳和月亮,有的孩子便会问:"老师,太阳为什么白天出来?月亮为什么晚上才出来?"对这样的问题还能勉强回答,但有些孩子在课后向我提的问题,真的让我难以回答。比如,有的孩子会冷不丁地问:"老师,什么叫'酷毙了'?""老师,怎样才能当上还珠格格?"我一时哑然。有时我想,或许我真的是年纪大了,不再适合当小学老师了。

教学心理学是研究教学情境中各种心理现象及其规律的学科,尤其注重探讨依据学与教的心理学原理科学设计和安排教学活动的原理、策略和技术。这些研究主题符合素质教育的根本要求,贴近学校课堂教学的实际,针对性、操作性较强,对于指导学科教学实践、提高教学效率具有重要价值。

第一节　教学设计

有效教学依赖于科学的教学设计,依赖教师对自己的教学活动进行周密的思考和精心的谋划。教学设计是完整教学活动必不可少的重要环节。本节拟从教学目标和教学内容的组织、教学方法与媒体的选取要求出发,探讨教学设计的心理学理论与技术。

一、教学设计的含义及作用

(一) 什么是教学设计

教学设计可以分为不同层次和不同阶段。从宏观层面和长期性来看,教学设计可指对一组课题或一门课程,乃至一个完整的教学系统的设计。这样的设计可以由学校组织的教师团体进行,也可以由教材编写委员会进行。从微观层面和较短时间来看,是指教师在教学活动之前,针对一个班级或单个教学内容的教学所作的设计和准备。从教师使用的广泛角度出发,可把教学设计界定为:根据教学对象和教学内容,确定合适的教学起点和终点,将教学诸要素有序、优化地安排,形成教学方案的过程。

张大均在其《教学心理学》中提出教学设计需要解决四个基本问题。(1)制订教学目标,即用具体可观察的、可测量的语言精确表述教学目标。(2)进行教学任务分析,即确定从学生的现有水平到教学目标之间需要获得的能力及其组织关系。(3)对教学内容的分析与组织,对教学方法和教学媒体的选择。(4)对教学的监控和评价。

(二) 教学设计的作用

教学设计是教学理论转化为教学实践必不可少的中间环节,也是一项复杂的教学技术,对教师具有以下两个非常重要的作用。

1. 有利于教学工作的科学化和最优化

传统教学中,教学上的许多决策都依靠教师个人的经验和意向。尽管有经验的教师能够取得较好的效果,但由于缺乏客观的标准而很难把这门技术传授给其他教师。教学设计将教学活动整个设计过程建立在系统方法的基础上,教学手段、过程等可以变成可传授的技术和程序,而且教学设计强调教学诸要素之间的适当搭配。一般教师只要懂得相关的理论,掌握科学的方法,就可以迅速在实际教学活动中运用,并且朝向教学最优化靠近。

2. 有利于教学理论和教学实践的结合

为了教学高效有序地进行,人们对教学的机制、教学过程、影响教学的因素及其相互关系进行了深入研究,并形成了一套完整的知识体系——教学理论。但从理论到实际需要一定的转换工具。作为"桥梁"的教学设计就起到了沟通教学理论与教学实践的作用。通过教学设计,一方面可以将已有的教学理论研究成果运用到实际教学,指导教学工作;另一方面也可以把教师的教学经验升华为教学科学,充实和完善理论。这样,教学设计就把知识与实践紧密地结合起来。

二、教学目标的分析与设计

确定教学目标,实施教学活动,对教学效果进行测量和评价,是教学过程中紧密联系的三个主要环节。其中确定教学目标是实施教学中最重要、最关键的环节。一方面它对教学活动起着导向、激励和检测的作用,另一方面它又是对教学效果进行评估的重要依据和指标。因此,对教学目标进行分析与设计是必要的也是首要的一项工作。

(一) 教学目标分类理论

在众多的教学目标分类理论中,最具代表性的理论是布卢姆的教学目标分类体系和加涅的学习结果目标分类系统。

1. 布卢姆的教学目标分类体系

以布卢姆为代表的美国心理学家在20世纪50年代提出了著名的教育目标分类体系,将教学目标分为认知、情感、心理运动(或动作技能)三大领域,每个领域的目标又由低级到高级分成若干层次。

(1) 认知领域的教学目标分类。布卢姆将认知领域教学目标从低到高依次分为知道、领会、应用、分析、综合、评价六级层次。其中除第一级"知道"外,其余五级均属于高层次智力技能范畴。智力技能与知识不同之处在于:它是加工知识的方式,需要学习者在思维中对知识进行组织。

知道(knowledge)是认知领域最简单的目标,指能够记住获得的信息。该目标强调记忆的心理特征,强调材料本身的特性以及对材料的复述、加工和提取过程。例如,背诵概念的定义或复述原理。

领会(comprehension)是最简单的理解,主要是指对所获得的信息的理解。例如,能够用自己的话描述一个概念的定义或者原理。

应用(application)指能在特定的具体情况下对所学的概念和原理进行实际的运用。例如,用某个原理来求解数学问题。

分析(analysis)是指能将传达的信息分解成若干要素或者组成部分,明确各要素之间的关系和相对结构。例如,能分析出一个概念所包含的几层含义或某一数学原理所要满足的条件。

综合(synthesis)是指能够将各要素、部分组合成一个整体,以形成新的形式和结构。它既需要对已知的要素和部分进行操作,也需要对未知的要素和部分进行操作。主要包括创作新产品的能力、融合多种观点形成新理论的能力、超越现有认识水平的能力、提出新见解的能力、独创交流成果的能力。

评价(evaluation)是指能够根据特定目的对材料或者方法的价值作出判断,也就是对材料或方法符合标准的程度作出质或量的判断。它处于认知技能的最高层次,包含了以上五种能力中的所有各种要素。

认知目标分类的意义不仅在于为教师确定教学目标、评定教学质量提供了一个依据,同时它提醒我们,在设计教学目标或进行教学评价时,不能只停留在传授或要求

"知道"的水平上,应重视培养学生的智力技能。而学生智力技能的培养,不能只局限于理解的水平,还应重视创新能力与判断能力的培养。

教师按六级水平确定教学目标时,需要注意:① 不是通过一节课的教学就能达到六级水平,而是需要通过精心组织一系列的课堂教学来达到。② 由于学科特点及学生年龄特征,某些教学内容只要求达到一定的水平。如为小学生开设的计算机课,通常只要求能操作计算机,达到运用水平。

(2)情感领域的教学目标分类。情感是对外界刺激肯定或否定的心理反应,如喜欢、厌恶等。个体的情感会影响其作出行为上的选择。情感教学是教学的重要目标之一。克拉斯沃尔于1964年提出了情感教学目标分类,并根据价值内化的程度将其分为五级,每一级均由连续的子类构成。现分列如下。

① 接受、注意。指愿意接受或注意某一事件或活动。由意识、接受意愿和控制注意或选择注意三个连续的子类组成,意识为始端,控制注意或选择注意为终端。在该目标中,教师的任务是从始端出发,抓住学生的注意力并引导其指向终端,呈现学生所喜欢的刺激。

② 反应。指乐意参加或主动参与。由反应的默认(如遵从或顺从)、反应的意愿(如赞成、赞同或自愿反应)、反应的满足三个子类组成。在此目标中,教师的任务是使学生的学习伴随着满意感,产生一种愉悦的情绪反应,即达到某种满足。

③ 价值化。指将特殊的对象、现象或行为与一定的价值标准相联系,并以该标准来指导自己的行为,作出对某事的接受、追求乃至奉献。价值化由价值的接受、偏爱、信奉等子类组成。教学要达到该级的最高水平——信奉,教师要使学生确信所学内容的正确性,坚信通过自己的努力能够获得成功。

④ 价值观的组织。即当遇到多种价值观念出现的复杂情景时,将价值观组织成一个系统,把各种价值观加以比较,确定各种价值观的相互关系及它们的相对重要性,接受自己认为重要的价值观,形成个人的价值体系。如,先处理集体的事,再考虑个人得失;先完成老师布置的作业,再玩等。该级由价值的概念化(如试图识别一个其所欣赏的艺术客体的特征)和价值体系的组织两个子类组成。价值体系的组织可能产生一种新价值或更高层次的价值复合体。

⑤ 价值或价值系统的性格化。指价值观和价值系统已形成稳定的、具有个人特点的价值体系。其个人行为是一贯的、泛化的和可以预期的。如学习一贯勤勤恳恳,保持良好的个人学习习惯。该级由泛化心向和性格化两个子类组成。

由于情感教学目标难以用行为变化来说明,因此它不如认知教学目标分类那样清晰、明确,具有明显的较为具体的外显指标,这给对其进行客观观察、测量带来了一定的困难。但克拉斯沃尔的分类毕竟为我们提供了情感教学目标的发展层次,其层次揭示了情感教学是一个价值不断内化,最后形成稳定的价值体系的过程。其子类构成的情感发展连续体较为详尽地描绘了教学过程中情感的细微发展变化,这些都为我们探讨情感教学目标提供了借鉴。同时,该分类还启示我们:① 情感是一个价值标准不断内化的过程,外在的要求标准要变成学习者的内在价值,需要经历接受、产生反应和认识到其价值(价值化)等连续内化的过程。② 情感并不是秘不可言、秘不可测的,该分类对情感发展的连续描绘,为教师完成情感教学的任务提供了方向与途径。③ 情感教学是各科教学的重要任务之一,每门学科都应重视相应情感的培养。只有当学习者以积极、肯定的情感参与学习时,"我要学"才会代替"要我学"。

克拉斯沃尔的情感教学分类目标揭示了情感发展的全过程及最高教学目标,但与认知教学目标一样,这并不意味着所有不同的教学内容或一切不同年龄的学生都要完成全过程,达到终端。因此,这就需要教师能依据学科内容和学生的年龄特点,灵活地确定并描述相应的情感教学目标。

(3) 动作技能领域的教学目标分类。关于动作技能的分类,先后出现了辛普森(Simpson,1971)的七级分类、哈罗(Harrow,1972)的六级分类、基布勒(R.J.Kibler)的四级分类等。目前还没有一个一致的广泛认可的理论框架。但相比较来看,辛普森的分类应用较广,下面我们就辛普森的分类作简要的介绍。

① 知觉。指了解与某动作技能有关的知识、性质、功用。

② 定向。指对活动的准备,包括心理定向、生理定向和情绪准备。

③ 在指导下作出反应。指能在教师的指导或说明书的指导下,表现出有关的动作行为。例如在示范者的指导下进行练习,直至形成正确动作,按照说明或示范启用电脑。

④ 机械化动作。指学习者的反应已成习惯,动作表现无误。例如,不需要教师示范指导或看说明书,就能启用电脑。

⑤ 经复杂的外显反应。指能用最少的时间和精力表现全套动作技能,一气呵成,连贯娴熟,得心应手。例如,熟练地按指定程序开启电脑。

⑥ 适应,指技能的高度发展水平,学生能修正自己的动作模式以适应特殊的装置或满足具体情境的需要。例如,电脑型号改变,按钮位置发生变化,仍能根据指定程序启用电脑。

⑦ 创新,指创造新的动作模式以适合具体情境,强调以高度发展的技能为基础的创造能力。例如,练习书法至相当的高度,独创一格,达到"人各有体"的境界。

该目标分类描述了动作技能由低级向高级发展的过程,对体育课、艺术课、工具操作技能课以及自然科学中的实验课、语言教学中的书写技能课等课程的教学目标设计,都具有指导意义。

中国的教学心理学研究者在借鉴布卢姆等人的教学目标分类体系的基础上，提出了自己的目标分类：(1)认知领域的教学目标，中学阶段为记忆、理解、应用、综合，小学阶段为记忆、理解、运用。(2)情感领域的教学目标，按照行为分类和内容分类相结合的思路，中小学阶段为接受、反应、爱好、个性化等。(3)动作技能领域的目标，中小学阶段为知觉、定式、熟练、自动化等。

2. 加涅的学习结果目标分类系统

加涅在《学习的条件》一书中，认为学生学习的结果有五种类型，即言语信息、智慧技能、认知策略、动作技能和态度。但是这五种结果都属于能力的范畴，不能被直接观察到，只能通过其在使用这种能力完成学习任务时所表现出的行为推断出来，为此，必须制订出清晰的行为目标。于是，加涅确定了九个方面的教学目标。现分列如下。

(1)辨别学习的目标。是指对各种客观的情境或者物理特征进行辨别，涉及听觉、视觉、触觉、嗅觉等所有感觉方面。但它不是对情境的全面描述。

(2)具体性概念学习的目标。是指建立在辨别学习目标之上的，能够确定某类事物中的一个或多个例子的学习目标。

(3)定义概念学习的目标。是指学生能够通过一定的规则对事物或事件进行分类。这个规则表达了概念的本质和功能之间的关系。

(4)规则学习的目标。是指学生能够按照一定的要求描述和转换情境中的概念和命题。

(5)问题解决学习的目标。是指学习者能够在新的情境中运用规则和概念去解决问题，并在这个过程中获得更高级的规则和概念。

(6)言语信息学习的目标。是指学习者能够记住由有意义的命题构成的言语信息，具体表现为能够复述和加工这些命题。

(7)认知策略学习的目标。是指学习者能够有效地调节和控制自己的认知过程。

(8)动作技能学习的目标。是指学习者在完成操作和动作时达到了一种熟练状态，它可以用操作或动作的执行速度、精确性、力量或连续性等特征来描述和测定。

(9)态度学习的目标。是指学习者形成了一种能够对行为作出选择的内部准备状态或者反应倾向。

以上所列目标中，辨别学习、具体性概念的学习、定义概念的学习、规则的学习、问题解决的学习属于智慧技能学习的目标。

总的来说，布卢姆和加涅的教学目标分类经实践证明是非常适当的，在教学设计中应予以充分的重视。但也不能不论教学情境的差异简单机械地套用他们的理论。当我们在分析和确定某一具体教学情境的教学目标时，应体现其独特性。由于学科的特点及学生年龄特征的差异，不同的教学情境下要求教学活动应达到的水平是不一样的。况且,并不是所有的学生、所有的教学内容都必须达到教学目标体系中的最高水平。

(二) 教学目标的分析

一般说来,目标分析通常从提出问题入手,然后以解决问题为目标收集各方面信息,最后在分析这些信息的基础上,制定教学活动的目标体系。具体来说,目标分析过程可以归纳为五个步骤。

第一步,了解问题,确定目的。了解现实教学活动与期望之间的差距,明确教学活动问题所在,从而确定教学设计的目的。这既是教学目标设计的基础,也是整个教学设计工作的起点。通常教学设计者可以通过调查、访谈来发现问题。例如,通过对中学校长、教师的访谈调查,了解中学教学的问题所在,从而确定教学设计的目的。

第二步,确立目标。围绕某个目的,按照布卢姆或加涅等的目标分类体系,建立一系列具体的教学目标。

第三步,提炼目标。按照一定的标准(通常是目标对于实现目的的重要性程度)对提炼后的目标进行选择和排列,区别主要目标、核心目标与次要目标、支持目标,并明确它们之间的关系。

第四步,再次提炼目标。再次对目标进行提炼,确保目标的价值。这主要从两方面着手:一方面,将已确定的目标一一与现实教学活动进行比较,确定两者之间的差距,从而确证目标的必要性与可行性;另一方面,将已确定的目标与前面确定的教学设计的目的进行对照,确定两者之间的相关性,以保证每个目标确实是围绕某个共同的目的而设计的。

第五步,再次排列目标。对目标进行最后的排列,形成教学设计目标体系。

(三) 教学目标的表述

如何科学地表述教学目标以保证所制定的教学目标明确、具体、有效是教学目标设计应解决的重要技术问题。对此问题,主要形成了行为观、认知观及两种观点相结合的陈述方法与技术。

1. 用可观察的行为术语来表述

美国著名心理学家马杰于1962年出版了《准备教学目标》一书,系统论述了用行为术语陈述教学目标的理论和方法。马杰认为行为目标是指用可观察和可测量的行为陈述的目标,它应该能够说明"学生能做什么以证明他的成绩和教师怎样知道学生能做什么"。他还指出,一个好的行为目标应该包括行为的表述、行为条件的表述、行为标准的表述。后来,有学者认为还有必要增加对教学对象的表述。据此,教学设计者在确定教学的行为目标时,应该清楚地陈述以下四项内容。

（1）教学对象的表述，即说明学习者是谁。学习者是教学设计的核心，只有当学习者积极地进行心智的加工和技能的训练时，才会有学习活动发生。所以，教学目标设计确定教学的行为目标时必须首先明确教学对象。如教学对象是小学一年级的学生。

（2）行为的表述，即说明通过教学后学生能做什么。表述的基本方法是使用一个动宾结构的短语，动词说明学习的类型，宾语则说明学习的内容。如能进行加、减、乘、除运算，能列举三至五个质数和合数等。

（3）条件的表述，即说明学习者在什么情况下表现行为。对行为发生条件的表述，也指明了在何种状况下对教学活动进行评定。例如，陈述"能够操作计算机"这一教学目标时，就必须指明是"在教师指导下或者说明书指导下操作还是独立操作"这一行为条件。

一般来说，行为产生的条件包括下列因素：① 环境因素（空间、光线、温度、气候、室内或室外、安静或噪音等）；② 人的因素（单独进行、小组集体进行、在教师指导下进行等）；③ 设备因素（工具、设备、图纸、说明书、计算器等）；④ 信息因素（资料、教科书、笔记、图表、词典等）；⑤ 时间因素（速度、时间限制等）；⑥ 问题明确性的因素（提供什么刺激来引起行为的产生）。

（4）行为标准的表述，即规定学习结果的行为的最低要求，以使教学目标具有可测性的特点。行为标准通常是规定行为在熟练性、精确性、准确性、完整性、优良性、时间限制等方面的标准，所以其表述常常与"精确到什么程度""至少百分之几正确""在多少时间内完成"等问题有关。

表 7-1 马杰教学目标举例说明

教学目标的要素	要问的问题	例子
1. 教学对象	哪一年级的学生？	小学五年级的学生
2. 学生的行为	做什么？	完成计算机的基本操作
3. 行为的条件	在什么条件下做？	在教师的指导下
4. 合格作业的最低标准	做得怎样？	正确率不低于80%

在教学目标的设计中，行为表述是最基本的部分，不能缺少。而行为产生的条件和标准可根据教学对象或内容，省略其一或全部。

用行为来描述教学目标，虽然克服了传统教学目标陈述含糊、难以操作和测评的缺点，有利于目标的导向功能、激励功能和检测功能的实现，但由于它只强调学习结果的行为表现，而忽视学习者的认知和情感的变化，有可能使教学活动显得机械、呆板，难以达到真正的教学目的,而且很多心理过程无法行为化。但是如果使用表现学习者内部认知、情感变化的术语来陈述教学目标,又容易产生模糊性。为解决这一矛盾,于是有学者提出了将内部过程和外显行为结合起来描述教学目标的设想。

2. 内部过程和外显行为相结合来陈述教学目标

格朗伦德于1978年提出了教学目标表述的内外结合观,认为可以先用描述内部过程的术语陈述概括的教学目标,然后用可观察的行为作例子,使这个目标具体化。格朗伦德的内外结合观,不仅避免了认知目标或情感目标的抽象性和模糊性,同时也在一定程度上防止了行为目标可能产生的机械性与表面性,所以被许多心理学家和教学设计人员所认同。如"领会加法运算法则的含义",这是教学目标的概括陈述。但"领会"是一个内部过程,难以直接观察和测量,所以用可以证明"领会"水平的行为实例来进一步说明,如"用自己的话转述加法运算的法则""能列举2～3个加法运算的实例"。

总之,陈述的教学目标必须符合下列要求:(1)教学目标陈述的是学生的学习结果,而不应该陈述教师做什么。(2)教学目标的陈述应力求明确、具体,可以观察和测量,尽量避免用含糊的和不切实际的语言陈述目标。(3)教学目标的陈述应反映学习结果的层次性,认知领域的教学目标一般应反映记忆、理解和运用三个层次。

(四)教学目标的呈现

中国教学工作者在目标教学的实践中总结出了教学目标的呈现与教学目标有效性之间的关系的一些规律:(1)展示目标要自然。(2)分散展示目标的效果优于集中展示目标。(3)展示目标与回扣目标(教学内容结束时回扣目标)结合,效果更佳。(4)每一课时目标不宜太多,且要定出重点目标、难点目标。(5)呈现的目标不宜过细,否则教学易机械、呆板,使学生思维受到限制。(6)考虑到小学低年级学生对目标理解的有效程度,可以对目标不予展示或只变相展示目标。(7)对于跳跃性的、术语生僻、难度大的内容,教学目标的展示最好放在课堂的最后一个环节完成。(8)高年级以自学为主的课型最好课前展示目标,以起到组织策略的作用。(9)情感目标在课堂上不一定展现,但设计中必须有其地位,这样在课堂教学中,教师才能有计划地、不失时机地渗透情感教学内容,实现情感教学目标。

三、教学内容的组织与设计

教学内容的设计是教学设计的重头戏,包括教学内容的选择、组织,不同知识类型、不同课型的设计等内容。

(一)教学内容的选择标准

在选定教学内容时,应特别注意遵循下面六条标准。

1. 科学性

科学性是选择教学内容最重要的标准。科学性指教学内容观点正确、论据确实、表述规范,甚至连字、词、句和标点符号也无错误。特别是针对中小学设计的教学内容,更要精益求精,不得有半点马虎。因为中小学生辨别能力差,不得因教学内容的错误而使学生误入歧途。

2. 基础性

基础性指精选基础知识、基本规律为教学的主干内容。

基础知识、基本规律应同时具备两个特征:一是处于知识体系最底部的知识,是需透彻理解的知识;二是能引申出众多迁移结果的知识。基础知识、基本规律适用性广、包容性大、概括性高、派生性强。只要突出了这些知识,就能真正起提纲挈领的作用。这样我们才能在主体结构上突出主干内容,建立合理的"基本结构",保证基础知识和规律被学生熟练掌握和运用。

3. 发展性

发展性指教学内容蕴涵了培养学生能力的显著成分与价值,通过教学能显著地促进学生发展。"发展学生的能力"已成为当今国内外教育界最为关注的问题。发展学生的能力应在教学内容的选择上得到体现。那些对培养学生的能力特别有效、有用的内容,尽管其实用性不够强,也应列为学习的重要内容。如平面几何内容在现实生活中虽然实际作用不大,但它对学生逻辑思维能力的培养有特殊的作用,是其他材料不可替代的。同样,小学数学中算术解题方法,对培养小学生的思维能力也有类似的作用。

4. 可接受性

根据皮亚杰的理论,教学内容具有可接受性就是指教学内容要适应学习者的运算水平。皮亚杰将学前、小学和中学三个年龄阶段的儿童思维发展分成前运算、具体运算和形式运算三种水平。根据皮亚杰的理论,教学内容具有可接受性可从两方面考虑:一是设计的内容刚好适合儿童思维发展的年龄特征,这是教学内容设计的通常做法;二是设计的内容可恰当高于儿童的现有思维发展水平。虽然内容难度较大,但可教给儿童解决问题的策略,这样,即使需要形式运算来完成的任务,亦可运用具体运算来解决。例如,如果概率内容放在高中,一般用排列、组合来介绍;如果放在初中,则可用树图等浅显的方法来介绍;而如果放在小学,则可用讲事物发生的可能性来进行介绍。由此看来,这种设计思想对促进学生能力的发展大有好处,值得大力提倡。

5. 时代性

时代性指教学内容在体现人类知识宝库的精华时,也能反映科学发展的最新成果,体现现代社会甚至未来社会所要求具备的知识,具有鲜明的时代特点。

6. 多功能性

多功能性指同一内容可以达到多种教学目标。许多教学内容都蕴藏着多种目标,教师要注意挖掘,以便收到"一石二鸟"或"一石三鸟"的教学效果。例如数学教学重在传授数学知识,培养学生的智能,但在学习过程中同时也兼有培养学生人格、思想品德的作用;同样,德育教学虽然重在培养学生的高尚情操、品德,但同时也担负着培养学生智能的任务。

(二) 教学内容的组织原则

合理地组织教材内容,主要应遵循以下三个原则。

1. 知识序和认知序相结合

从知识性来看,每门学科的知识都是有机的整体,各个概念和各条原理之间具有内在的逻辑性、系统性、连贯性和关联性,这种内在联系即知识本身的"序"。从学习者来看,学习者认知的发展也有内在的程序性和连贯性,这是学习者的认知的"序"。如从已知到未知、从感知到理解、从巩固到应用、从具体到抽象、从易到难、由简到繁、由近及远等。学科知识的序不一定就是学习者认知的序,因此教学内容的组织既应考虑知识的序,又必须遵循学生认知的序,只有通过对教材的合理组织把教材的知识结构和学生的认知结构很好地结合起来,才会有利于学生快速有效地掌握知识。

遵循知识序和认知序相结合原则组织教材,通常的做法有:(1)以学生思维发展的年龄特征为起点来组织教学内容,如就认知学习而言,低年级小学生应尽可能通过直接的经验来学习,而大学生则可通过语词符号学到大量知识。(2)从由简到繁、由近及远、由具体到抽象、由简单技能到复杂技能来组织教学内容。(3)以智力活动形成阶段来组织教学内容,如由外部的、物质的、展开的活动来揭示新知识,帮助学生由外部的、物质的、展开的操作活动过渡到内部的、压缩的心智活动。(4)以旧中有新、新中有旧来组织教学内容,使新知识有"固着点",能较快地同化到已有的知识结构中。在教学实践中,以上组织教学内容的四种方式通常需要综合运用,灵活处理。

2. 网络化

网络化指知识之间的联系纵横交错,相互沟通。遵循网络化原则,从纵的方面看,知识脉络要清楚,上下位联系应环环相扣。对重难点内容要前有铺垫,后有延伸、发展。从横的方面看,不仅要注意本门学科同层次知识间的相互联系、贯通,同时也要注意邻近学科间的相互联系、贯通与渗透。如编写小学数学低年级应用题时,就应考虑与小学语文识字同步。

3. 最优化

最优化指通过教学内容的合理、最佳组织,学生能在最短的学习时间内获得最佳的学习效果。因此,我们在进行教学内容组织时,既要充分考虑各种制约因素的协调,又要把握各部分内容上下左右的衔接,才能达到整体最优化的效果。

(三) 不同知识类型的教学设计

现代认知心理学把知识概括为陈述性知识、程序性知识和策略性知识三类。根据这三类知识的特点,可以进行不同侧重的教学设计。

1. 陈述性知识的教学设计

陈述性知识指个人具有的有关世界是什么的知识。检查的标准是看学生能否回答"是什么"的问题。陈述性知识可以分为以下三种。(1) 有关事物的名称或符号的知识,如关于WHO符号的意义。(2) 简单的命题知识或事实知识,如"重庆是中国重要的工业城市"。学生获得了这样的简单命题或事实的意义即获得了这种知识。(3) 有意义的命题的组合知识,即经过组织的言语信息。如陈述鸦片战争产生的原因,就是这类知识。

依据陈述性知识的特点进行教学设计需注意以下几点。第一,确定教学目标应以学生回忆知识的能力为中心,要求学生口头或书面叙述学到的有关知识,以此检查他们是否具备了这种能力。第二,设计教学内容要注重确立新旧知识之间的联系,找准联系点。第三,确保学生把新旧知识联系起来,找到新知识的生长点。为帮助学生理解新知识,可以考虑教材的呈现方式与讲解方式,如利用多媒体教学手段揭示事物发展的过程、通过关键点的提问引起学生的关注与思考、运用及时地反馈进行针对性的补救等。第四,使学生学会控制自己的知识理解过程,即发展学生的元认知能力。

2. 程序性知识的教学设计

程序性知识是关于"怎么办"的知识。认知心理学的研究发现,程序性知识在头脑中以产生式表征,形式是"如果……则……"。例如,识别直角三角形的产生式为:如果该三角形有一个角是直角,则该三角形就是直角三角形。

根据程序性知识的特点进行教学设计时需注意以下几点。第一,判断教学目标达到的标准是学生面对各种不同的概念与规则的运用情境,能顺利地进行识别、运算和操作。第二,把作为教学内容的概念或规则放入相应的知识网络中进行讲解与练习,如在讲上位概念时,主要应唤起、充实下位概念;在讲下位概念时,主要应帮助学生将其与相应的上位概念联系起来,使新知识能顺利地纳入相应的知识网络中。第三,概念的讲解与练习要注意正反例的运用。运用正例有助于概括和迁移,但也可能导致泛化;使用反例有助于辨别,使对概念的掌握达到精确。第四,如果教学内容是规则,应着重引导学生将新习得的规则广泛运用于新情境,做到一旦见到恰当的条件("如果"),便能立即作出反应("则")。第五,对于那些由一系列产生式组成的较长的程序性知识,应考虑练习内容与练习时间的分散与集中、部分与整体的关系,一般先练习局部技能,然后进行整体练习。

3. 策略性知识的教学设计

策略性知识实际上就是关于"如何学习"的知识,例如,如何在较短时间内记住尽可能多的英语单词。策略性知识也是一种程序性知识,不过,一般程序性知识所处理的对象是客观事物,而策略性知识所处理的对象是个人自身的认知活动。在陈述性知识具备的条件下,学生处理问题的差异就是由他们的策略性知识所决定的。

根据策略性知识的特点进行教学设计,需注意以下几点。第一,确立策略性知识的地位。在所拟定的教学目标中,必须有检查"学生学会学习"的教学目标。如要求学生学会设计图表,系统整理所学的某节、某章的内容;学会用比较法鉴别事物、事件等的异同;能总结自己学习中的有效方法等。传统教学目标常常仅有检查陈述性和程序性两类知识的教学目标,而忽略了对策略性知识的要求与检测。第二,教学内容应结合陈述性知识和程序性知识的教学,突出学习方法的教学,或者专门开设学习方法课,教给学生如何预习、复习、记笔记及如何学会选择性注意、如何反思等具体学习方法。第三,教师要学会如何教策略性知识,要善于将内隐思维活动的调节、控制过程展示出来,使学生能够效仿。

可以说,只有既善于教授陈述性知识、程序性知识,又善于教授策略性知识的教师才是一个真正的好教师。

(四) 不同课型的教学设计

针对不同的教学内容、不同的教学目的,要使用不同的课型。就课型而言,有新授课、讨论课、复习课、视听课、诊断测评课等。而在众多的课型中,前三类是主要的课型,下面就这三类主要课型的教学设计作初步探讨。

1. 新授课教学设计

新授课是教学中传授新知识的一种重要课型。其教学组织应把握以下主要环节:(1)让学生明确本次课的教学目标并形成相应的心理定式,激发学生的学习动机;(2)回顾学过的已有相关知识,为新知识找到生长点。(3)自然地引出新教学内容;(4)揭示新的教学内容的重点、难点,并解决疑问。(5)安排新学内容的迁移练习,安排练习要先易后难,先具体后抽象,先局部后综合。(6)应给学生及时反馈和评价。

2. 讨论课教学设计

讨论课是教师组织学生就某个中心问题发表自己的看法,进行相互学习的一种课型。此课型的教学组织有课堂讨论准备、课堂讨论过程、课堂讨论总结三个环节。其教学组织应主要把握:(1)在课堂讨论准备环节,应针对教学内容的重点、难点或观点具有不确定性、不一致性的论题,设计一到两个题目,题目难度应面向大多数学生。
(2)在课堂讨论环节,教师要发扬民主,鼓励发言,给讨论的展开提供各种必要支持,要使讨论紧紧围绕讨论中心,避免在枝节问题上纠缠不清,要注意讨论中出现的普遍或典型的看法,善于发现讨论中出现的争论焦点,善于引导讨论以便使问题变得明朗。
(3)在讨论结束后,教师要有明确的结论,要针对学生讨论中存在的问题进行讲解,对学生理解不深刻、不正确的问题给予补充、纠正与深化,起到画龙点睛的作用。

3. 复习课教学设计

复习课是巩固知识的一种重要课型。教师通过复习课要达到既查漏补缺又加深学生对所教内容的理解,为后继学习打下良好基础的目标。复习课遵循的基本原则是:新中有旧,旧中有新。此处的"新"不是引入新知识,而是有新意,对原有知识进行深化、引申,使学生产生一种新的认识与理解。组织复习课应主要把握以下原则:(1)同一材料以不同形式呈现,用不同例子讲解。(2)复习时应提高针对性,着重在重点、难点及学生易出错处下功夫。(3)复习时应对知识进行系统梳理,形成网络,使学生加深对知识的认识与理解,注意引申迁移。

四、教学方法和教学媒体的分析与设计

在教学设计中,选择了教学内容、确定了教学目标之后,就要重点考虑教学方法的设计。教学方法的设计是否合适是影响教学成败、决定教学目标能否实现的一个关键因素。教学方法之所以重要,是因为它是引导和调节教学活动的最重要的手段之一,同时它在教学内容的完成、教学目标的达成之间起着中介、联结的作用。

(一)教学方法的选择

教学方法的选择主要受四个方面因素的制约。

1. 教学目标的要求

根据教学目标来选择教学方法要考虑以下几个方面。

(1)特定的目标往往要求特定的方法去实现。对认知领域的目标而言,通常只要求达到识记、了解层次的,可选用讲授法、介绍法和阅读法等;要求达到理解、领会层次的,可选用讲授法、探究法和启发式谈话法等;要求达到应用层次的,则应选用练习法、迁移法和讲评法等;而对于高层次的目标如分析、综合、评价,则应选用比较法、系统整理法、解决问题法、讨论法等。

(2)各种教学方法有机结合发挥最佳功效。教学目标的多层次化和教学环节的多样性,要求采用多样化教学方法。特定的方法只能有效地实现某一方面的目标,完成某一或某几个环节的任务,要保证教学目标的全面实现,教学中往往要求选用几种

方法,并把它们有机结合起来。

(3) 扬长避短地选用各种方法。每一种教学方法都有其优势和不足。比如讲授法,它可使学生在较短的时间内获得大量的知识,便于教师主导作用的发挥,而且在其他教学方法的运用中,它又是不可缺少的辅助方法,但这种方法不利于发挥学生的主动性、独立性和创造性。又如探索法,其优势在于容易激发学生学习的兴趣和动机,培养学生独立分析问题、解决实际问题的能力,发展学生创造性思维品质,增强积极进取的精神,其不足是耗费的时间长,需要的材料多,师生比例小。因此,教师必须认真分析各种教学方法,扬长避短。

2. 教学内容的特点

目前学校教育的内容主要包括健康、科学、社会和艺术等领域。由于这些领域的课程内容各有其特殊的性质和类型,因此,这些课程所需要的教的方法与学的方法必然有所不同。例如,适合科学内容的教学方法不一定适合艺术内容,也就是说课程内容的特点决定教学方法的选择。科学领域的内容一般可采用发现法、问题解决法、实验法等;社会领域的内容比较适合采用观察法、谈话法等;而艺术领域的内容则更适合采用欣赏法和练习法。

3. 教师自身的特点

任何一种教学方法,只有能被教师理解和驾驭,才能更好地发挥作用,取得好的教学效果,反之则不然。因此,教师在选择具体的教学方法时,应将自己的特长和优势纳入考虑范围,选择适合自身条件的教学方法。如有的教师语言表达能力较好,能用生动、简洁、有趣的语言吸引学生,可适当多采用语言为主的方法;有的教师善于制作并运用直观教具,则可以多做一些教具,并结合采用观察、演示、示范等方法。

4. 学生的年龄特征和知识基础

教学活动的效果最终在学生身上得到体现,因此,在选择教学方法时,教师必须考虑学生的年龄、兴趣、需要和学习基础等因素,这样才能真正达到教学的高效率。如发现法和讨论法对于小学低年级学生或思维水平低下的学生,往往不能达到预期的教学目标,而角色扮演法对于低年级学生来说往往更有利于激发他们学习的动机和兴趣。

综上所述,教学方法的选用必须以教学目标为轴心,综合考虑各种因素的制约,只有这样,才能发挥课堂教学的整体效应。

(二) 教学媒体的选择与运用

1. 影响教学媒体选择的因素

一般说来,教学媒体的选择主要受到以下几种因素的影响。

(1) 教学任务方面的因素

选择什么样的教学媒体来传递经验,首先取决于教学内容的特点,即所要传递的经验本身的性质。如果要传递的是一种感性的具体经验,则必须在非言语系统中选择适用的媒体。如果传递的是一种理性的抽象经验,则除了要有必要的非言语系统的媒体相配合外,还必须选用言语系统的媒体。教学方式不同,可供选择的媒体也往往不同。如采用直接交往方式来传递经验时,可用口语系统的媒体;采用间接交往方式来传递经验时,一般用书面言语系统。

(2) 学习者方面的因素

教学媒体对经验的传递作用还取决于经验接受者的接受及加工能力,如感知能力、知识水平、智力水平、认知风格、兴趣爱好及年龄等。年龄不同,思维发展水平不同,其内在的编码系统也不同,采用的教学媒体也应有差别。

(3) 教学管理方面的因素

这方面的因素包括教学的地点和空间情况、是否分组或分组的大小、对学生的反应要求、获取或控制教学传媒资源的程度。

(4) 教学媒体的物理特性

不同媒体的特性不同。一般来说,幻灯、投影的最大特点是能以静止的方式表现事物的特性,让学生详细地观察放大的清晰图像或事物的细节。计算机辅助教学软件具有高速、准确、储藏量大,能模拟逼真的现场和事物发生的进程,且动静结合、表现力强等特性。在选择媒体时,要针对媒体的特性优先考虑最能表现教学内容特点的媒体。此外还应考虑媒体是否便于教师操作,操作是否灵活,是否能随意控制等。

2. 教学媒体的合理运用

(1) 多媒体组合的运用

鉴于各种媒体特点不同,各自有自己的适应性和局限性,且往往一种媒体的局限性又可用其他媒体的适应性来弥补,因此,在可能的条件下最好采用多媒体组合教学,以使各种媒体扬长避短,互为补充。例如,电视录像在表现动态情景上占有独特的优势,但在表现静态放大画面时却不如幻灯、投影,若二者结合使用,便既能表现动态场景又能表现静态放大画面。

(2) 一定程度的媒体冗余度促进信息整合

学习者能否对信息进行顺利整合,很大程度上依赖于媒体的一定冗余度。研究表明,在信息有联系的情况下,同时给予两种感觉通道的刺激,会提高学习效果。但如果信息太多且超过一定的冗余度时,双通道的呈示效果并不一定好。因此,我们在采用多媒体组合教学时要特别注意:(1) 不同通道传递的信息要一致或有联系,否则会产生干扰。(2) 不同通道传递的信息并不是越多越好,单位时间内信息量过大,超过了学习者的接受力,反而降低学习效果。

(3) 选择适合学习者思维水平的媒体符码

媒体的符码形式可分为语言的和非语言的两大类,也可分为模拟符码(如芭蕾舞的动作)、数序符码(印刷、语言、文字)、形状符码(图画、图表、图解)。近年来,对符码的研究发现,媒体的符码越与学生思考时所用的符码一致或接近,学生就越能有效地思考。这意味着,我们会在用某种媒体符码进行教学时,应考虑学生是否能轻松地处理这种符码,即学生是否能用最有利于自己的形式来解释、储存、提取、使用、转用这种符码。

第二节 教学策略

教学策略是教育心理学中备受关注的一个研究领域。本节从分析教学策略的内涵和特点入手,从教学准备、教学实施和教学监控三个主要方面对教学过程中的主要策略进行分析探讨。

一、教学策略的含义及特点

(一) 教学策略的含义

关于教学策略的含义,各个研究者的阐述各不相同。有学者认为,教学策略是教师在教学过程中,为达到一定教学目标而采取的一系列相对系统的行为。有学者认为,教学策略是关于有效地解决教学问题的方法、技术的操作原则与程序的知识。张大均对教学策略的含义作出了较系统的表述:教学策略是教学设计的有机组成部分,是在特定教学情境中为实现教学目标和适应学生学习的需要而采取的教学行为方式或教学活动方式。这个表述包含了三层意思:(1)教学策略从属于教学设计,确定或选择教学策略是教学设计的任务之一;(2)教学策略的制定以特定的教学目标和教学对象为依据;(3)教学策略既有观念驱动功能,更有实践操作功能,是将教学思想或模式转化为教学行为的桥梁。

(二) 教学策略的特点

1. 对教学行为的指向性

教学策略是为实际的教学服务的,是为了达到一定的教学目标和教学效果。为了达到特定的目标,教师需要对选择行为进行反省,继而做出再选择,直到达到目标。

只有在具体的条件下,在特定的范畴中,教学策略才能发挥出它的价值。当完成了既定的任务,解决了想解决的问题,一个策略就达到了应用的目的,与其相应的手段、技巧不再继续有效,而必须探索新的策略。

2. 结构功能的整合性

在选择和制定教学策略时,必须统观教学的全过程,综合考虑其中的各要素。在此基础上全面安排教学进程和师生相互作用方式,并能在实施过程中及时地反馈、调整。教学策略不是某一单方面的教学谋划或措施,而是某一范畴内具体教学方式、措施等的优化组合、合理构建、和谐协同。

3. 策略制订的可操作性

没有可操作性的教学策略是没有实际价值的。教学策略是达到教学目标的具体的实施计划或实施方案,并且可以转化为教师的外部动作,最终通过外部动作来达到教学目标。

4. 应用实施的灵活性

教学策略不是万能的,不存在一个能适应任何情况的教学策略。同时,教学策略与教学问题之间的关系也不是绝对的对应关系。教学策略的灵活性还表现在教学策略的运用要随问题情境、目标、内容和教学对象的变化而变化。

5. 教学策略的调控性

由于教学活动元认知过程的参与,教学策略具有调控的特性。教学活动的元认知就是教师对自身的教学活动的自觉意识和自觉调节,教师能够根据对教学的进程及其各种要素的认识反思,及时把握教学过程中的各种信息,并据此调整教学的进程及师生相互作用的方式,从而顺利推进教学的展开,向教学目标迈进。

二、教学准备的策略

教学是有目的、有计划的活动,在进行教学之前,教师需要进行必要的准备。教师在头脑中有计划,才能有条不紊,找到教学的方向感,在教学中有自信,能游刃有余。因此,做好教学准备是开始好的教学活动的第一步,教学准备策略是教学策略的重要一环

(一) 教学目标分析策略

教学目标是教育者对教育教学活动的预期。学校的教学目标是根据国家教育目的,以及学生生理、心理和知识的发展水平而制订的教学计划。但是,这样的教学目标尚缺少可以把握的指标,很难测量。这样的教学目标一般是用描述内部心理状态的词语来描述的,比如,教师的教学目标经常描述为"培养学生的……能力""加深……的理解"等,这里面提到的都是内部的心理状态。问题是我们如何知道学生已经形成了这些能力?如何确定学生已经加深了理解?为了克服这种用描述内部心理状态的术语

陈述教学目标的含糊性,这里探讨两种描述目标的策略。

1. 目标关键词化

布卢姆建立了教学目标分类,使教育者能用语言更准确地表达教学目标。课堂水平的教学目标分为三个方面:认知目标、情感目标和动作技能目标。这三个方面合起来构成一个完整的体系。梅特费塞尔(N. S. Metfessel)和哈罗分别又将这个系统关键词化,形成了目标关键词化策略。

目标关键词化是使每一个具体目标由关键词表达,使目标具有可操作性、可检验性。这对教学计划的实施、教学效果的检验都是很有价值的。这里需要将目标分类的三个方面,即认知、情感、动作技能的每一项具体进行关键词化。比如,对初中历史《明朝建立》一课进行教学时,可以对教学目标关键词化。

知识目标,学生能回忆明朝建立和迁都北京这两个历史事件中的时间、人物。

理解目标,学生能解释明朝建立和迁都北京的原因、经过和结果。

应用目标,学生能运用已有的知识在未标明的地图上标出长城的起点和山海关的位置。

分析目标,学生从建造原因、时间、起点、长度等六个方面比较明长城和秦长城的不同。

综合目标,参考教材和有关的历史书,学生能归纳出朱元璋和刘邦这两个开国皇帝的相似之处;

评价目标,学生讨论朱元璋实行发展生产与修养生息政策的原因和作用。

总之,目标关键词化就是指教师在制订某一学科的课时目标时,用明确、具体、有针对性的关键词来表达学生预期的认知、情感和动作技能的结果,使教学目标不仅结构化,而且具有定向、强化、适应和评价功能。

2. 目标行为化

目标行为化是指用预期学生学习之后将产生的行为变化来陈述教学目标。行为目标包括三个部分。一是行为。描述通过教学后,学生能做什么。二是条件。描述在什么环境或者条件下某种行为发生,如"假如……""基于……"。三是流畅水平或者标准。例如,在讲解课文《猫》的时候,如果这样描述教学目标"理解作者围绕中心如何取材",教师就没有办法确定学生是否是真正理解了,对教学目标的检验就也随之变得模糊和不准确。但是如果教师让学生自己寻找课文中出现的猫的"老实""尽职""贪玩"等特点来自己分析猫的特点,然后让他们自己说出这些特点围绕着什么样的中心思想,就将教学目标行为化成"找出课文中描述猫的特点的词语,并说说作者通过这些特点是如何突出中心思想的"。

(二) 教学主体分析策略

1. 学生起始状态分析

(1) 学生已有知识经验分析

对学生的知识经验进行分析是为了确定学生的起点能力。起点能力指学生在接受新的学习任务之前原有知识、技能的准备。起点能力同智力能力相比,对新的学习起更大的决定作用。教师可以通过诊断测验、平时作业批改和提问等方式来确定学生的起点能力。

(2) 学生当前状态分析

分析学生目前的状态,其中的一个重要分析内容是了解学生的认知发展准备。认知发展准备是指学生在从事某种学习时,已经具备的认知功能和一般认识能力发展水平。学生的认知发展准备对其学习有很重要的作用,任何学习都是在已有的认知发展水平的前提下进行的,已有的认知发展水平的高低制约着新的学习的水平和速度。

2. 教师自我心理准备

教师作为教学策略制订、实施和监控的主体,必然使教学策略染上自己的个性色彩,因此,教师对自己的分析是有效教学策略制订的一个方面。一个较好的教学策略的制订,不仅遵循一般的教学规律,而且也渗透着教师的认知方式、教学习惯、个人特点等个性因素。

(1) 自身认知风格的分析

认知风格是个体在信息加工和完成认知任务过程中其个体特征的具体表现,也是一个人在感知、记忆和思维过程中所具有的稳定风格在认知活动领域中的具体体现。由于认知风格已经成为个体心理现象的有机组成部分,因此,一个人的教学活动必然会受到认知风格的影响。

按照个体在认知加工中对所处环境线索的依赖程度,威特金(H. Witkin)把个体的认知风格划分为场依存型和场独立型。属于场依存型的人,对客观事物的知觉倾向于以外在参照作为信息加工的依据,态度和意向比较容易受到环境的影响。而属于场独立型的人,在认知活动中较少受到环境因素的影响,更多的是利用自己内在参照来理解和判断。教师在确定教学策略的时候,应该对自己的认知风格加以分析。比如,教师如果意识到自身的认知风格属于场独立型,那么教学时可以多加一些和学生进行互动的方式,或者有意识地提醒自己多进行课堂观察;如果自身的认知风格属于场依存型,那么教学时应该有意识地提醒自己把握大局,不要被细小的课堂变化牵涉太多的注意力。

(2) 自我监控能力的分析

教师对教学的自我监控能力主要包括：在教学活动之前要结合个人的风格、特点和经验，分析所面临的教学任务和教学环境中的有关因素（如教材、教学时间、教学条件等），确定教学目标，然后根据这一特定的目标安排教学步骤，选择策略，预先构想设计出解决各种问题（如突出重点、突破难点）的可能方法，并预估其有效性可能产生的效果，准备在未来的具体教学活动实施期间监控教学进程，反馈、维持或者调整教学行为。为了正确把握并不断调整和提高教师的自我调控的准备能力，教师应在每次具体的教学活动完成之后，对自己的管理和调控能力进行深入的反省和总结，吸取教训，积累经验，并将之与以往或者他人的相类似的教学活动进行比较，在更高层次上进行归纳和概括，以此作为以后进行教学活动的借鉴。

（三）教学材料的选择策略

教学材料是指教学内容的各种载体，教学材料的选择要符合学生的实际水平。下面介绍关于教学材料选择的几种策略。

1. 教学材料选择的生活化

这是指要设法把学生学习的知识与他们周围的现实生活联系起来，这样有助于学生对知识的理解和吸收，也容易激起学生的学习兴趣。比如，在生物课堂上，教师可以举一些学生熟悉的、形形色色的生物的例子，用于演示的实验材料可以是学校里的一片普通树叶、池塘里的一滴水样等，让学生通过观察理解身边的生命，而不是听教师枯燥地讲解细胞的构成。

2. 教学材料组织的结构化

每门课程都有自己的结构，结构是系统的诸要素之间相对稳定的组织方式或联结方式。如果教师教学材料的组织是有结构的，就有利于学生对知识的掌握、迁移和回忆。

3. 教学材料传递的情境化

教师可以利用能利用的情境来更有效地实现教学目的。比如，在上生物课的时候，可以带领学生到周围的森林或者田野中去，让他们身临其境，亲自观察植物和动物，达到教学目的。

如果没有可以利用的现实情境，教师也可以借助各种教学媒体创设情境，把学生带入一个特定的氛围之中。如为了让学生领悟海底世界的奇特性，可以在教学中通过各种模拟声音的设计和组合，产生一种混响效果，把学生带入海底世界的氛围中。

三、教学实施的策略

教学实施是实现教学目标的中心阶段，教学实施策略的选择既要符合教学内容、教学目标的要求和教学对象的特点,又要考虑在特定教学环境中实施的必要性和可能性。这里主要介绍学习心态的积极维持策略、教学内容的传输加工策略和课堂监控与秩序管理策略。

(一) 学生学习心态的积极维持策略

1. 动机激发

动机激发策略是指教师在课堂上合理使用各种教学手段,提高学习兴趣,维持注意的方法。该策略既适合课堂教学之始,也适合课堂教学之中,关键是要针对学生的心理需要。

(1) 发展学生的好奇心

教学活动必须能保证学生学懂知识,做到学习活动对学生来说是有意义的和有价值的。使学生认识到完成学习任务本身是有意义的,还要给学生布置难度恰当的学习任务,使学生在好奇心的驱使下进行学习,产生学习成就感。

(2) 创造可教学时刻

可教学时刻是指学生愿意学习新知识的那一时刻。教师要从学生的切身经历或体验出发去教授新知识。这样,不但使任何学科都会变得更加令人感兴趣,而且可以更好地把握教学难度,寻求学生的最近发展区。适时引发适当的概念冲突或惊奇感来引发内在动机。这里的惊奇感是指由教学内容的内在特点引发的惊奇感。在课堂教学过程中,教师可以提出相关概念或运用提问产生许多不同假设来对学生进行启发和引导,直到最后只剩下合理的解释。

2. 兴趣培养

在教学实践中发现,学生对有的课程学得好,有的就差一些,其原因之一就是对所学课程是否有学习兴趣。培养学生的学习兴趣是教师要掌握的一个非常重要的策略。

(1) 发挥理想的支撑作用

当学生把兴趣与其理想及奋斗目标结合起来时,会给学习带来巨大的推动力量。因此,为了激发和培养学生的兴趣,要经常不断地在教学中对他们进行人生观、价值观和理想教育,让兴趣深深地扎根于需要的土壤之中。

(2) 采用灵活多样的教学方法

教师要采用既能使学生心情愉快而又不降低学习效率的教学方法,打破课堂教学"教师讲,学生听;教师写,学生抄"的传统习惯,让学生处于积极主动的地位。比较热烈的学习气氛,会使学生学得积极主动,学习兴趣就比较容易激发和培养起来。

(3) 广泛参加课外活动

广泛参加课外活动,尤其是科技活动。在科技活动中,学生能够扩大知识面,接受新异刺激,不断地引起学习需要和好奇感,从而激发其求知欲,引起新的学习需要,发展广阔的学习兴趣。

(二) 教学内容的传输加工策略

教学内容是传授给学生的全部信息。课堂教学的基本任务是将教学内容传递给学生,并将教学内容引向深入,使其融入学生的认知结构,形成学生自己的知识结构。那么,如何达到教学内容的有效传递呢?有以下几种策略可以使用。

1. 传输教学内容的策略

(1) 教学言语循环

教学言语循环是指教师教学言语的各种成分在教学中自觉形成系列,依次循环,达到良好的教学效果。该方法适合教学的所有情境,尤其是以讲授为主的课堂教学情境。

首先,辨别情节言语行为和独白言语行为。情节言语行为是在两个或多个说话人之间的言语交换。如教师提问题,学生回答问题,这就构成了一个情节。独白言语行为是站在一组人面前,说话人单个儿说话的行为。指出方向或发出命令的教师常是独白言语行为者。

其次,将言语行为系列化。言语行为可分为八个成分:定义、描述、名称、陈述、报告、替代、评价和观点(张大均,2003)。教师应努力将八个成分形成一个系列进行循环(如图7-1)。这样,教师的课堂教学言语就被定格,教师的课堂教学言语应在这个圈内循环,尽量沿着每一个阶段有序进行,不能只停留在某一个或某几个阶段。这个策略有利于教师把课讲得生动活泼,把一个问题讲透,使交流显得逻辑性强。教师要反复练习,形成一种习惯。但是,教师在实施这个策略时还应注意:讲话要清楚、完整,有适当的表情;提高对自己言语活动的意识及对学生反应的敏感性;尽可能为学生提供词义理解的机会;建立默契、和谐、合作的师生关系。

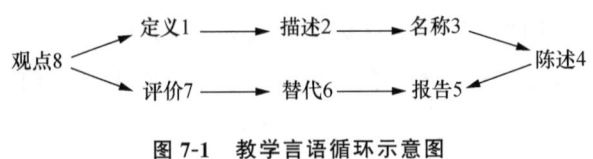

图 7-1 教学言语循环示意图

(2) 板书结构化

板书结构化是指教学内容的逻辑结构、课堂教学的设计程序、学生的认知结构,在板书中达到艺术性和科学性的高度统一。该策略适合以讲为主的班级课堂教学情境。

在实施该策略时,教师应该做到:(1)充分理解教学内容。(2)设计与教学内容相符的、有利于学生记忆和思考的、匠心独运的板书,如对比式板书设计、线条式板书设计、情节式板书设计、雁行式板书设计等。(3)规范操作,板书字迹要清楚,应从左到右并在黑板四周留空,保持结构美观,可以使用彩色粉笔,还可以将黑板分成几块等。(4)突出启发性。

总之,不管设计什么样的板书,首先应考虑是否有助于教学内容的传输,将板书结构化后是否与学生认知结构相容,并不是越结构化越好。

2. 加工教学内容的策略

(1) 同辈教师策略

同辈教师策略指在各种教与学的情境中,安排一个或一组学生去帮助一个学生或一组学生的方法。这里有三种形式:(1)在相同班级里,一个学生是另一个学生的教师。(2)高年级学生辅导低年级学生。(3)两个学生互相帮助,在学习活动中是平等的。前两种形式是配给需要帮助的学生一个或两个同辈教师。在第三种形式中,学生在学习活动中是平等的,有时又叫合作学习,这种策略在相同班级的小学和中学使用最多。

教师在实施该策略时,要做到以下几个方面。首先,教师要评估学生的需要,如特殊学生在特殊的课程方面需要辅导等,同时还需要创造一种期望,即每一个人都能在别人身上学习知识;其次,教师应为每个同辈教师提供时间表和准确的教学内容;最后,同辈教师配对要有技巧,如好朋友之间配对是不明智的。

在实施同辈教师策略的过程中,教师要注意:在实施前要对实施的程序进行,教学组织要正规,教学内容重点是基本技巧和知识,解释要占主要部分;1个同辈教师和不超过3个学生为一组,最好是1个同辈教师和1个学生为一组,结为小组的时间不要太长,一般4~8个星期。

(2) 合作学习策略

合作学习就是学生在一个小组内一起学习,从合作学习小组的建立、合作学习任务的完成和合作学习的评价反馈三个方面来共同实现教学目标。在合作学习中,学生自己分配工作,相互帮助,根据每一个人的努力和得到表扬或批评的次数来总评小组行为分数。与传统方法相比较,合作学习可以持续提高学生的学习成绩,培养学生的竞争与合作意识和集体主义精神。

在实施合作学习的过程中,教师要做到以下几点。① 改变座位排列方式,正确分组,为学生提供足够的空间和学习范围。如每五人为一个小组,以组间同质、组内异质为原则,为每个小组制订小组概况表,给学生排名次,确定小组数目,将学生分到小组中。② 培养合作的意识,处理好合作与竞争的关系。设计一些只有通过合作才能完成的活动,让学生在活动中体验到合作意识和成功。③ 呈现小组合作的目标,按学生的能力分工。④ 提供各种材料,采用多种形式的合作学习方式。足够数量和种类的设备是小组中材料共享所必需的,可采用诸如基本式、拼盘式、游戏—竞赛式等多种合作方式。⑤ 要与其他教学形式相结合。如与班集体教学、个别化教学相结合。⑥ 对各组进行监控并对个人和小组进行评估,及时提供反馈。

(3) 个别化程序策略

个别化程序就是允许学生按照自己的步调和水平学习。这种教学策略要求教师教学必须与学生的能力、需要和兴趣相匹配,并及时对教学进行评估、反馈。

具体操作步骤为:① 为学生设置清楚的目标,让学生明确他们的任务。② 基于学生的需要和能力选择各种各样的材料和媒体。③ 给学生安排可行的步骤及方法、图表,以便完成任务和作业。④ 教师应定期监控和检查学生的学习,对学生遇到的问题和可能遇到的问题进行个别研究。⑤ 及时提供直接反馈,为高成就学生提供丰富的活动,使他们获得更高的成就,为低成就学生提供适当的活动,给他们更多的支持和鼓励。

(三) 教学监控策略

教学监控策略是指在教学活动中教师为了保证达到预期的教学目标,而对教学的全过程进行计划、检查、评价、反馈、控制和调节而采取的教学谋略或措施。教学监控策略的实施可以促进达成教学目标,促进教学主题的互动,创设良好的教学情境,使教与学的行为效果最佳。

1. 主体自控策略

(1) 激发主体动机,提高抱负水平

在教学中,师生的动机、抱负水平越高,教与学的热情就越高,目标趋向就越一致。要激发主体动机,提高抱负水平,① 教学内容应难易适度,让学生感到想学能学;② 及时提供清晰的反馈,了解学生对反馈的评价,使所有学生都能体验到成功或进步;③ 使学生产生一定的知识、能力缺失感,激发其弥补缺失的强烈愿望。

(2) 提高主体的自我认知水平

主体的自我认知既包括学生的自我认知,又包括教师的自我认知。从学生来看,主要是使学生形成正确的自我概念和自尊态度。从教师来看,教师应重视认知的自我矫正,关键是教师的自我调整,随时消除对学生的片面认识,正确认识自己和学生,根据学生的实际评价他们,调动他们的积极性。

(3) 提高元认知监控的水平

元认知监控是指主体将自己正在进行的认知活动作为意识的对象,不断地对其进行积极、自觉的监控和调节。主要包括:① 制订计划;② 实施控制;③ 检查与评价。为了提高学生的元认知监控水平,教师应把上述方面视为重要的教学内容,教会学生制订学习计划、自觉控制学习过程、及时检查和客观评价学习效果等方面的策略,并通过教学训练,使之达到自觉运用的水平。

2. 课堂互动策略

（1）多向交往与合作学习

传统课堂教学大多是师生间单向和双向交往，交往的面很窄，导致了教学中的不平等现象，限制了大多数学生的发展。现代教学观主张变师生单向、双向课堂交往为多向的、全通道式的课堂交往，教学内容和问题面向全体学生，努力提高每个学生的课堂参与率，努力调动每一个学生的发展潜能，使师生彼此处在一种心理期待和认同的情境中。

实现师生多向交往的有效方式是合作学习，把分组教学作为主要教学形式，由师生的双向交往变为多向交往，合作学习的精髓是"积极的相互依存与个人的责任相统一"，由于在前面已详述过合作学习，这里就不再赘述。

（2）行为矫正

① 自我管理

自我管理即教师教给学生改变行为的方式方法。一般来说，教师控制学生行为的总方向，引导学生改变自己的行为，以达到特定的目的。其主要步骤是教给学生行为的原则和技巧，让学生制订自我管理的计划，实施和修改自我管理计划，避免不良的随机行为。

② 行为练习

行为练习又称直接教学，其特点是建立一系列模式化的教师行为。实施该方法需要注意：第一，制订一套规则，使学生明确自己该做什么，如何做；第二，教师在解答问题或检查作业时，让学生知道教师既注意达到学习要求，又注意课堂表现；第三，给学生提供有兴趣、有意义、有难度的作业；第四，为学生提供机会均等的行动机会，使每个学生都能得到行为的训练；第五，对学生的行为及时反馈、强化。

实施该方法的基本步骤是：明确课题目的、环节和内容；呈现新的信息；控制练习时间；解释和提示需要学生掌握的新技能；个别指导；提供独立练习的机会。

③ 矫正不良行为

教师要对学生的不良行为细心观察和分析，弄清引发不良行为的具体原因，以强化原理为指导，同时对不良行为和正确行为分别实施消极的和积极的强化，并把它们与行为塑造方法结合起来。

（三）教学反馈策略

教学反馈可以帮助教师正确评价自己的教学效果和学生的学习状况，是教师改善教学、进行教学监控的重要依据。教学反馈的目的是为了使自己对教学各环节及效果有客观正确的认识。

1. 课堂提问策略

课堂提问是为学生创造获得反馈机会的有效方式。研究表明,高成效的教师比低成效的教师更善于向学生提问,并对答对和答错的学生实施不同的策略,回答对学生产生积极作用,同时也为学生创造更多的反馈机会。教师的课堂提问并不是不顾教学目标和学生的实际水平一味增加问题的难度,成功的课堂提问应达到如下目标:教师通过恰当的提问、适当的问题设计,不仅让学生掌握知识的结论,而且让他们体验知识的发生过程并理解这个过程;给学生提供实践的机会,让学生在实践中运用知识、拓展知识,并学会分析问题和解决问题。

(1) 提问时机的把握

提问存在着一个最佳时间的选择问题,教师必须善于抓住这些最佳时刻。在上课初期,学生的思维处于由平静趋向活跃的状态,这时多提一些回忆性问题;当学生思维处于高度活跃状态时,多提一些说明性、分析性和评价性的问题;当学生思维处于由高潮转入低潮阶段时,多提一些强调性、巩固性和非教学性问题。

(2) 提问内容的选择

其一要提出与教学目标相关的问题,做到目标、教学和问题的统一。其二要避免太一般的问题,如用"是"或"不是"、"行"或"不行"来回答的简单问题,应集中于本节课或本学时的教学重点和难点。问题的难度要适宜,保证大多数学生通过思考都能回答,即"跳一跳,够得着"。其三要增设开放性问题,鼓励学生发散思维,培养学生的创新意识。

(3) 提问过程的监控

一是教师要调动全体学生参与,以各种不同方式提问。二是教师在提出问题时要保证学生有充分的思考时间,提高回答问题的质量。三是鼓励学生说出解决问题的思路。四是建立和谐的师生关系,为学生思考问题提供宽松的环境。

(4) 非言语行为和非认知因素的掌握和运用

教师提问时的面部表情、身体姿势以及师生间的空间距离等非言语行为也会影响提问效果。如学生对自己回答问题的正确与否可以从教师的面部表情当中获得暗示;学生可以从教师目光中识别是信任、鼓励还是不耐烦、不屑一顾,这些表情传达的内容可以增强或减弱学生回答问题的自信心;师生间的空间距离可以影响师生间的对话交流和知识传递。

教师本身的动机、兴趣、态度、情绪等非认知因素对学生的思维发展也有一定的影响,如果教师提问时持积极的态度,学生从教师愉悦的态度中可以得到鼓舞和激励,从而增强回答问题的自信心;反之,如果教师提问时表现出不耐烦、责难的态度,学生就会产生回避、惧怕甚至抵触情绪,从而阻碍问题的解决。

2. 课堂讨论策略

该策略通常有两种不同情况：一是学习的主题事先已知；二是学习的主题事先未知。

第一种情况的实施步骤为：(1) 围绕已确定的主题设计能引起争论的初始问题。(2) 设计能将讨论一步步引向深入的后续问题。(3) 教师要考虑如何站在稍稍超前于学生智力发展的高度通过提问来引导讨论，切忌直接告诉学生应该做什么。(4) 对于学生在讨论过程中的表现，教师要适时作出恰如其分的评价。

对于第二种情况，由于事先并不知道主题，这时的课堂讨论没有固定的程序，主要依靠教师的随机应变和临场的掌握，但应注意以下几点：(1) 教师在讨论过程中应认真、专注地倾听学生的发言，仔细观察每个学生的神态及反应，以便根据学生的反应及时对他提出问题或对他进行正确的引导。(2) 要善于发现每个学生发言中的积极因素（哪怕只是萌芽），并及时给予肯定和鼓励。(3) 要善于发现每个学生通过发言暴露出来的对于知识的模糊或不准确之处，并及时用学生能接受的方式予以指出（切忌使用容易挫伤学生自尊心的词语）。(4) 在讨论开始偏离教学内容或纠缠于枝节问题时，要及时加以正确的引导。(5) 在讨论的末尾，应由教师（或学生自己）对整个协作学习过程作出小结。

第三节 教学对象分析

不同的学习者具有不同的学习态度、起始能力、已有知识和个性特征，这些能力和特征直接或间接地影响着学习者的学习效果。教学对象不同，教学起点也不同。因此，教师在确定教学起点时要充分考虑到学习者的起始状态。总的说来，对学习者的分析主要包括对学习者学习态度的分析、起始能力分析。

一、对学习者学习态度的分析

学习态度既是学生先前学习活动的某种结果，又是学生后继学习活动的某种条件或原因。当学生对学习持积极主动态度时，将迸发出强烈的求知欲和高涨的学习兴趣，感知敏锐，观察细致，思维活跃，记忆效率高，可见学生是否具有积极的学习态度是决定其能否达到教学目标的重要条件。因此，在教学设计中分析教学对象时，学习态度是一个必须予以关注的重要因素。了解学习者的学习态度主要有三个途径，一是可以召开座谈会，听取有关人员主要是教师对学习者有关情况的介绍，据此对学习者的态度作出分析和了解；二是可以运用问卷调查法，了解学习者对教学设计涉及的有关内容、目标教材、组织、方法、传媒等的看法、喜好和选择；三是可以通过查阅有关文献资料或凭借所积累的教育教学经验对学习者的一般特点或可能具有的学习态度作出基本或大概的估计。

二、对学习者起始能力的分析

对学习者起始能力的分析是指学生在接受新的学习任务之前，教师对学生原有知识和技能情况的分析。加涅对学习结果的分类及关于学习条件的思想，为学习者起始能力的分析提供了理论基础与思路。加涅将学习的结果分为智慧技能、认知策略、言语信息、动作技能和态度五类。教学目标所规定的学习者在完成学习任务后应具有的终点能力都包括在这五类学习结果中。从起始能力到终点能力之间，学生还需要掌握许多相关的知识和技能，这些前提性知识和技能被称为子技能，是学生达到教学目标、形成终点能力的必要性前提条件。教师在分析学生的起始能力时还必须充分考虑到学生在形成终点能力时所需要的支持性前提条件。这些支持性条件虽不是构成新的高一级能力的组成成分却有"催化剂"的功效，会促进学生新能力的出现。

三、对学习者背景知识的分析

每个人学习新知识都是在已有背景知识的基础上，通过已有知识来理解、建构新知识。有些背景知识是通过正规学习获得的，有些是来自于非正规学习。教学活动中，教师一方面要注意帮助学生激活已有的有用知识来帮助获得新知识，另一方面也要对那些妨碍新知识获得的旧知识，尤其是对那些从非正规途径获得的知识进行分析。

我们在教学设计中，不仅要分析学生已具备了哪些有利于新知识获得的旧知识，而且更要重视那些妨碍新知识获得的旧知识，尤其是从非正规途径获得的旧知识。为此，教师要做到以下几点。(1)充分了解学生通过非正规途径中已获得哪些有关知识，哪些是与科学知识相违背的，学生对新知识可能产生什么样的错误理解或推论。这样在正式教学时，才能有的放矢，以防止不恰当信息干扰新知识的意义建构。(2)应事先考虑有哪些与新知识紧密相关的旧知识，以便能在教新知识时，适时地复习相关的旧知识，以避免因遗忘旧知识而影响对新知识的学习或因旧知识不分化、不清晰而给学习新知识带来干扰。(3)教学设计可采用奥苏伯尔所建议的先行组织者，先行组织者分陈述性组织者和比较性组织者。如果学习内容是全新的，通常用陈述性组织者，它以一种简化的、纲要的形式去呈现新学习的观念或概念。如果新学习的知识与学生先前已有的知识有交叉重叠，那么可以使用比较性组织者。

推荐读物

1. 张大均.教与学的策略[M].北京:人民教育出版社,2003.
2. 皮连生.教学设计——心理学的理论与技术[M].北京:高等教育出版社,2000.

思考与练习

1. 名词解释:教学设计、教学策略、教学目标。
2. 教学设计具有哪些作用?
3. 教学目标的分析步骤有哪些?
4. 教学内容的选择标准是什么?
5. 如何选择教学媒体?
6. 教学策略的特点是什么?

第八章 课堂管理心理

学习目标

理解课堂管理的含义和原则;理解教师的基本角色;能说出教师的专业品质;了解教师成长的发展阶段、课堂气氛对学生学习的影响;掌握专家型教师的特征。

案例导读

作为一位第一年参加工作的教师,张老师被学生弄得极为苦恼。他努力想成为一名好的教师,并被学生喜欢,但事实却是班级的情况常常在他的控制之外:教学的第一周,张老师发现自己面临着一个难题。这个难题首先表现在,班上的学生并不像他想象的那样对学习做出反应和表现,这些学生似乎对学习感到无趣和厌烦,他们常常盯着窗外或与邻座闹喳喳地说话,无心参与他的授课,他花了数小时精心设计的教学无法实施;其次,他费尽心思想出来的班级活动不被接纳,他很难真正地组织起一次班集体活动;最后,他无法了解学生的状况,他走不进学生的世界,他不知道每天在班级之中谁感到快乐,谁感到郁闷。为此张老师曾尝试找部分学生交流感受,却不知道该如何谈起,他也曾大声地责备学生却毫无结果。对于这种现状,张老师觉得自己非常失败,并产生了挫折感,在没人的时候,张老师常常沉浸在学校生活的消极方面,并不断质疑自己是否选对了职业。发现了他的这种情况后,从教多年的李老师告诉他,你的问题是……你应该……

第一节 课堂管理

一、课堂管理概述

(一)课堂管理的含义

课堂管理就是指教师为了引导学生学习并完成教学任务,通过协调课堂内的各种人际关系等方式,有效地实现预定教学目标而采取的一系列教学行为方式。在课堂教学中,教师除了"教"的任务外,还有一个"管"的任务。要做好这项工作,教师不仅要懂课堂教学规律,掌握一定的教育学、心理学知识,还必须学会运用一些课堂管理的技术。管理好课堂是开展教学活动的基石,是教学活动顺利进行的保障。教师必须不断地提高课堂教学管理技能,这对有效提高课堂教学质量具有十分重要的意义。

课堂管理的内容比较广泛。一般认为,课堂管理包括课堂人际关系管理、课堂环境管理、课堂纪律管理等方面。课堂人际关系管理指的是对课堂中的师生关系、同伴关系的管理,包括建立良好的师生关系、确立群体规范、营造和谐的同伴关系等;课堂环境管理是指对课堂中的教学环境的管理,包括物理环境的安排、社会心理环境的营造等;课堂纪律管理指的是课堂行为规范、准则的制订与实施,应对学生的问题行为等活动。

(二)课堂管理的功能

课堂管理是课堂教学过程中的一个重要方面,管理是对课堂教学的各个环节进行计划、决策、组织、指挥、监督和调节。其目的是建立良好的学习环境,保证教学任务的实施,促进学生积极参与教学活动,以取得优良的成绩。课堂管理具有促进和维持教学的功能。

1. 促进功能

促进功能是指教师在课堂上尽可能多地满足课堂内个人和集体的合理需要,形成积极良好的课堂学习环境,激励学生的参与精神,激励学生潜能的释放以促进学生的学习。它主要是通过以下途径来实现的:(1)有效地设计和组织课堂教学活动,根据学生注意变化规律及思维特点调整学生的注意,巧设疑问,启发诱导。(2)采取一定的激励手段,调动学生学习的主动性,促进学生积极参与教学。(3)形成和谐民主、团结合作的师生关系。(4)制定合理的课堂行为规范,养成学生的自律意识和行为习惯。(5)帮助学生获得解决课堂群体问题的技能。(6)形成积极向上的良好班风,在学生间形成团结友爱的良好人际关系。

2. 维持功能

课堂管理的维持功能指教师通过运用一定的管理手段,较持久地维持良好的课堂教学秩序,形成比较稳定的教学环境,使学生的心理活动始终保持在课业上,以保证顺利完成教学任务,实现教学目标。

在课堂教学过程中,由于经常会出现各种新的问题,发生各种偶发性干扰事件,因此,及时预见并排除各种干扰课堂教学活动的不利因素,有效维持正常教学秩序,对于教学活动的顺利进行具有重要意义。不断适应各种新的情境,为维持稳定的教学环境,教师在课堂管理中应做到:(1)加强心理准备,运用教育机智巧妙化解、排除各种课堂偶发事件,不激化课堂冲突,不长时间中断教学。(2)多了解学生,减少课堂教学过程中的紧张和焦虑情绪。(3)尊重学生,帮助学生适应课堂环境的变化。(4)不断巩固班集体,维持良好的班风。

(三)课堂管理的基本原则

现代课堂管理一般遵循以下五条原则。

1. 理解学生的基本心理需求

只有了解学生的心理需要,才能根据学生的心理需要调动他们的学习积极性,培养他们的学习自觉性,使他们积极参与教学活动,从而保证教学任务的完成。教学的目的、内容和方法只有与学生的需要相适应,才能更好地激发学生学习的自觉性,保证学习任务的顺利完成。影响和支配学生行为的需求主要有以下三类:一是与其他人有积极关系的需求,包括归属的需求、合作的需求、爱的需求等;二是学业成功的需求,包括学习能力的需求、掌握学习内容的需求、对学习成绩满意的需求等;三是有影响环境的能力的需求或者说有自主选择的需求,包括控制环境力量的需求、独立的需求、选择的需求、自由的需求等。

2. 建立积极的师生关系

良好的师生关系和理性的教师权威,不仅有助于教师传授知识,而且有助于学生学习。要建立并巩固良好的师生关系,以满足学生最基本的心理需要。建立积极的师生关系,要注意以下三点:一是监控师生关系的性质,维持较高比例的积极记录;二是保持对所有学生的高期望;三是创造与学生进行个别交流的机会。

3. 创造积极的同伴关系

同伴关系对学习环境具有重要影响。教师要设计并创造更积极的同伴关系和团体模式的活动。教师可以在学年开始时帮助学生更好地熟悉他们的同伴,并在团体活动中创造出积极向上的班级精神。在整个学年中,要组织班集体活动来帮助学生与同伴建立友谊并维护已建立的班级精神。当然,教师也可以通过采用同伴辅导和合作学习等教学策略来增强积极的同伴关系,强化支持性同伴相互作用的价值。此外,教师还可以使用一些问题解决的方法帮助学生解决他们与同伴间的矛盾。

4．采取有效的教学措施

采取有效的教学措施,把学生的行为引导到教学活动中来,充分发挥学生学习的积极性,那么,课堂上的学习行为就会增多,问题行为自然就会减少。

5．建立课堂规范

课堂规范是保证教学能顺利进行的准则。课堂规范一方面有利于学生形成良好的课堂学习习惯,另一方面对学生的违纪行为有预防作用。

二、处理严重问题行为

课堂问题行为是指在课堂中发生的与课堂行为规范和教学要求不一致,并影响正常课堂秩序及教学效率的课堂行为。课堂问题行为不仅引起课堂纪律问题,影响教学质量,而且损害学生的身心健康。课堂问题行为多数是相对较简单的关于"肃静"一类的轻度问题,如上课小声嘀咕、讲话、喧哗等,上课迟到或不做作业、随便走动等,不专心上课、四处张望等。其中许多可以很容易地处理,而另外一些则可能会升级,变成较严重的行为问题,例如破坏公物、攻击他人、反抗权威、辱骂老师等。

教师处理课堂问题行为时,一般情况下应坚持以下原则:尊重、冷静、严肃。避免课堂上威胁、羞辱、讽刺、体罚和集体惩罚学生;要冷静机警,反应要快,不要轻易发火;在教育过程中不要唠叨。

针对问题行为,具体的处理方法有:

(一) 非语言干涉

非语言的方法非常适合小而持续的不良行为,可以不用打扰其他同学就处理了这些小的不良行为。非语言干涉可使用面部表情、目光交流、手势和动作等。

(二) 语言干预

非直接的语言干涉不起作用的时候,教师可以采用"我—信息"这样一种促进正确行为而不直接给出命令的语言干涉方法。

(三) 有意忽视不良行为

如果不良行为很小又没有什么破坏性,最好的课堂行动就是不行动。干预会比学生的不良行为更具破坏性。

(四) 使用惩罚处理严重的不良行为

对大多数学生来说,对其严重不良行为所采用的最有效的处理方法就是教师或校方领导请家长到校。如果学生的某一问题行为屡教屡犯,教师就应当与其父母商量,一道实施一个计划来解决这一问题。此外,教师也可运用行为矫正程序来减少严重的问题行为。

行为主义学习理论指出,不受强化或受到惩罚的行为将会减少发生的频率。前面所讨论的处理日常课堂不良行为的策略,也是直接以行为主义学习理论为基础的;适当的行为通过表扬可以得到加强,不当的行为通过忽视或者轻微而又必然的惩罚而消失。

我们要记住,惩罚的目的不是为了伤害孩子,而是帮助他们改正行为,这很重要。它不是要镇压学生而是要培养学生。如果孩子们明白了这一点,他们就会接受惩罚。

无论何时,惩罚都应在逻辑上和不良行为有联系。首先,如果教师真的对学生感到气愤的话,可以推迟讨论。其次,私下里冷静、平和地实施惩罚是个好办法,记住,学生很重视在同学面前的面子。公开的惩罚固然有可以将某一个学生的不良行为当作"典型"的好处,但是其坏处是会产生尴尬和怨恨。最后,惩罚结束后,还需要与学生重新建立起一种良好的关系。

三、课堂气氛对学生学习的影响

课堂气氛

课堂气氛是在教学过程中产生和发展起来的,它是我们教学活动顺利进行的心理基础,也是进行创造性教学的必要条件。课堂教学的效果不但取决于"教师如何教、学生如何学",还取决于一定的教学环境,包括教学的物质环境和精神环境,其中精神环境就是指课堂气氛。课堂气氛的优劣直接制约和影响师生关系以及双方信息与情感的交流,直接制约和影响教学过程和结果。一句话,它影响教学的效果或效益。课堂气氛活跃,是提高学生学习效率的重要影响因素。

(一) 课堂气氛的类型

以秩序、参与和交流三个指标为依据,把课堂气氛划分为三种主要类型:积极型课堂气氛,消极型课堂气氛和对抗型课堂气氛。

积极型课堂气氛的特点是:气氛活跃,师生间、学生间的关系民主、和谐,学生心情愉快,互帮互学。处于积极的课堂气氛会使学生的情绪处于最佳状态,促使学生积极主动思考。

消极型课堂气氛的特点是:气氛沉闷,师生间、学生间关系淡漠,甚至冷漠;学生心情烦闷。严肃、单调、呆板的课堂氛围会使学生感觉单调乏味,学生处于一种消极的心理状态。

对抗型课堂气氛是一种失控的混乱的课堂气氛。这种课堂气氛主要表现为:师生之间关系紧张,大部分学生不信任教师;教师驾驭课堂态势和调动学生积极性的能力较差;相当一部分学生讨厌上课,注意力分散,各行其是,课堂秩序一片混乱;正常的教学活动难以开展,教与学的任务常常不能完成;师生都把教与学视为一种精神负担。

(二) 积极课堂气氛的营造措施

1. 良好的教学语言与教学体态是营造积极课堂气氛的重要途径

教学语言与教学体态是教师传授知识最直接的媒介。教师的每一句话、每一个语句的停顿、每一个特别的语调,都会引起学生的注意;教师的每一个转身、每一个踱步、每一个手势,都是学生关注的对象。因而,教师应当掌握语言及体态的运用艺术,以营造一个轻松、愉快、科学、有序的教学氛围。

教学语言和教学体态的运用应做到以下几点:

(1) 教学语言应时刻围绕教材。教学语言应注意不偏题、不跑题。否则再生动、再优美的语言对于教学也是毫无用处的。

(2) 教师的语言要具有知识性。教师对于所教授的知识要有一个完整的、正确无误的认知。传达知识时,语言要严密,不能有重大失误。

(3) 教师的语言要具有艺术性。如果一个教师在课堂上有优美的用词、抑扬顿挫的语调、幽默而又通俗易懂的话语内容、充满激情的语气声调,那么,学生一定会整堂课都听得津津有味、兴致盎然。

(4) 教师要恰当地使用体态语言。体态语言是口头语言和文字的辅助,它通过人的姿势、体态、表情及动作传达信息……但是,教学体态却常常被教师忽视,有的教师上课时往往是一个姿势站在讲桌前,生硬地授课;抑或姿势表情过于夸张,大大地分散了学生的注意力。好的体态语言可以活跃课堂,提高学生学习的积极性,提高学习的效率,在应用时应注意以下几个方面:

① 眼神的运用。学生常常会在作文中这样写:"老师的眼睛,似乎在告诉着我……""看到老师的眼睛,我明白了老师对我的期望……"眼睛是心灵之窗,透过这扇窗,师生可以进行更多的情感交流。微笑的眼神可以鼓励学生,不满的眼神可以提醒学生,严厉的眼神可以警示学生……因而,科学地把握运用眼神的艺术,不但可以有效地营造课堂气氛,也可以在无形中进行情感的交流,达到意想不到的效果。

② 表情的运用。人的面部是最能够直接表现人的心灵世界的地方。教师的情绪极易感染学生,因此,教师在进行教学的过程中应当时刻保持轻松愉快的心情,并通过面部表情表达自己的情绪状态,让学生也能轻松愉快地进行学习。由于职业关系,教师在课堂上的面部表情不应是教师个人的情绪反映,而应该是课堂讲授内容的反映,教师不要把个人的情绪带入课堂之中。

③ 手势的运用。教师的手势,除了可以诠释上课的内容之外,还可以起到引发学生思考、吸引学生注意、引起学生兴趣等多种作用。因此,教师在运用手势时,一是要

注意科学性,不要做一些没有意义的手势,分散学生的注意力;二是要注意准确性和可描述性,让学生一看就能够明白;三是要避免滥用,力求准确达到表达效果。

2. 激发学习兴趣是营造积极型课堂气氛的主要手段

学习兴趣与课堂气氛是相互影响、相互促进的。学习兴趣浓厚,课堂气氛自然会活跃。所以,教师要注重激发学生的学习兴趣。

激发兴趣的方法很多,如关键点拨法、小组合作学习法、直观教学法、目标明确法、竞赛刺激法、游戏表演法、成果反馈法和悬念激疑法等。以上这些方法已为许多教师广泛运用。实践证明:这些方法对积极型课堂气氛的形成起了极大的促进作用。这里简单介绍其中一种方法:关键点拨法。这种教学方法是指针对一些学生实在不能用自己的力量解决的共性问题、难点问题、重点问题,教师可予以点拨指导。而凡是学生通过自己努力学习能够学会的,教师决不硬灌;凡是能通过学习小组互帮学生可以学会的,教师决不硬灌。关键点拨法的特点是:问题由学生提出,答案由学生自得,规律由学生自结。成功地运用各种激发兴趣的方法,能极大地激发学生的学习兴趣,达到使学生乐此不疲之功效,学生越学越爱学,课堂气氛也会越活跃,学习效率也会有更大的提高。

3. 投入积极情感是营造积极型课堂气氛的必要条件

在课堂教学中,教师应该将真情倾入课堂,将关爱注入学生心灵。作为一个教师,教学时不能板着面孔进入课堂,这样,一进去就跟学生拉开很大的距离,教师上课应和颜悦色,使学生感到可亲、可敬。这就要求教师对自己进行强化"整容",即找准自己的位置,不要高高在上,要把自己当作学生中的一员,与学生建立起平等、和谐、友好的关系。要求教师在课堂教学中尽量保持乐观、开朗的心情,具有和蔼可亲的教态,多使用表扬、鼓励性语言,表达真诚友善的情感。这样,才能创造出一种使学生感到"如沐春风"的课堂气氛。

然而,令人担忧的是,在实际教学过程中,仍有一些教师由于缺乏对学生的真爱,对学生没有和蔼、亲切的态度,只有冷冰冰的面孔。他们认为:我是教师,你是学生,我怎么教,你就得怎么学;学不学,我不管;学不会,是笨蛋。这样的教师,对学生的态度是鄙视的,毫无尊重和关爱可言。更有甚者,还把不满的情绪带到课堂上,借机迁怒于学生。这样做,势必造成一种阴郁、压抑、沉闷的课堂气氛。毫无疑问,这样的课堂气氛,只能挫伤学生学习的积极性,岂能提高学习效率?

4. 树立良好的威信是营造积极型课堂气氛的重要条件

教师的威信具有很强的教育作用,因而也是影响课堂气氛的重要条件。

心理学研究成果表明:认识过程与情感过程是密不可分的,如果学生对该教师有较高的认识和评价,那么对该教师也往往伴随着赞许、敬服、羡慕、喜爱等肯定的积极的情感;如果对该教师持较低的评价,则伴有厌恶、不满、轻视等否定的消极情感。实际教学中常有这样的现象:当一位在学生中有很高的威信,受学生尊敬、喜爱的教师走进课堂上课时,学生精神饱满,信心十足,跃跃欲试;而令学生害怕或厌恶的教师一走进课堂,学生们就会无精打采,情绪低落。所以,学生对教师的情感是积极的还是消极的,直接关系到课堂气氛的优劣。因而,教师要注意树立良好的威信。而教师威信的树立,取决于教师各方面的素质和能力,如知识广博、教学水平高、能力出众、人品高尚等,更主要的是能做到真诚地尊重、热爱每一个学生,与学生建立平等、友好的关系。

第二节 教师心理

在学校教育中,教师扮演了什么样的角色,拥有什么样的专业品质,如何与学生互动,以及学生会如何评定教师,教师又将如何促进自身的成长与培养……都将极大地影响到教学的效果以及质量。

一、教师的角色

"角色"一词源于戏剧中扮演的剧中人物。20世纪20年代,由美国社会心理学家米德首先引入社会学理论,用以分析个体在不同的情境中应有的行为方式。在学校教育的过程中,教师的角色起着举足轻重的作用。教师角色是指处在教育系统中的教师所表现出来的、由其特殊地位决定的、符合社会对教师期望的行为模式。

(一) 教师角色的特征

作为在学校中专门从事教育教学活动的角色,教师的特殊身份及行为方式要求教师具有一些不同于其他职业角色的特征。具体表现在四个方面。

1. 教师角色的自主性

教师角色的目标是统一的、被规定的,就是要做到教书育人,为社会培养有用的人才。但是,具体如何去达到这个目标却不是统一的。也就是说对于相同的教育目标,教师可以通过各种不同的方式达到。因此,教师的工作,无论是教学手段的选择还是教学形式的组织等,都具有很强的自主性。教师角色的这一特点为教师发挥个人的主动性和创造性提供了较大的空间,同时也要求教师具有较强的自觉性和主动性。

2. 教师角色的个体创造性

教师角色行为更多地具有一种个体性的特征。这主要表现在两个方面:一方面,教师必须根据每一个学生的特殊情况,根据个性发展的要求与特点,实行因材施教和个别教学。这就要求教师要具体了解每一个学生的情况,要有与不同学生交往的能力。另一方面,教师的行为方式本身也具有一种较强的个体性特征。教师工作在时间和空间上,都是以个人活动为主,教学成绩的提高与自身的发展主要靠个体的活动来完成。因此,教师的自我提高和自我发展就显得尤为重要。

3. 教师角色具有人格化特征

教育是一种培养人的活动。作为人才培养者的教师,不仅要通过自己掌握的知识影响学生,还要通过自己的人格和道德力量,通过自己的言传身教去影响和感染学生。教师的这一角色特征要求教师注意自己的人格和道德方面的修养,并在实际的教育教学中注意自己的人格因素对学生所起的作用。

4. 教师角色的多样性与发展性

由于学校的教育活动是多种多样的,而社会对教师的期望也是多样的,这就决定了教师的角色是丰富多样的。教师不仅是"教员",还是"指导者""促进者""组织者""研究者""心理保健者""青少年的知己和朋友",等等。教师如果不能很好地承担每一种规定的角色,他的工作效果就会受到影响。特别是在21世纪这样一个信息技术突飞猛进,知识总量急剧增长,终身学习、创新教育等新的教育思想、教育观念日益为人们所接受的时代,对教师的要求更是不断地提高,教师的责任随之加重,需扮演的角色自然增多,而原有角色的内容及要求也不断发生很大的变化。这就要求教师不但要对自己所承担的角色有所了解,而且还要用一种发展的眼光来看待自己的角色,根据时代的变化不断地对自身的角色进行调整。

(二)教师的基本角色

韩愈说:"师者,传道、授业、解惑也。"这是对传统教师角色的最好概括。在传统观念里,教师和学生之间是单纯的传递和接受关系,学生很少能够从其他渠道获得知识,教师是知识、技能、道德等多方面的权威,师生关系单一,教师的角色也单一。然而,社会发展到今天,科学技术飞速发展,社会急剧变革,计算机及信息技术也广泛地应用到教学中来,师生之间已经不完全是单纯的传递和接受关系了,学生可以从其他渠道获取知识,有时候甚至在某些方面比教师知道的还多,教师的权威地位受到了挑战,教师和学生的关系不那么单一了,教师的角色也多元化了。在重新审视教育的同时,我们也要重新审视在新的教育教学情境下教师和学生角色的转变,以使教师和学生都能准确把握、顺利适应各自新的角色,建立起崭新的师生关系。现代教师的角色主要有以下几种。

1. 设计者

教师作为教学的设计者,要回答这样三个问题:

我们要到哪里去?(教学目标是什么?)

怎样才能到那里？（选择什么样的教学策略和教学方法。）

怎样知道我们是否已经到达了目的地？（选择什么样的测验手段。）

教师是教学的工程师。首先，教师要选择教材和教具，分析教材，设计教学过程，理清自己的逻辑思路。其次，教师还要更多地考虑学生因素，在理解和灵活运用各种教学策略和原则的基础上，针对学生的特点、特定的教学内容等，创设一定的学习环境。例如，要设计教学中的各种师生间的相互作用活动（如提问和反馈引导等）、学生间的相互作用（如合作性问题解决等）；另外还要设计学生与教学内容、媒体、实物间的相互作用。特别是随着教育技术的发展，教师已不再是单凭一支粉笔、一张嘴进行教学，投影、幻灯、录音、录像，特别是计算机逐渐在教学中应用，给教学提供了更广阔的空间，同时也给教学设计提出了更高的要求。教师要选择合适的教学媒体并进行相应的设计，发挥各种媒体在教学中的潜在优势，为学生提供使其学习得以深入的支架，使学生既能在原有知识的基础上理解新知识，又能进一步在宽松、合作的环境中，通过自己的探索活动来组织、改进知识，乃至发现新知识。最后教师还要设计出一定的测验手段，来检查教学和学习的效果，针对其中的不足提出相应的调整和补救措施。

2. 指导者

在传统的教育中，指导者有两种，一种是教师按照自己的活动方案主动向学生提供一些信息；另一种是学生在对一定的问题情境进行探索的时候可能会碰到一些问题，出现信息缺乏的情况，这时候学生主动向教师寻求信息，在这一过程中，学生更为主动。教师"闻道在先"，相对于学生来说，教师既是知识的拥有者和传递者，也是权威的象征。故而在教育的发展史上，教师一直扮演着知识的传授者角色。

如今，网络时代的教育要求教师不能再把单纯的知识传授作为主要教学任务，教师要把重点放在学生获得知识的过程和方法的掌握上。具体来说，包括帮助学生形成正确的学习态度；指导学生自主学习使其掌握自主学习的方法，提高自主学习的能力；指导学生制订切合自身实际的学习计划和学习方式；帮助学生掌握运用现代信息媒体获得知识的手段和方法。在联合国教科文组织编著出版的《学会生存——教育世界的今天和明天》一书中，对教师的角色作了权威性的论述："教师的职责现在已经越来越少的是传递知识，越来越多的是激励思考，除了他的正式职能以外，他将越来越成为一位顾问，一位交换意见的参加者，一位帮助发现矛盾观点而不是拿出现成真理的人。"也就是说，教师的主要任务由"教"变成了"导"。

3. 促进者

教师成为学生学习的促进者意味着教师的作用主要是围绕学生的学习来进行的。如怎样在学生原有的知识基础上让新、旧知识更好地交互作用；用什么样的方法来促进学生知识的组织化和技能的迁移；怎样才能判明学生已经达到教学目标，以及没有达到目标的症结何在等。教师在教学的实际进程中要给学生以帮助,促进其真正学习的发生,而不是教以死的信息,让学生淹没在题海之中。在未来的教学中,学生的自主参与、师生互动、生生互动将大大增加甚或成为主导,比如:做中学,教学问题导向教学、发现导向教学、情境教学和案例教学等很有可能成为未来课堂教学的主流。在这种教学情境中,教师的主导作用将只体现在教师对教学活动过程的精心设计和整体控制上。而具体的教学活动,则会有极大的灵活性、可变性和情境性。学生的各种不确定的随机反应会被及时地、艺术地融入促进学生学习的真正产生和创造性的培养上。形式上,教师甚至可以退居二线,充当配角,完全让学生来唱主角。而只是在整个活动进程中,学生产生方向性错误或需要帮助的时候,教师才出现在活动的中心。

教师成为学生学习的促进者还意味着教师作为信息源地位的变化。在传统社会中,教师几乎是知识的唯一来源,成为真理的化身。而在知识经济时代,传媒高度发达,社会日益开放。广播电视、报纸杂志、电子读物、互联网及各类开放学校、远程学校、网络学校各显其能。人们获取信息、学习知识的渠道越来越多元化。教师不再是唯一的,甚至不是主要的信息源,而仅仅是信息源之一。教师的角色功能将从传统的具体信息的提供者向信息源的提供者转换。在信息社会中,教师要教给学生的最主要的能力之一,便是如何正确选择有效的信息源和判断信息的可靠性,而不是获得具体的信息。在信息时代,教师在拥有具体知识方面的权威地位,是不可能像以前那样维持下去的。过去学生问教师问题,如果教师回答不出,稍有责任心者便会感到非常惶恐,回到办公室或家里后会想尽办法查辞典翻资料,直到求得正确答案为止。不能当场回答已经颜面无光,如果回去查阅资料后还不知道就更加威风扫地了。教师回答不出学生问题的现象在信息时代将会经常发生。因为信息更新日新月异,信息渠道形形色色。据德国学者哈根·拜因豪尔统计,今天一个科学家即使夜以继日地工作,也只能阅览有关他这个专业世界上全部出版物的5%。又有人估计信息时代,一个人的知识在10年内将更替50%,而未来10年内应掌握的知识还有一半至今尚未发现。这种情况下,教师还要保持知识方面的绝对权威地位必然成为自欺之举。诚如我们已经在现实生活中看到的在计算机、生物技术等新兴学科方面,许多学生已经走到教师前面。

4. 组织者和管理者

尽管不同教师对课堂控制的程度不同,但维持一定的教学秩序是进行教学的前提。教师要激发学习动机,进行班级管理,组织课堂教学,处理教学中的偶发事件等,要组织学生参加体育锻炼、准备考试,要记录学生的表现,并与家长和其他教师进行交流。罗森塞恩(1977)研究表明,小学教师每天只有20%～30%的时间在与学生进行言语交流,而其他大部分时间都花在管理活动上。特别是随着人们对合作学习和交互性学习的重视,教师作为组织者和管理者的角色更为突出。他要组织学习小组,引导和指挥学生进行讨论与合作活动,使学习得以深入,通过组织好的群体互动来促进个体的发展。

5. 研究者

教师角色的另一个重要转变是教师成为研究者。就教师角色而言,这里的研究既指教育教学实践研究,也包括专业性的学术研究。

作为教育教学实践的研究者,教师要实现自身的角色转变,从单纯的知识传授者变为学生学习、身心发展的促进者,教师本身必须是一位积极的教育教学的研究者。因为教育教学问题具有极大的实践性和情境性,教师如不对自己的教育教学实践进行深刻的反思,不把自己的教育教学活动作为研究对象,只是照搬理论很难解决实际问题,真正提高自己的职业能力。无数事实已经证明,进行教育教学研究是教师提高自身素养的最佳途径。传统的教书匠已不能胜任现代教育教学工作。未来教育要求我们的教师既要有教育教学技能,又要有理论修养,同时还要具备研究能力,能够主动对教育教学现象进行科学的分析研究,通过观察、反思、研究、实践,作出各种教学决策,解决教育教学中的实际问题(如根据不同的教学内容选择不同的教学方式),以及用不同的激励方式激励不同个性特征学生的学习动机等。教师一旦以研究者的心态置身于教育教学情境之中,以研究者的眼光审视自己所进行的教育教学实践,则会更愿意去思考教育教学理论,对新问题会更敏感,更有创见。教师以研究者的身份不断发现问题,解决问题,其教学效果也必将随之提高。

作为专业学术的研究者,教师还要从事一些与自己教学有关的科学研究,从理论上提高自己的业务水平。网络时代的新技术使教师从繁重的教学工作中解放出来后,可以有更多的时间和精力从事教育科研,教师的角色应从"教书匠"向"研究型"教师转换,成为课程教学研究者。传统教学中,国家统一编写教材规范,教师对学生进行知识传授。网络时代教师是课程开发和教学研究的主体,运用现代化手段为学生创设学习环境,开拓多媒体教学空间;编制教学软件,促进课程向地方化、校本化、个性化、综合化方向发展,实现课程教学综合化和知识的融会贯通;主动投身课程教学思想和教学方法的理论研究与实践探索,提高网络时代课程教学理论的研究水平。

6. 心理健康的维护者和学生的朋友

随着社会的发展,生活、工作、学习的节奏加快,人际关系日益紧张,各种压力不断增加,心理问题的流行率越来越高,也越来越趋向低龄化,心理问题已成为影响学生成长的主要因素之一。因此,教师必须具备心理健康教育、心理咨询的知识和技能,以担当起这方面的责任。当然,教师不可能也没有必要成为专业的心理咨询师或治疗者,师生关系也不应当变成医患关系。教师成为学生心理健康的维护者,不是要求教师要掌握具体的知识、技能进行咨询和治疗,而是要求教师应该具有维护学生心理健康和对学生进行心理健康教育的意识,并将这种意识融入自己日常的教育教学活动中去,为教育教学创设良好的心理背景和心理氛围;为学生提供理解和宽容,维护其自尊心;减少学生对学习和考试的过度紧张;满足其心理需要,予以情感支持等。

另一方面,教师也依然是一定意义上家长的代理人,尤其对于年幼学生来讲。但是家长和教师的角色毕竟不一样,教师应像家长一样关爱和呵护学生的成长,而不应像保姆般包揽一切。与管理者这一传统角色比较,未来教育更加强调教师成为学生的朋友。这是因为,一是朋友之间心理上的接受度更大,更容易达到心理的融合,体现真正的平等。二是未来的教学在形式上也将更倾向于师生间的交互作用和合作。教师将更多地以平等的身份和学生进行合作、讨论,作为学习的同伴与学生共同进行意义的建构。需要指出的是教师作为朋友不是完全意义上的私人朋友,私人朋友完全受个人情感支配,而教师的这种朋友的身份,是有社会规定性的,即以达到教育目标,促进学生成长为目的,以公务情感为基础的朋友,教师不能为追求情感的和谐而放弃原则,忘记自己的教育职责,以致对学生的错误过于宽容,甚至纵容。

二、教师的专业品质

在教师的诸多品质中,教师的专业品质作为教师其他诸要素赖以形成和发展的基础与动力,以其广泛的内容深刻地影响和制约着教师其他素质的发展水平。

(一)教师基本的专业品质

教师的工作方式是言传身教,以自己的专业知识、教学能力、思想感情、意志性格、道德品质等影响学生,是学生学习的榜样。研究表明,教师的劳动性质和工作特点决定了教师要具备多方面的专业品质。

1. 敏锐的观察力和稳定的注意力

具有敏锐的观察力是做好教师的先决条件。赞可夫说:"对一个有观察力的教师来说,学生的欢乐、惊奇、疑惑、恐惧、受窘和内心活动最细致的表现都逃不过他的眼睛。一个教师如果对这些现象熟视无睹,也很难成为良师益友。"教师要善于观察学生,"眼睛"是心灵的窗户,一个有经验的教师总是十分注意观察和分析学生眼神的变化和他们的表情,从中听到无声的语言。教师在讲课时,也可以从学生的表情和眼神中去寻找他们对这些内容是否理解了的反应。在对学生平时了解的基础上,再通过课堂上深入细致的观察,教师就可以及时地调整教学方案。如果教师的观察力差,就不能很好地掌握学生的学习、活动及与他人相处等情况,这样就不能及时制止学生不良行为的发生,或者不能针对其出现的问题提出合理的建议,从而不利于学生的健康成长。因此,具有良好观察力的教师,不仅能善于观察学生,也能善于观察自己和评价自己,以便取长补短,教学相长。

稳定的注意力是通向知识宝库的大门,是我们从事各项教育教学活动的必要条件。在教学活动中,注意力的集中和稳定是有效地进行教学的前提。教师是不能停止学习的,教师的职业要求其必须一生苦读不辍,在各方面不断地汲取新东西、新成就,然后贡献给学生。如果一个教师在学习中失去了集中注意的品质,那就难以获得任何知识,更不可能提高自己。

2. 丰富的想象力和思维的灵活性

教师所从事的是培养人的创造性劳动。创造性劳动是离不开想象的。一个具有丰富想象力的教师,在培养学生时,就能根据他们的心理特点、行为表现以及发展的方向,有针对性地进行教育培养;就能高瞻远瞩,憧憬未来,并采取追求未来远景的教育方法去培养下一代。想象力不仅在教育工作中是必需的,而且在教学工作中也是必要的。

在教学工作中,教师还应该具有思维的灵活性。因为教育的对象是具有复杂多变的心理活动的青少年,非但不同的学生其心理特点有所不同,即使同一学生在不同的时间、地点和条件的情况下,其心理状况也会有所不同。这就要求教师要有灵活的思维,能区别对待、因势利导,不搞一刀切。教学中教师要善于把掌握教学内容和讲解教材的艺术巧妙地结合起来,能根据学生不断反馈的信息,灵活地调整教学方案。教师不仅自己要有思维的灵活性,还要开拓学生的思路。思路愈广,发现问题愈敏锐,分析问题愈全面。

3. 丰富的情感和坚强的意志

热爱学生是教师的天职。正因为教师对学生有无私的爱,才铸就了教师在学生心目中的崇高形象。教师对学生的爱是期望学生完美发展的感情,是在教育过程中形成的一种心灵的满足,是一种具有特殊意义的责任。爱是教育的基础,教师要全身心地爱每一个学生,要尊重他们的人格,让每一个学生都能在充满爱的集体中愉快地学习,让每一个学生的潜能都能充分发挥出来。学生一旦感受到了教师的情感,就会对学习产生情感,就能乐此不疲。

教师的意志品质主要表现在工作上,如目的明确、坚韧不拔、沉着自制、坚决果断、执着追求等。对学生的要求要明确、合理、严格,并且坚持到底。凡是对学生提的要求,教师自己必须先做到,并且要进行督促检查,决不能动摇和妥协。教师对违纪学生和学习有困难的学生进行教育时,特别要有耐心和自制力,决不能发脾气和训斥学生,而要以亲切和蔼的态度来进行说服教育。有高度修养的教师遇到学生做了坏事,虽很气愤,但是善于克制自己,并以和善的态度进行教育,做到以理服人。

4. 教师的人格魅力

人格是一个人品质、意志和作风的集中体现,而魅力则会产生影响力和感染力。

教师的人格魅力是在和学生接触过程中所体现出来的个人吸引力、感召力和亲和力。一个具有高品位修养的教师,会从方方面面表现出他的人格魅力。教师的一言一行、一举一动,学生都会看在眼里,记在心上。所谓"身教重于言教",这里的"身教"主要就是指教师的性格特征。学生会在教师"身教"的耳濡目染之下受到教师的熏陶,那么教师的性格特征对学生的教育影响将不是短暂的而是长期的,甚至是一生的。

总之,在教育教学过程中,教师良好的职业心理特征对学生的心理产生极大的影响,这是其他教育手段所无法代替的,它直接关系到教育教学工作的成败。教师是培养人才的灵魂工程师,教师必须在心理品质方面成为学生的表率,用自己的心理品质和模范行为去教育、感染学生,使学生受到潜移默化的影响。

(二)创造型教师的专业品质

创造型教师的专业品质是指教师具有的那些能外化为激发学生创造性行为的品质和才能。

外国学者塞林(Sellin)等研究发现:创造型教师往往表现为幽默、热情、乐观、自信、乐于接受不同观点、对其工作和其他事情也表现出强烈的兴趣并积极参与等特点。毕夏普(Bishop)对109名被超常儿童认为是成功的、富有创造性的教师进行研究,发现创造型教师的独特个性主要表现在兴趣广泛、有很强的成就动机、态度和善友好,更富有责任心。

国内学者钟启泉认为创造型教师应具备如下品质:(1)必须具有创造精神;(2)必须具有好奇心;(3)善于发挥儿童的创造性;(4)要有宽容、理解的品质和与学生一道求知的精神;(5)教师应具有应答环境和创造性评价的能力。

辛涛等认为创造型教师的特征主要包括:(1)较高的职业理想;(2)丰富的知识结构;(3)创造性的教育观;(4)较高的教学监控能力;(5)较强的管理艺术。

三、教师与学生之间的相互影响

俗话说:"亲其师而信其道。"研究表明,当一个学生喜欢一个老师时,就会处处表现出一种向师性,这就是教师的人格魅力。作为一名教师,必须意识到自身素质对学生的影响,意识到自己烛光的角色。在现代教育中教师所承担的教育任务已由传授知识型教育转变为能力素质培养型教育。教师素质对学生有着决定性影响,只有德才兼备的教师,才能在学生心中树立威信,才能得到学生的尊重和信任,才能激发学生学习的积极性,才能使学生在快乐中学习成长,才能在师生的相互影响中起到积极的作用。

（一）教师对学生的影响

教师对学生的影响是多方面的，有许多都是无形中的影响，我们常常看到幼儿园的孩子或小学低年级学生在玩游戏时，用教师的口气或语言来对待其他的小朋友或自己的洋娃娃；也看到有的班级的班风与班主任老师的作风极端相似。教师是一个集体的权威人物，如果学生很喜欢他，就会有意识地学他，即使学生都不喜欢他，教师的某些方式和态度也会让学生不自觉地模仿。下面以教师期望对学生学习的影响来作进一步的说明。

有关研究表明，教师对学生的期望与教师自己的行为以及学生的成绩有关。罗森塔尔和雅格布森最早对教师期望进行了研究。他们在开学初对小学生进行了一项非智力言语测验，并告诉教师这个测验能预测学生的智力发展。研究者随机选取20%的学生，然后将学生名单告诉教师，并称这些学生是有发展潜力的。当然，教师并不知道该测验并不能够测验智力的发展潜力，也不知道所选取的学生与测验分数无关。然后让教师进行正常教学，并在一学期后、一年后和两年后分别对学生进行重测。在前两次测验中，学生所在班级的教师有研究者提供的学生名单；在后一次测验中，学生被安排到教师没有名单的新班级中。一年后，被指定为有发展潜力的学生和控制组的学生（没有被指定为有发展潜力者）之间出现了智力上的显著差异，这种差异在一年级和二年级的学生身上表现得尤为突出。在随后的一年中，这些年幼学生之间的差异逐渐减少。

罗森塔尔和雅格布森认为，教师的期望是一种自我实现的预言，因为学生的成绩最终反映了这种期望。这一实验的现象被称为教师期望效应。指人们基于某种情境的知觉而形成的期望或预言，会使该情境产生适应这一期望或预言的效应。教师如果根据对某一学生的了解而形成一定的期望，就会使该学生的学习成绩和行为表现发生符合这一期望的变化。

除了期望以外，教师的其他态度、行为及个性品质对学生也会产生影响。

（二）学生对教师的影响

如果说教师行为对学生有很重要的影响的话，那么，确切地说，学生对教师行为也有重要的影响。教师在改变学生的同时，也在问"我在什么程度上受到学生的操纵？"

像带一个难带的婴儿那样（爱哭、挑食、执拗等），家长一方面感到难弄，但另一方面感到对自己作家长的技能和创造性来讲也是一种挑战。同样，那些学得慢的学生、多动的学生以及不顺从的学生，对教师也是一种挑战。对某些有经验的教师来讲，处理好这类学生的问题也是一种满足。实际上，在日常教育工作中，教师有时是根据学生不同的人格特征，来考虑选择适合这类学生的教育教学方法。

(三) 师生的相互作用

在教育教学中,师生间的作用是双向的,而不单单是教师对学生施加影响。对教师之间相互作用的研究成为近年来教育心理学研究的一个重要课题。

多米诺研究了相互作用的不同风格对学生成就动机的不同影响。他给900个心理系学生做了一个评定他们遵从性和对立性的测验。把具有最极端分数的100名学生挑出来分成25人一组,共四组。其中学生的性别和学术能力倾向测验分数都是对应可比的。由同一教师用不同方法进行教学,其中两组用要求遵从的方法,另外两组则用要求独立的方法。结果表明:当具有独立倾向的学生被指定到一个独立方式的组时,学生会更满意。如果喜欢服从的学生被分配到一个服从风格的组时,他们会取得更好成绩,感到更满意,对教师评价也更高。

此外,与学生相互作用的方式,也随着学生年龄不同而变化。例如,中学生与小学生的需要和偏好是不同的。在威尔逊的一项研究中,中学生认为,与传统学校相比,他们很喜欢与教师相互作用,而且学习成绩在某种程度上更好一些。因为这里的教师更友好,更可亲近,与他们可以谈论任何事情,可以自由地活动和做决定,这种教师更有帮助作用等。

总之,在小学里,为了促进对学习内容的掌握,指导式的风格可能更有效;到了中学,随着自主和独立需要的增长,可以给学生更多个人练习的自由,这样比指导性教学更有用。

四、教师的评定

自20世纪50年代以来,国内外关于教师的职业心理特征的研究相当活跃,研究结果大多以形容词列举的方式予以呈现。美国教育协会认为优秀教师应具有十八项教师的职业特征:(1)健康而有活力;(2)智慧;(3)好学;(4)情绪成熟及平衡;(5)爱儿童;(6)同情;(7)对教学发生兴趣和爱好;(8)乐观和幽默感;(9)友善态度;(10)良好工作习惯;(11)能与人合作;(12)广泛的兴趣;(13)容忍;(14)明快;(15)公正;(16)良好的仪表和优美的声音;(17)讲解清晰的能力;(18)人格。瑞安斯(Ryans)在美国进行了一项教师特征与教师作用之间关系的广泛调查。结果发现:"成功的教师是趋于温和、理解人、友好、负责、有条不紊、富于想象力和亲切热忱。"日本心理学家菊池章夫考察了类似的许多研究后得出结论:教师态度温和这一变量与学生学习成绩之间正相关。

在中国,对教师的职业心理特征的研究已经取得了一定进展。万云英等(1981)调查研究了240名高中生、中专生、大学生心目中理想教师性格的特征,按其重要性排列如下:(1)平易近人;(2)没有偏见;(3)关心同学;(4)态度认真;(5)要求严格;(6)

颇有耐心;(7) 言行一致;(8) 朴素大方;(9) 开朗活泼;(10) 品德高尚。丁之奇等(1987)对优秀高中生与高师学生的比较研究发现:情绪稳定、有恒负责、自主、当机立断、心平气和、自律严谨是优秀中学教师的良好个性特征。

研究者从不同的角度来研究教师的职业心理特征,虽然研究的角度不同,内容各异,但对成功的教师应该具备的特征达成了共识:坚定自信、意志顽强;冷静沉着、深思熟虑;兴趣广泛、幽默活泼、聪慧豁达、果断刚毅;民主公正、热情开朗;平易近人、助人为乐等。

五、教师的成长和培养

教师的成长并非一蹴而就,需要经历一个循序渐进发展阶段。

(一) 教师成长的一般发展阶段

1. 预备阶段

这一阶段是教师任教前的准备期,是一个人在师范院校或大学的初始培养及其之前的阶段。这些预备教师虽然还处于受教阶段,但这一阶段是教师成长的重要基础和前提,也是教师不可逾越的阶段,并且对教师未来的教学产生重要影响。由于预备阶段教师仍扮演着学生角色,未经历过教学实践,因而他们对教师角色充满憧憬和理想,会对今后的教学产生理想主义。

2. 适应阶段

适应阶段是教师任教后的最初几年,也是教师实现教育系统社会化并学会做日常教学工作的时期。这一阶段初任教师实现由师范生向正式教师角色的转换,也是所学理论与现实实践的"磨合期",期间需要教师在教学实践过程中对理论、实践及其关系进行"反思",需要教师在知识、信念、态度和行为上做出调整,以克服对于教学实践的不适应。在本阶段,初任教师主要是在教学中求生存,探求应对策略,不断地调整个人的专业目标,逐步地适应教师角色。适应阶段的时间依据教师个体差异而不同,有的教师1年内就能够适应,而有些教师需要2~3年,甚至更长的时间。往往本阶段许多初任教师会遇到种种困难和挫折,尤其对那些适应期较长的教师来说,也许本阶段是令人痛苦而难忘的。

3. 迅速发展和稳定阶段

在教师度过了适应期之后,决定留任的教师逐渐进入专业成长的迅速发展阶段,而后步入稳定时期。调查发现,教师迅速发展阶段一般在工作后的第2~6年,但因环境、因人而异,有些教师迅速发展的时期一直持续到第8年,甚至第10年;稳定时期是相对的,持续时间的长短在很大程度上依赖于教师的主观努力和学校的环境。同时教师还会发生以下一系列的变化。

(1)专业信念逐步确立。随着教学实践的推进,教师逐步认识和理解了教学职业的价值和意义,体验到教学职业之乐趣,这种乐趣也许主要来自教师个人的奉献和精神的回报,或从帮助学生和他人中得到愉悦,或从工作创新中获得成就感,或与教师交流中得到满足感,或由于教师对学生的关爱和给予学生积极影响而使学生表现出对教师的依恋、尊敬、感激等。教师的专业信念随着教师的教学知识和经验的积累而逐步确立。

(2)实践知识和智慧逐渐丰富。随着教育经验和教学知识的积累,教师对教学生逐步驾轻就熟,并且对教学环境已有了充分的了解与熟悉,教学能力和智慧进入迅速发展期,并且有相当一部分教师逐步形成自己的教学风格。通常在此阶段,教师不仅掌握了一系列教学方法和技能,而且能够依据教学目标、学生的具体需要和教学情境,适时、灵活地运用这些教学方法和技能。不仅如此,在掌握了一般的教学技能之后,在处理教学情境中的问题时,教师还能够将更多的认知资源分配到其他的重要任务上去,开始有精力了解学生的复杂性,寻求新的教学技巧与解决问题的新方法,以满足学生的各种需要。这些都说明教师的教学水平已达到了较高层次。随着实践知识和智慧的逐渐增长,教师在适应阶段的教学基础上,逐步能够按照个人理念比较自由地处理事情,依据自己的计划,对所选择的信息做出反应,并能够对所做的事情承担更多的职责。情境性知识和功能性知识日趋丰富,能够综合地识别情境的相似性,更精确地预测事件,对教学情境有了直觉的把握,而且能以非分析性、非随意性的方式,理智地做出合适反应。有些专业发展较快的教师,开始逐步摆脱教学常规的羁绊,将教学的有关规则内化,能够依据具体情况灵活掌握规则,初步形成了自己的教学风格,努力塑造自己的专业形象,教学中还不时表现出愉悦和幽默感,充满自信和安全感。

(3)专业角色逐渐形成。在本阶段,许多教师的教学生活逐步挣脱对他人的依赖,具有创新意识和自主精神,能够独立、自主地开展复杂的工作,承担更多的角色。作为管理者,教师随着班级管理经验的积累,以及规章制度的建立,逐步掌握系列管理方法,能够妥善地处理各种课堂偶发事件和学生的各种问题行为;作为交流者,教师在课堂上逐步掌握了多种教学交流的方式,并较少地扮演权威角色,时常以学习者和研究者的身份出现,意识到师生之间平等对话的重要性。不仅如此,有些教师的专业活动范围已超出其所在的课堂、学校,以管理者的同事而不是下级的身份参与决策过程。作为组织者,他们能够把自己的班级作为一个整体和许多个体来了解,对学生的学习、情感和生理上的需要具有一定的洞察能力,依据教学目标和教学内容能够有效地把讲授、讨论、小组学习、独立学习、合作学习等有机地结合起来,努力适应班级里各种各样的学生需要和学习风格,并且激发学生的热情,受到学生的欢迎。教师已经认识到自己的责任是培养全面发展的学生,意识到学生的心理健康与他们的学业一样重要。在此基础上,教师渐渐与学生建立了良好的人际关系,相互尊重与信任,具有心领神会、热情、诚恳、移情以及富有同情心等特征,师生在交流中共享着欢乐。

4. 停滞和退缩阶段

经历了迅速发展与稳定期后,教师发展和成长路线逐步表现出差异性和多样性。国外及国内有关调查研究表明,教师素质一般在从教五六年后便基本定型,之后,教师的发展陷入停滞和退缩期。教师成长至此阶段的原因很多,有些来自于自身,有些来自于环境,主要因素有以下几种。

首先是职业理想的动摇与成长动机的低落。许多教师工作多年之后,对教学产生了厌倦,失去教学动力。年复一年的单调、乏味、重复的教学生活,使他们对自己选择的职业产生怀疑,常常自问:"我要在教室里度过我的余生吗?"而对一些富有挑战性的工作既缺乏信心又犹豫不决,"我将攀登职业发展的阶梯吗?"这种自我怀疑和严重时就表现为职业生涯中的一场"危机"。

其次是专业知识和智慧发展步入高原期。处于停滞和退缩阶段的教师,虽然拥有比较丰富的教学经验和教学技能,但由于不能积极参与并适应课程和教学的改革,难以满足学生的学习需求,因此在教学上越来越感到力不从心。

最后是专业角色趋于模糊和丧失。由于专业知识和智慧发展的停滞,教师承担教师多种角色的能力也日趋衰退,长此以往,教师对自己职业的权力、义务、责任缺乏清晰的、一致的认识而感到对工作无法胜任,教师角色趋于模糊。如果这种角色模糊持续下去,教师就会渐渐卸去在稳定时期所承担的部分角色,导致角色丧失。在本阶段,大多数教师已逐步进入中壮年,工作压力大,家庭负担重,缺乏学习和研究的时间,往往处于满负荷或超负荷运转的状态,这些都可能导致专业能力发展的停滞和退缩、角色的模糊和丧失。

5. 持续成长阶段

经过迅速发展和稳定阶段之后,教师的成长速度变得相对减缓,但是许多教师在强烈的职业发展动机和良好的发展环境支持下,以及在合理而有效的教师教育模式和策略的促进下,一直保持着持续发展状态。也有部分教师虽经历了发展的"高原期"或停滞和退缩阶段,但经过个人的主观努力和来自外界多方面的关心、帮助,也能突破高原现象,实现持续成长。教师要想能够持续成长,下列条件非常重要。

(1) 教师信念的反思与重建

时代的发展、社会的迅速变革给每一位教师提出挑战。这就要求教师要对自己的信念系统予以进一步的反思,对已形成的教学知识的信念、对待学生的信念以及对自身能力和自我发展的信念等予以检核、评价,转变那些不正确并对教学实践产生消极作用的信念,甚至必要时要对自己的信念系统予以整合与重建。这的确需要教师的智慧、勇气、能力和毅力，需要教师强烈的职业发展动机，尤其是对教育事业和对学生执着的爱。

（2）知识与智慧的持续增长

学者型教师所拥有的教学知识和智慧，并非仅仅源于自己的教学实践，还源于不断地学习新的理论知识，并把这些知识内化为自己的知识、信念，运行在自己的实践中，源于自己不断地研究和探索。他们的教学蕴含着知识的博大精深，体现出教学的娴熟和睿智，表现了对教学情势洞察的机智和敏锐，蕴含着深邃的哲理，充满了教师的创造，成为师生双方共有的一种享受，也是教学的魅力所在。这样的教学就是个性化的教学。实践性知识和智慧的不断丰富始终是教师持续成长的根本。

（3）专业角色的不断调适

本阶段教师除了扮演稳定阶段的角色外，还要承担改革者、研究者、反思性实践者等角色。需要指出的是，这些角色并不是在其他阶段不重要或不需要承担，而是在本阶段，这些角色对教师持续成长具有特别重要的价值和意义，是教师实现持续成长的必须。

专家型教师或学者型教师更容易接受新的事物，并且很乐意为更好地满足所有学生的需要来改变自己的行为。作为研究者，教师既拥有教学研究的机会和条件，也具备教学研究的能力。作为反思性实践者，教师不仅具有课堂教学知识、技巧与技能，而且具有对自己的教学方法、教学内容进行反思、研究、改进的能力，以及对教育的社会价值、个人价值等更广阔的教育问题的探究、处理能力。可以说，批判性反思实践是专家型教师或学者型教师区别于一般教师的重要特征之一。专家教师或学者型教师能够从多种视角来看待问题，从广泛的视野中审视自己的思想和行为，以及对做出教学决策的背景进行质询；能够根据情境和推论对自己的知识结构进行积极、持久和周密的思考，不断超越自我教学经验的局限，使教学更加有效并充满人格魅力。总而言之，反思教学实践的目的在于增加教师的理性自主，追求实践的合理性和有效性，使教师的成长始终保持一种动态、开放、持续发展的状态。

（二）教师成长过程的影响因素

教师是一个独特个体，又是社会的人。教师的成长受到自身内在的心理因素的制约，也受到许许多多外部因素的影响。

1. 影响教师成长的个人因素

（1）认知能力

教学活动是一项复杂程度很高的活动。在教学活动中，教学目标的确立、教学内容的设计、学生特点的分析、教学方法和策略的选择、教学进程的调控，以及在教学情境中表现出的机智等，无不依赖于教师的认知能力。首先，认知能力对教师的教学效能产生重要影响。其次,认知能力影响教师对课堂中问题的处理,影响教育机智的形成和发展。在教学活动中,教师所面对的学生是生动活泼的,是发展中的、鲜活的独特个体,因而教学情境错综复杂,课堂信息不断变化,随机事件频频发生,教师也随时面临做出延续或改变当前教学行为的选择和决策。教师在这种复杂、不确定的环境中的决策和行为主要依赖于其认知能力。最后,认知水平高的教师不仅自己专业成熟,教学水平高,具有教育机智上还能为学生营造良好的学习氛围和广阔的发展空间。

教师认知方面的某些品质也许与教师的先天素质有关,而教师认知能力的形成,需要教育教学的理性知识,更需要自己的教学实践经验。因此,把优秀教师内蕴未显教学知识与观念系统地描述出来,不仅是优秀教师自身专业发展的关键,而且也会为新手教师的成长提供认知参照框架和发展目标。

(2) 教师的信念

教师信念是指教师自己确认并信奉的有关世界和有关教育教学等方面的思想、观点和假设。教师信念是教师素质的重要组成部分。考尔德海德(Calderhead,J.,1996)把"教师的信念"作为专家型教师的"个人专业因素"核心要素之一。他认为,教师的"信念系统"包括对教学过程的信念、教师角色的信念、学科与自我学习的信念以及学习环境与教学模式的信念。然而佩詹斯(Pajares,M. F. 1992)却把教师信念分为教学效能感、认知类信念、教学活动信念、自我—感知与评价观和自我效能感等方面。教师对自己的知识和教学技能方面的信念,将影响他的教学和管理方式。如果相信他的知识是绝对正确的,那么,在他教过后学生回答问题时,就会不准有任何更改。如果他相信他的知识受个人经验的影响,那么他就会允许学生对这些知识表达自己的看法。因此,教师认可并信奉的有关知识获取的方法不仅影响教师自己的教学行为,最终也将影响到学生的学习行为。教师信念在教师职业品质中居于核心位置,它统摄着教师其他方面的品质。

(3) 教师的知识

优秀教师不仅拥有丰富的知识,而且知识的各个部分之间能够相互联系、相互作用,其认知分析的过程来源于教材内容的知识、教法知识、课程目的、自己的教学价值、信念和对学生的了解等,这些共同对教学设计产生重要作用。一位新教师成长为优秀教师,需要掌握一般的文化知识、学科知识、教育教学理论等方面的知识,但还远远不够。一位教师通晓一门学科并非必然地使他成为该学科的好教师。对教师来说,更重要的是获得丰富的个人实践知识。实践知识是教师在教学实践中探索研究而获得的、与教学情境密切联系的教学经验,是解决所处情境问题的功能性知识,也集中体现了课堂情境中教师的决策和行为的本质,反映了课堂教学的复杂性和互动性特征。在我们看来,优秀教师或专家教师对教学情境具有敏锐的观察力与判断力,对问题的分析更为清晰和透彻,解决问题的方法和策略更具有独创性、新颖性和恰当性,拥有丰富的"实践智慧"。这些实践知识和实践智慧是教师经过长期的教学实践而获得的,并且是与时俱进、不断发展的。拥有丰富的实践知识和实践智慧是伴随教师成长的终身追求。

（4）教师的行为

教师的行为是其素质的外化形式,并且受到信念、知识或理论的支配。教师在多变莫测、不能预期的课堂世界中做出迅速的决断,并反映在他们的行为上,依靠的是他们对特定事件、学生行为、课堂环境的感知和分析。每一位教师的态度和行为都是牢固地建立在自己感知世界的方式上。因此,教师的教学行为表现出不同的个性特色。教师的教学行为是在从事教职之后逐步养成的。从一个教学新手或成长为一个教学专家,需要反复练习和经过数年教学实践的锻炼。专家型教师具有一套管理课堂、掌握教学节奏、使师生活动从一个环节自然过渡到下一个环节的熟练的行为技能。这些行为技能已达到高度自动化的程度,很少或不需要意识的控制。在这里,技能是一种已存在于教师自己机体中的行动和观察方式。形成熟练的教学技能所需要的时间因人而异。但是教师仅靠一般经验并不能达到熟练的水平。因为教学行为既受到教师个人教学天资才华的影响,也受到教师个体原有经验以及种种复杂的社会、教育环境和文化因素的影响,而更重要的,教学的自动化行为是教师经过观摩、领悟、内省到反复实践而获得的。

（5）师德状况

教师的职业道德是教师在社会和教育环境的影响下,在自己的教育教学实践过程中,通过自我体验、修炼和内化所形成的品质,是教师满足生存需要、成长需要和实现自我价值的必要条件之一。师德状况对教师的健康成长影响重大。首先,职业道德是教师实现角色认同的重要前提。第二,职业道德是教师敬业乐教、发展成长的内在动力。第三,教师是在处理个人与他人、个人与集体的利益关系的过程中成长的,这些关系好需要道德的力量。职业道德是教师进行职业交往、解决利益冲突和矛盾的重要准则。

（6）人际交往

教师是在与他人的交往中生活、学习和发展的。教师在教学生活中,必然涉及与学生、同事、管理人员以及家长和社会有关各方面的关系。这些关系的好坏对教师的工作、情绪具有不可忽视的影响。良好的人际交往,能使教师保持健康的心理,积极的心态,从而避免职业倦怠。此外,良好的交往能力,也是优秀教师成长的必备条件,而且直接影响教师的专业成熟。

2. 影响教师成长的环境因素

影响教师成长的外部因素包括社会因素、家庭因素以及无法预测的偶然事件等环境因素,但对教师成长而言,国家教育政策、学校管理、教师文化、学校氛围等环境因素的影响是主要的,它为教师发展提供物质保障和精神关怀,是教师成长的外部条件。

(1)教育政策:一个国家的教育政策是影响教师发展成长的宏观环境因素,它为教师发展成长提供基本的物质和精神保障,赋予教师基本的权利和义务,体现着国家和社会对教师的基本要求。

(2)学校管理:学校管理是管理者在国家教育政策的指导下,对学校自身的内部管理,是对学校系统人、财、物、事、时间和信息等进行计划、组织、指挥、协调和控制的过程。如何发挥人的管理效能、调动教师的积极性是全面实现学校工作目标的关键,而教师积极性的激发与学校管理的方式密切相关。

(3)学校氛围:学校氛围是在一所学校内部形成的,对其成员的价值观念、态度、信念、道德规范和行为产生潜移默化的影响。它蕴含着一定的价值取向、思想信念、道德风尚、工作和学习作风、集体舆论等精神因素,体现出一所学校的独特的内涵或个性,体现了一所学校与其他学校不同的精神风貌。学校氛围作为一种观念形态,是无形的、看不见的,但学校成员能够深切地体验到。学校氛围(文化、生态、社会的精神气质)是影响教师发展成长的外在精神力量。

(4)教师文化:教师文化是指在学校教师群体内形成独特的价值观,形成共同的思想、作风、行为准则和规范等。它属于教学职业文化的范畴,是学校文化的一种亚文化,也是教师成长的"小环境""小气候"。教师文化虽然受到外部社会因素的影响,但它是学校内部教师进行文化选择的结果。在教师群体中,如果个人特别看重群体成员的尊重和认可,尤其是如果群体的内聚力又极强,那么遵守群体准则和不负群体期望的倾向甚至会左右一个人对"现实"的看法,他将会根据群体所报的期望来"看"事物。因此,个人与群体的相互作用,比起只能观察到的行为,其影响更为深刻。

教师文化中的"协作文化"对于年轻教师的成长尤为重要,"协作文化"主要强调教师之间的互相信任与合作。由于中国长期实行分科教学,各科教师知识结构单一孤立。而新课程改革在内容上提倡综合化,在教学方法上提倡合作探究。随着综合实践活动等新课程的开展,单独的教师、孤立的学科知识难以满足学生发展的需要,这就需要教师之间自觉打破传统学科间的束缚,自主地同他人进行协作;即使是同一学科内部,协作文化也强调新老教师加强交流,年轻教师将本学科的前沿理念传送给年老教师,资深教师将自身多年的实践经验教授给新手教师,从而最终在互相借鉴中都获得发展。

(三)专家型教师的特征

在教师成长阶段的最终,人们期待的理想状态,是专家型教师能够出现。而检验一位教师是否已经成长为专家型教师,我们可以从以下几方面的特征进行衡量,即:专业化、研究化、艺术化以及成长的快乐体验。

1. 专业化

教师专业化是社会发展、教育进步的必然趋势。专家型教师则体现了教师专业化的某些特征。第一,专业化的观念。专家型教师在教学实践中深深地认识到教师所从事的教育教学工作不仅仅是个人谋生的一种手段、一种职业,更是一种实现自我价值与理想的事业。他们为了学生的发展、社会的进步和民族的强大愿意为了教育奋斗终生,具有为社会服务的意识和终生献身于教育的志向。第二,专业化的知识。判断一种职业是否是一种专业,根本的一点在于看其是否有一套完善的专门知识体系。专家型教师不仅拥有专门的学科知识,更能根据教学的需要,自主掌握相关学科的知识,并掌握特殊的教育教学知识以及相关的文化知识。第三,专业化的能力。不同于一般职业的需求,独特的能力结构也是专业化所必需的。教育的对象是活生生的人,专家型教师不仅接受过长期的职业训练,更是在长期的教学实践中,自觉地将教育理论研究成果与教学实践相结合,反思自己的教学行为,形成了一整套特殊的教学专业技能和实践智慧。

2. 研究化

对于专家型教师而言,教学科研活动已经成为他们教学活动的一部分,参加一定的课题研究或者是校本教研活动,可以充分发挥他们教学经验丰富的特点,他们通过教学科研活动来提升自己的理论知识水平,把经验性知识升华为理论性知识;同时,借助科研活动,专家型教师又可以实施、修正自己的教学设想,为实际教学提供一定的理论支撑,沟通"教师应采用的理论"和"教师实际采用的理论"。总之,专家型教师就是不断地在"研究中教学"和"教学中研究"之间相互转化而形成的,他们通过教学为研究提供资源和经验,促进自己科研意识和能力的提升;通过科研为教学提供理论支持,为解决教学中的实际问题提供科学的指导。研究和教学在专家型的生活中融为一体,共同为专家型教师营造和谐的教学生活。

3. 艺术化

专家型教师的艺术性主要体现在教学活动的教学艺术和生活交往的生活艺术两个方面。教学是一种技术,更是一种艺术。专家型教师在长期的教学过程中,经过不断的学习、反思,逐渐形成了自己高超的教学艺术。主要表现在专家型教师通过自己的教学实践和教学反思,根据学生发展的规律和教学的规律,总结形成了自己独特的教学风格与模式，在内心形成了一套行之有效的课堂教学情景知识，他们可以根据教学过程中学生所传递的信息，针对不同的情境，迅速地对教学事件做出准确的预测，并自如地加以调控，适时对自己的教学设计加以改进并配之以合理的教学策略，确保课堂教学顺利进行，完成教学任务，促进学生的发展。

专家型教师通过自身的努力，将教学看成一种生活的艺术，在教学中尽情体验他所创造的艺术成果和艺术氛围。专家型教师不仅凭借自己高深的学问教给学生以知识，更是通过自己高尚的道德修养感化学生的道德，影响他们的人生；教师劳动的特点之一就是群体性，专家型教师凭借突出的教学能力及高尚的职业精神赢得同事的尊重，并成为教师群体中的核心。专家型教师就是这样艺术地处理自己与学生、同事间的关系，使生活与教学艺术地结合。

4. 快乐成长

专家型教师的成长是他们自觉成长的结果，在成长中他们深深体会到教学的快乐。首先，成绩激励他们快乐地成长。"教学效果突出和科研成果丰富"是专家型教师无一例外的主要外显特征。教师的教学效果是通过学生的发展情况体现出来的，评价教师的首要指标就是其教学效果和教学成绩是否突出。教师的首要任务就是教书育人，离开了学生，教师也就不复存在；离开了学生的发展，教师也就失去了存在的意义与价值。科研成果一方面体现了教师对教学的思考，另一方面是衡量他们理论水平高低的标尺，是他们向社会证明自己的途径，体现了社会对他们工作和努力的一种认可。通过教学他们实现了自我价值，教师在这种自我实现过程中体味教学带给他们的乐趣，他们会自觉地去谋取更高程度的自我发展。其次，专家型教师所拥有的艺术地处理教学和生活关系的能力，使他们对教学充满兴趣与激情。无论是在师生关系还是同事关系，专家型教师都能艺术处理。无论是课堂上还是在生活中，专家型教师都能营造一种和谐宽松的氛围，这使得专家型教师能够有足够的精力来从事教学，而这种对教学的爱又促使他们自觉追求成长。总之，专家型教师的成长是源于他们对教育的爱，这种爱是发自内心的，所以他们的成长充满快乐，他们的成长历程就是他们体验教学生活快乐的过程。

推荐读物

1. 谈振华. 课堂教学理论读本[M]. 北京：社会科学文献出版社，2000.

2. （美）F. 戴维. 课堂管理技巧[M]. 上海：华东师范大学出版社，2002.

3. （美）D. John McIntyre，（美）Mary Jo. 教师角色[M]. 北京：中国轻工业出版社，2002.

思考与练习

1. 现代教师的基本角色有哪些？
2. 教师应具备哪些专业品质？
3. 教师的成长一般要经历哪些阶段？
4. 影响教师成长过程的因素有哪些？

主要参考文献

1. 刘万伦,田学红主编.发展与教育心理学[M].北京:高等教育出版社,2014.
2. 王振宏.青少年心理发展与教育[M].西安:陕西师范大学出版,2012
3. 张大均.教与学的策略[M].北京:人民教育出版社,2003.
4. 张大均.教师心理素质与专业性发展[M].北京:人民教育出版社,2005.
5. 皮连生.教学设计——心理学的理论与技术[M].北京:高等教育出版社,2000.
6. 张大均.教学心理学纲要[M].北京:人民教育出版社,2006.
7. 胡谊.教师心理学[M].北京:中国轻工业出版社,2009
8. 陈琦,刘儒德.当代教育心理学[M].北京:北京师范大学出版社,2007
9. 谈振华.课堂教学理论读本[M].北京:社会科学文献出版社,2000
10. [美]F.戴维.课堂管理技巧[M].上海:华东师范大学出版社,2002
11. 雷厉,张雷.青少年心理发展[M].北京:北京出版社,2003.
12. 王振宏.青少年心理发展与教育[M].西安:陕西师范大学出版社,2012.
13. 张向葵,刘秀丽.发展心理学[M].长春:东北师范大学出版社,2002.
14. 林崇德,叶忠根.小学生心理学[M].合肥:安徽人民出版社,1981.
15. 林崇德.发展心理学[M].北京:人民教育出版社,2009.
16. 李丹.儿童发展心理学[M].上海:华东师范大学出版社,1994.
17. 桑标.当代儿童发展心理学[M].上海:上海教育出版社,2003.

北京大学出版社
教育出版中心 精品图书

21世纪特殊教育创新教材·理论与基础系列

特殊教育的哲学基础	方俊明 主编	36元
特殊教育的医学基础	张 婷 主编	36元
融合教育导论（第二版）	雷江华 主编	45元
特殊教育学（第二版）	雷江华 方俊明 主编	43元
特殊儿童心理学（第二版）	方俊明 雷江华 主编	39元
特殊教育史	朱宗顺 主编	39元
特殊教育研究方法（第二版）	杜晓新 宋永宁 等 主编	39元
特殊教育发展模式	任颂羔 主编	33元
特殊儿童心理与教育（第二版）	杨广学 张巧明 王 芳 编著	49元

21世纪特殊教育创新教材·发展与教育系列

书名	作者	价格
视觉障碍儿童的发展与教育	邓 猛 编著	33元
听觉障碍儿童的发展与教育	贺荟中 编著	38元
智力障碍儿童的发展与教育	刘春玲 马红英 编著	32元
学习困难儿童的发展与教育	赵 微 编著	39元
自闭症谱系障碍儿童的发展与教育	周念丽 编著	32元
情绪与行为障碍儿童的发展与教育	李闻戈 编著	36元
超常儿童的发展与教育（第二版）	苏雪云 张 旭 编著	39元

21世纪特殊教育创新教材·康复与训练系列

特殊儿童应用行为分析	李 芳 李 丹 编著	36元
特殊儿童的游戏治疗	周念丽 编著	30元
特殊儿童的美术治疗	孙 霞 编著	38元
特殊儿童的音乐治疗	胡世红 编著	32元
特殊儿童的心理治疗（第二版）	杨广学 编著	45元
特殊教育的辅具与康复	蒋建荣 编著	29元
特殊儿童的感觉统合训练	王和平 编著	45元
孤独症儿童课程与教学设计	王 梅 著	37元

自闭谱系障碍儿童早期干预丛书

书名	作者	价格
如何发展自闭谱系障碍儿童的沟通能力	朱晓晨 苏雪云	29元
如何理解自闭谱系障碍和早期干预	苏雪云	32元
如何发展自闭谱系障碍儿童的社会交往能力	吕 梦 杨广学	33元
如何发展自闭谱系障碍儿童的自我照料能力	倪萍萍 周 波	32元
如何在游戏中干预自闭谱系障碍儿童	朱 瑞 周念丽	32元
如何发展自闭谱系障碍儿童的感知和运动能力	韩文娟 徐芳 王和平	32元
如何发展自闭谱系障碍儿童的认知能力	潘前前 杨福义	39元
自闭症谱系障碍儿童的发展与教育	周念丽	32元
如何通过音乐干预自闭谱系障碍儿童	张正琴	36元
如何通过画画干预自闭谱系障碍儿童	张正琴	36元
如何运用ACC促进自闭谱系障碍儿童的发展	苏雪云	36元
孤独症儿童的关键性技能训练法	李 丹	45元
自闭症儿童家长辅导手册	雷江华	35元
孤独症儿童课程与教学设计	王 梅	37元
融合教育理论反思与本土化探索	邓 猛	58元
自闭症谱系障碍儿童家庭支持系统	孙玉梅	36元

特殊学校教育·康复·职业训练丛书（黄建行 雷江华 主编）

信息技术在特殊教育中的应用	55元
智障学生职业教育模式	36元
特殊教育学校学生康复与训练	59元
特殊教育学校校本课程开发	45元
特殊教育学校特奥运动项目建设	49元

21世纪学前教育规划教材

学前教育概论	李生兰 主编	49元
学前教育管理学	王 雯	45元
幼儿园歌曲钢琴伴奏教程	果旭伟	39元
幼儿园舞蹈教学活动设计与指导	董 丽	36元
实用乐理与视唱	代 苗	40元
学前儿童美术教育	冯婉贞	45元
学前儿童科学教育	洪秀敏	39元
学前儿童游戏	范明丽	39元
学前教育研究方法	郑福明	39元
外国学前教育史	郭法奇	39元
学前教育政策与法规	魏 真	36元
学前心理学	涂艳国、蔡 艳	36元
学前教育理论与实践教程	王 维 王维娅 孙 岩	39元
学前儿童数学教育	赵振国	39元

大学之道丛书

书名	作者	价格
市场化的底限	[美]大卫·科伯 著	59元
大学的理念	[英]亨利·纽曼 著	49元
哈佛：谁说了算	[美]理查德·布瑞德利 著	48元
麻省理工学院如何追求卓越	[美]查尔斯·维斯特 著	35元
大学与市场的悖论	[美]罗杰·盖格 著	48元
高等教育公司：营利性大学的崛起	[美]理查德·鲁克 著	38元
公司文化中的大学：大学如何应对市场化压力	[美]埃里克·古尔德 著	40元
美国高等教育质量认证与评估	[美]美国中部州高等教育委员会 编	36元
现代大学及其图新	[美]谢尔顿·罗斯布莱特 著	60元
美国文理学院的兴衰——凯尼恩学院纪实	[美]P.F.克鲁格 著	42元
教育的终结：大学何以放弃了对人生意义的追求	[美]安东尼·T.克龙曼 著	35元
大学的逻辑（第三版）	张维迎 著	38元
我的科大十年（续集）	孔宪铎 著	35元
高等教育理念	[英]罗纳德·巴尼特 著	45元
美国现代大学的崛起	[美]劳伦斯·维赛 著	66元
美国大学时代的学术自由	[美]沃特·梅兹格 著	39元
美国高等教育通史	[美]亚瑟·科恩 著	59元
美国高等教育史	[美]约翰·塞林 著	69元
哈佛通识教育红皮书	哈佛委员会 撰	38元
高等教育何以为"高"——牛津导师制教学反思	[英]大卫·帕尔菲曼 著	39元
印度理工学院的精英们	[印度]桑迪潘·德布 著	39元
知识社会中的大学	[英]杰勒德·德兰迪 著	32元
高等教育的未来：浮言、现实与市场风险	[美]弗兰克·纽曼等 著	39元
后现代大学来临？	[英]安东尼·史密斯等 主编	32元
美国大学之魂	[美]乔治·M.马斯登 著	58元
大学理念重审：与纽曼对话	[美]雅罗斯拉夫·帕利坎 著	40元
学术部落及其领地——当代学术界生态揭秘（第二版）	[英]托尼·比彻 保罗·特罗勒尔 著	33元
德国古典大学观及其对中国大学的影响（第二版）	陈洪捷 著	42元
转变中的大学：传统、议题与前景	郭为藩 著	23元
学术资本主义：政治、政策和创业型大学	[美]希拉·斯劳特 拉里·莱斯利 著	36元
21世纪的大学	[美]詹姆斯·杜德斯达 著	38元
美国公立大学的未来	[美]詹姆斯·杜德斯达 弗瑞斯·沃马克 著	30元
东西象牙塔	孔宪铎 著	32元
理性捍卫大学	眭依凡 著	49元

学术规范与研究方法系列

书名	作者	价格
社会科学研究方法100问	[美]萨子金德 著	38元
如何利用互联网做研究	[爱尔兰]杜恰泰 著	38元
如何为学术刊物撰稿：写作技能与规范（英文影印版）	[英]罗薇娜·莫 编著	26元
如何撰写和发表科技论文（英文影印版）	[美]罗伯特·戴 等著	39元
如何撰写与发表社会科学论文：国际刊物指南	蔡今忠 著	35元
如何查找文献	[英]萨莉拉·姆齐 著	35元
给研究生的学术建议	[英]戈登·鲁格 等著	26元
科技论文写作快速入门	[瑞典]比约·古斯塔维 著	19元
社会科学研究的基本规则（第四版）	[英]朱迪斯·贝尔 著	32元
做好社会研究的10个关键	[英]马丁·丹斯考姆 著	20元
如何写好科研项目申请书	[美]安德鲁·弗里德兰德 等著	28元
教育研究方法（第六版）	[美]乔伊斯·高尔 等著	88元
高等教育研究：进展与方法	[英]马尔科姆·泰特 著	25元
如何成为学术论文写作高手	华莱士 著	49元
参加国际学术会议必须要做的那些事	华莱士 著	32元
如何成为优秀的研究生	布卢姆 著	38元

21世纪高校职业发展读本

书名	作者	价格
如何成为卓越的大学教师	肯·贝恩 著	32元
给大学新教员的建议	罗伯特·博伊斯 著	35元
如何提高学生学习质量	[英]迈克尔·普洛瑟 等著	35元
学术界的生存智慧	[美]约翰·达利 等主编	35元
给研究生导师的建议（第2版）	[英]萨拉·德拉蒙特 等著	30元

21世纪教师教育系列教材·物理教育系列

书名	作者	价格
中学物理微格教学教程（第二版）	张军朋 詹伟琴 王恬 编著	32元
中学物理科学探究学习评价与案例	张军朋 许桂清 编著	32元
物理教学论	邢红军 著	49元
中学物理教学评价与案例分析	王建中 孟红娟 著	38元

21世纪教育科学系列教材·学科学习心理学系列

书名	作者	价格
数学学习心理学（第二版）	孔凡哲 曾 峥 编著	38元
语文学习心理学	董蓓菲 编著	39元

21世纪教师教育系列教材

教育学基础	庞守兴 主编	40元
教育学	余文森 王 晞 主编	26元
教育研究方法	刘淑杰 主编	45元
教育心理学	王晓明 主编	55元
心理学导论	杨凤云 主编	46元
教育心理学概论	连 榕 罗丽芳 主编	42元
课程与教学论	李 允 主编	42元
教师专业发展导论	于胜刚 主编	42元
学校教育概论	李清雁 主编	42元
现代教育评价教程（第二版）	吴 钢 主编	45元
教师礼仪实务	刘 霄 主编	36元
家庭教育新论	闫旭蕾 杨 萍 主编	39元
中学班级管理	张宝书 主编	39元
教育职业道德	刘亭亭	39元
教师心理健康	张怀春	39元
现代教育技术	冯玲玉	39元
青少年发展与教育心理学	张 清	42元
课程与教学论	李 允	42元

21世纪教师教育系列教材·初等教育系列

小学教育学	田友谊 主编	39元
小学教育学基础	张永明 曾 碧 主编	42元
小学班级管理	张永明 宋彩琴 主编	39元
初等教育课程与教学论	罗祖兵 主编	39元
小学教育研究方法	王红艳 主编	39元

教师资格认定及师范类毕业生上岗考试辅导教材

教育学	余文森 王 晞 主编	26元
教育心理学概论	连 榕 罗丽芳 主编	42元

21世纪教师教育系列教材·学科教育心理学系列

书名	作者	价格
语文教育心理学	董蓓菲 编著	39元
生物教育心理学	胡继飞 编著	45元

21世纪教师教育系列教材·学科教学论系列

新理念化学教学论（第二版）	王后雄 主编	45元
新理念科学教学论（第二版）	崔 鸿 张海珠 主编	36元
新理念生物教学论（第二版）	崔 鸿 郑晓慧 主编	45元
新理念地理教学论（第二版）	李家清 主编	45元
新理念历史教学论（第二版）	杜 芳 主编	33元
新理念思想政治（品德）教学论（第二版）	胡田庚 主编	36元
新理念信息技术教学论（第二版）	吴军其 主编	32元
新理念数学教学论	冯 虹 主编	36元

21世纪教师教育系列教材·语文课程与教学论系列

书名	作者	价格
语文文本解读实用教程	荣维东 主编	49元
语文课程教师专业技能训练	张学凯 刘丽丽 主编	45元
语文课程与教学发展简史	武玉鹏 王从华 黄修志 主编	38元
语文课程学与教的心理学基础	韩雪屏 王朝霞 主编	
语文课程名师名课案例分析	武玉鹏 郭治锋 主编	
语用性质的语文课程与教学论	王元华 著	42元

21世纪教师教育系列教材·学科教学技能训练系列

新理念生物教学技能训练（第二版）	崔 鸿	33元
新理念思想政治（品德）教学技能训练（第二版）	胡田庚 赵海山	29元
新理念地理教学技能训练	李家清	32元
新理念化学教学技能训练（第二版）	王后雄	36元
新理念数学教学技能训练	王光明	36元
新理念小学音乐教学法	吴跃跃 主编	38元

王后雄教师教育系列教材

书名	作者	价格
教育考试的理论与方法	王后雄 主编	35元
化学教育测量与评价	王后雄 主编	45元
中学化学实验教学研究	王后雄 主编	32元
新理念化学教学诊断学	王后雄 主编	48元

西方心理学名著译丛

书名	作者	价格
荣格心理学七讲	[美] 卡尔文·霍尔	45元
拓扑心理学原理	[德] 库尔德·勒温	32元
系统心理学：绪论	[美] 爱德华·铁钦纳	30元
社会心理学导论	[美] 威廉·麦独孤	36元
思维与语言	[俄] 列夫·维果茨基	30元

人类的学习	[美] 爱德华·桑代克 30元
基础与应用心理学	[德] 雨果·闵斯特伯格 36元
记忆	[德] 赫尔曼·艾宾浩斯 著 32元
儿童的人格形成及其培养	[奥地利] 阿德勒 著 35元
幼儿的感觉与意志	[德] 威廉·蒲莱尔 著 45元
实验心理学（上下册）	[美] 伍德沃斯 施洛斯贝格 著 150元
格式塔心理学原理	[美] 库尔特·考夫卡 75元
动物和人的目的性行为	[美] 爱德华·托尔曼 44元
西方心理学史大纲	唐钺 42元

心理学视野中的文学丛书

围城内外——西方经典爱情小说的进化心理学透视	熊哲宏 32元
我爱故我在——西方文学大师的爱情与爱情心理学	熊哲宏 32元

21世纪教学活动设计案例精选丛书（禹明 主编）

初中语文教学活动设计案例精选	23元
初中数学教学活动设计案例精选	30元
初中科学教学活动设计案例精选	27元
初中历史与社会教学活动设计案例精选	30元
初中英语教学活动设计案例精选	26元
初中思想品德教学活动设计案例精选	20元
中小学音乐教学活动设计案例精选	27元
中小学体育（体育与健康）教学活动设计案例精选	25元
中小学美术教学活动设计案例精选	34元
中小学综合实践活动教学活动设计案例精选	27元
小学语文教学活动设计案例精选	29元
小学数学教学活动设计案例精选	33元
小学科学教学活动设计案例精选	32元
小学英语教学活动设计案例精选	25元
小学品德与生活（社会）教学活动设计案例精选	24元
幼儿教育教学活动设计案例精选	39元

全国高校网络与新媒体专业规划教材

文化产业概论	尹章池 38元
网络文化教程	李文明 39元
网络与新媒体评论	杨娟 38元
新媒体概论	尹章池 45元
新媒体视听节目制作	周建青 45元
融合新闻学	石长顺 39元

新媒体网页设计与制作	惠悲荷 45元
网络新媒体实务	张合斌 39元
网页设计与制作	惠悲荷 39元
突发新闻教程	李军 45元
视听新媒体节目制作	周建青 45元
视听评论	何志武 32元
出镜记者案例分析	刘静 邓秀军 39元
视听新媒体导论	郭小平 39元

全国高校广播电视专业规划教材

电视节目策划教程	项仲平 著 36元
电视导播教程	程晋 编著 39元
电视文艺创作教程	王建辉 编著 39元
广播剧创作教程	王国臣 编著 36元

21世纪教育技术学精品教材（张景中 主编）

教育技术学导论（第二版）	李芒 金林 编著 33元
远程教育原理与技术	王继新 张屹 编著 41元
教学系统设计理论与实践	杨九民 梁林梅 编著 29元
信息技术教学论	雷体南 叶良明 主编 29元
网络教育资源设计与开发	刘清堂 主编 30元
学与教的理论与方式	刘雍潜 32元
信息技术与课程整合（第二版）	赵呈领 杨琳 刘清堂 39元
教育技术研究方法	张屹 黄磊 38元
教育技术项目实践	潘克明 32元

21世纪信息传播实验系列教材（徐福荫 黄慕雄 主编）

多媒体软件设计与开发	32元
电视照明·电视音乐音响	26元
播音与主持艺术（第二版）	38元
广告策划与创意	26元
摄影基础（第二版）	32元

21世纪教师教育系列教材·专业养成系列（赵国栋主编）

微课与慕课设计初级教程	40元
微课与慕课设计高级教程	48元
微课、翻转课堂和慕课设计实操教程	188元
网络调查研究方法概论（第二版）	49元
PPT云课堂教学法	88元